LIBRO DEL ALUMNO

RAQUEL PINILLA
ALICIA SAN MATEO

Cómo es ELExprés

Curso intensivo de español destinado a estudiantes jóvenes y adultos que conduce al alumno, de manera rápida y eficiente desde un nivel de principiante absoluto A1 (usuario básico) hasta un dominio de nivel B1 (usuario independiente) conforme a los niveles del *Marco Común Europeo de Referencia*.

Su metodología se inspira en un minucioso análisis de las necesidades de comunicación de los estudiantes. Las actividades propuestas han sido elaboradas para que el alumno progrese de una manera gradual y ordenada y se sienta cada vez más seguro en el uso y dominio del español. Por ello, la tercera edición de **ELExprés** propone el trabajo con las diferentes destrezas a través de una amplia tipología de actividades de comprensión, expresión e interacción orales y escritas, así como la integración de los aspectos funcionales, gramaticales, léxicos, discursivos y culturales de la lengua.

Este libro contiene **28 unidades:**
- Unidades 1-16 (niveles A1 y A2)
- Unidades 17-28 (nivel B1)

Este curso intensivo consta de:
- Libro del alumno
- Cuaderno de ejercicios
- Libro y cuaderno digital
- Guía didáctica (para el profesor)

LIBRO DEL ALUMNO

Unidades estructuradas en cuatro secciones.

1 Empezamos: toma de contacto con los nuevos contenidos de la unidad.

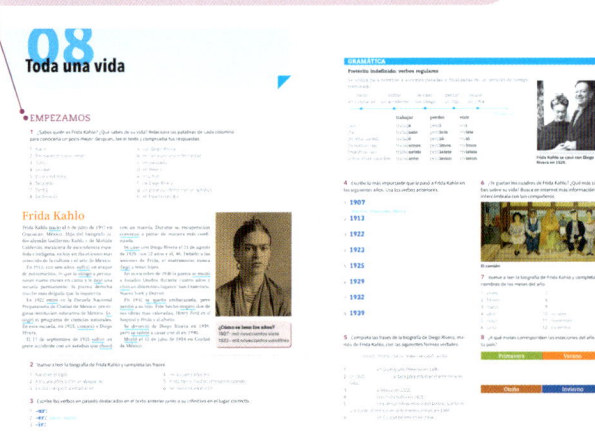

3 Ampliamos: contenidos interculturales relacionados temáticamente con la unidad.

Cada cuatro unidades, se incluye un Repaso con el que el alumno puede hacer un seguimiento del progreso realizado en ese bloque, ser consciente de sus logros y, en caso necesario, volver sobre aquellos contenidos trabajados, pero no consolidados.

- Actividades de comprensión y producción organizadas por destrezas: leer, escuchar, escribir y hablar.

2 **Avanzamos:** análisis, reflexión y práctica de los contenidos.

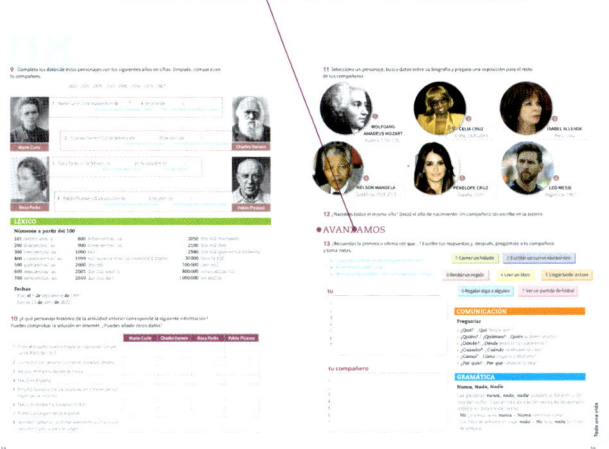

4 **Autoevaluación:** test de respuesta múltiple para evaluar sus conocimientos.

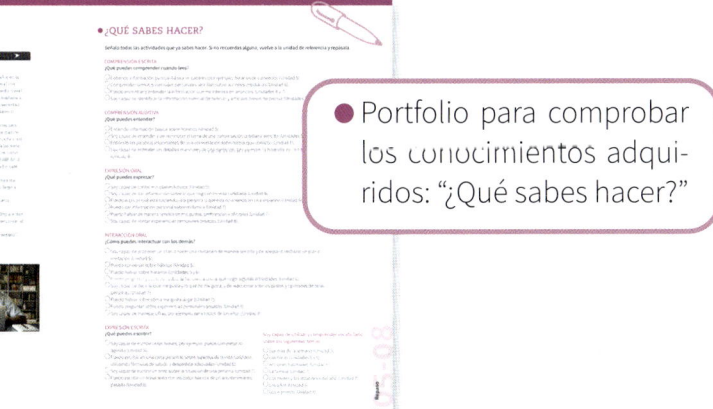

- Portfolio para comprobar los conocimientos adquiridos: "¿Qué sabes hacer?"

También incluye un glosario temático por unidades, unas tablas de verbos y las transcripciones.

CUADERNO DE EJERCICIOS

Actividades para trabajar y reforzar los contenidos del libro del alumno.

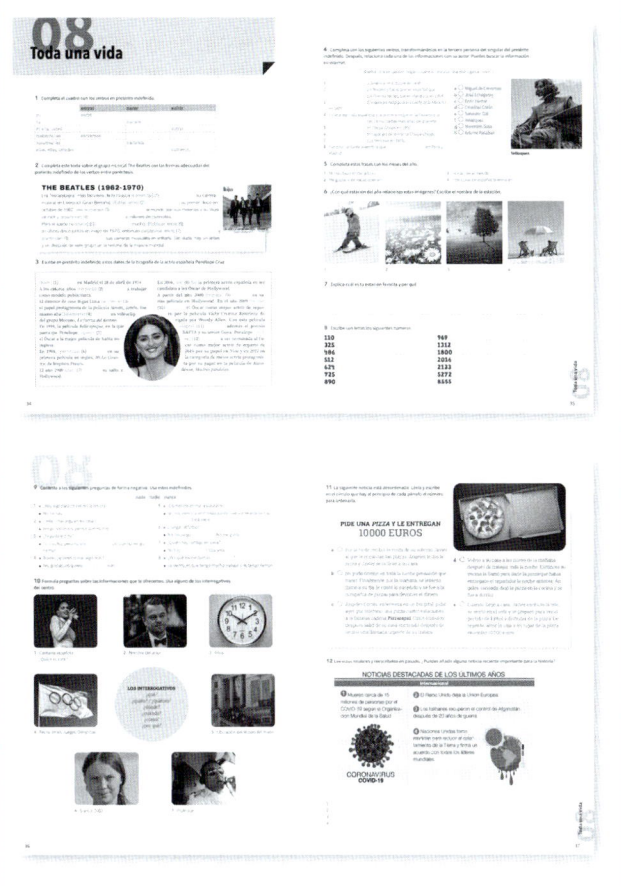

EDICIÓN DIGITAL

Contenidos digitalizados con actividades interactivas y audios incluidos.

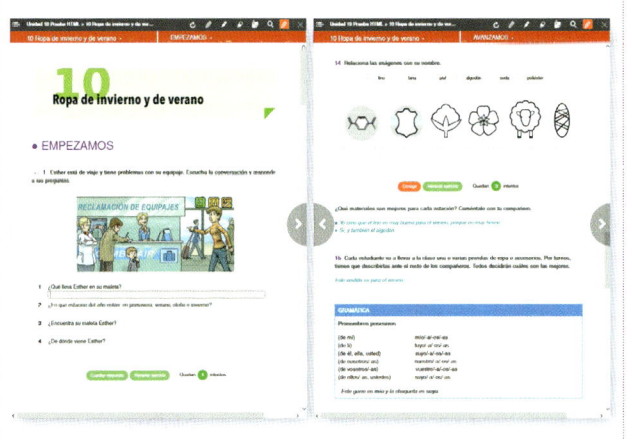

Contenidos

01 ¿Empezamos?
P. 10

Funciones
- Preguntar y decir el nombre
- Saludos y despedidas
- Deletrear

- Expresiones para la comunicación en clase

Gramática
- El abecedario español

Léxico
- Objetos de clase
- Los números (del 0 al 20)
- Instrucciones
- Países hispanohablantes

02 Yo soy estudiante, ¿y tú?
P. 16

Funciones
- Presentarse y saludar
- Pedir y dar información personal

Gramática
- El artículo determinado
- El artículo indeterminado

- Presente de indicativo de los verbos regulares: -ar, -er, -ir
- El sustantivo: género y número
- Verbos irregulares: *ser*, *hacer* y *tener*
- *Tú / Usted*

Léxico
- Países y nacionalidades
- Lenguas
- Los números (del 20 al 100)

Cultura
- Los apellidos en el mundo hispano

03 Busco un piso para compartir
P. 22

Funciones
- Preguntar por cantidades
- Informarse sobre una vivienda
- Describir una vivienda
- Describir el físico y el carácter de una persona
- Comprender y redactar un anuncio

Gramática
- Verbo *estar*
- Concordancia del adjetivo y el sustantivo
- Contracciones *del* y *al*

Léxico
- Partes y objetos de una casa

- Adverbios de lugar (*cerca, lejos, al lado de*)
- Adjetivos para describir una casa
- Adjetivos de descripción física
- Adjetivos de carácter

Cultura
- Tipos de vivienda

04 No vivo lejos de aquí
P. 28

Funciones
- Preguntar o indicar la existencia y localización de lugares y objetos
- Pedir y dar direcciones
- Situarse en un plano
- Llamar la atención de alguien (*tú / usted*)

- Expresar obligación
- Hablar de medios de transporte
- Describir un barrio

Gramática
- *Está / Están / Hay*
- *Tener que* + infinitivo
- Verbo *ir (a) / (en)*

Léxico
- Adverbios de localización
- Muebles
- Establecimientos
- Medios de transporte

Cultura
- Tiendas de barrio

Repaso 01-04
P. 34

05  ¿Por qué no vamos los tres?
P. 38

Funciones
- Proponer y aceptar o rechazar una invitación
- Expresar deseos
- Expresar planes futuros
- Preguntar y hablar sobre las horas

Gramática
- Perífrasis: *ir a / querer* + infinitivo
- Presente de indicativo de los verbos irregulares con cambio vocálico: *querer, poder* y *pedir*.

Léxico
- Marcadores de futuro
- *Ir / Irse*
- Las horas
- Los días de la semana

Cultura
- Una ciudad monumental: Toledo

06 Un día de mi vida — P. 44

Funciones
- Expresar acciones habituales
- Expresar frecuencia
- Expresar simultaneidad de acciones con el momento actual
- Expresar una acción anterior o posterior a otra

Gramática
- *Soler* + infinitivo
- Presente de indicativo de los verbos reflexivos: *levantarse*
- Verbos reflexivos y con cambio vocálico: *despertarse, acostarse, vestirse*
- *Estar* + gerundio
- *Antes de / Después de* + infinitivo

Léxico
- Acciones habituales
- Partes del día

Cultura
- Programas de radio

07 Me gusta estar en familia — P. 50

Funciones
- Referirse a relaciones familiares
- Expresar y preguntar sobre gustos y preferencias
- Expresar si se comparten gustos o hábitos
- Expresar posesión
- Señalar e identificar personas, cosas y lugares

Gramática
- Verbos *gustar* y *encantar*
- Verbo *preferir*
- Adjetivos posesivos
- Adjetivos y pronombres demostrativos

Léxico
- La familia
- Viajes

Cultura
- Hipocorísticos
- Jóvenes que viven con sus padres

08 Toda una vida — P. 56

Funciones
- Referirse a acciones pasadas
- Hablar de años
- Señalar los datos de una biografía
- Formular preguntas

Gramática
- Pretérito indefinido de los verbos regulares
- La doble negación
- Los interrogativos

Léxico
- Acontecimientos en la vida de una persona

- Estados civiles
- Los meses y las estaciones del año
- Numerales a partir del 101

Cultura
- Una noticia de periódico

Repaso 05-08 — P. 62

09 ¿Y qué tal fue el viaje? — P. 66

Funciones
- Referirse a momentos pasados: periodos de tiempo terminados
- Expresar movimiento y dirección

Gramática
- Pretérito indefinido (verbos irregulares)
- Expresiones temporales con pretérito indefinido
- Verbos + preposiciones

Léxico
- Marcadores temporales del pasado
- Vocabulario relacionado con los viajes
- Vocabulario relacionado con el movimiento

Cultura
- Un blog de viajes

Contenidos

10 Ropa de invierno y de verano
P. 72

Funciones
- Hablar del tiempo y el clima
- Describir y hablar de la ropa

Gramática
- *Muy / Mucho*
- La concordancia del adjetivo: los colores
- Los pronombres posesivos
- Las preposiciones *por* y *para*

Léxico
- El tiempo atmosférico
- El clima
- Los puntos cardinales
- La ropa
- Los colores
- Las catástrofes naturales

Cultura
- Los nombres del calzado deportivo en el mundo hispano
- El cambio climático

11 ¿A qué hora te has levantado hoy?
P. 78

Funciones
- Referirse a acciones pasadas recientes o dentro de periodos de tiempo no finalizados

Gramática
- Pretérito perfecto de indicativo
- Contraste entre pretérito perfecto y pretérito indefinido
- *Ya* y *todavía no*
- Pronombres de objeto directo

Léxico
- Marcadores de tiempo no finalizado
- Prensa y anuncios publicitarios

Cultura
- Historias de niños que hablan español

12 Tienes que cuidarte
P. 84

Funciones
- Hablar y preguntar por el estado físico y la salud
- Hablar de síntomas
- Justificarse
- Expresar obligación, dar consejos y sugerencias
- Ir al médico

Gramática
- Verbo *doler*
- Uso de las perífrasis verbales: *tener que* + infinitivo, *deber* + infinitivo, *hay que* + infinitivo
- Tratamiento *tú / usted*

Léxico
- Síntomas y enfermedades
- Las partes del cuerpo

Cultura
- Dichos populares
- Chistes

Repaso 09-12
P. 90

13 Antes todo era diferente
P. 94

Funciones
- Indicar el contraste entre *antes* y *ahora*
- Describir personas, cosas y lugares en el pasado
- Referirse a acciones habituales en el pasado
- Hablar de recuerdos personales
- Expresar opinión

Gramática
- Pretérito imperfecto de indicativo de los verbos regulares e irregulares
- Expresiones temporales que indican acciones habituales
- *Solía* + infinitivo
- *Ser* y *estar*

Léxico
- Momentos de la vida de una persona
- Recuerdos infantiles

Cultura
- Tradiciones: los Reyes Magos

14 Apaguen sus móviles, por favor
P. 100

Funciones
- Solicitar información
- Dar instrucciones, consejos y órdenes
- Pedir y dar permiso
- Mantener una conversación telefónica

Gramática
- Imperativo afirmativo y negativo
- *Poder* + infinitivo
- *Te importa si* + presente de indicativo
- Colocación de los pronombres

Léxico
- Vocabulario relacionado con el teléfono y las entrevistas en línea

Cultura
- El uso del teléfono móvil

15 Y entonces le conté mis recuerdos

P. 106

Funciones
- Narrar y describir en el pasado
- Hablar sobre recuerdos y anécdotas personales

Gramática
- Pronombres personales de objeto directo e indirecto
- Orden de dos pronombres + verbo
- Contraste entre pretérito indefinido y pretérito imperfecto de indicativo

Léxico
- Recuerdos personales
- Conectores para unir información
- Objetos de un mercadillo

Cultura
- Recuerdos y anécdotas del pasado

16 ¿Qué nos traerá el futuro?

P. 112

Funciones
- Hablar de acciones futuras y predicciones
- Expresión de deseos
- Expresar acuerdo y desacuerdo
- Expresar condiciones y dar consejos
- Comentar las impresiones sobre el curso y las expectativas

Gramática
- Futuro imperfecto de indicativo: verbos regulares e irregulares
- *Me gustaría* + infinitivo
- *Si* + presente, presente / futuro
- *Si* + presente, imperativo

Léxico
- Citas
- Predicciones
- Aprender una lengua

Cultura
- Las impresiones del curso

Repaso 13-16

P. 118

17 Nos vamos de fiesta

P. 122

Funciones
- Hablar y preguntar sobre hábitos
- Hablar sobre fiestas y costumbres
- Ordenar una historia en el tiempo

Gramática
- Repaso de presente de indicativo de verbos regulares e irregulares
- *Se* impersonal

Léxico
- Fiestas y tradiciones
- Verbos relacionados con objetos (*poner, quitar…*)
- Comidas y bebidas tradicionales
- Cuantificadores
- Partes del día y horas

Cultura
- Fiestas populares
- Costumbres y tradiciones

18 Vamos a recordar el pasado

P. 128

Funciones
- Referirse a acciones pasadas en periodos de tiempo terminado y periodos de tiempo no terminado o relacionado con el presente
- Expresar opinión, acuerdo y desacuerdo

Gramática
- Repaso y contraste entre pretérito perfecto y pretérito indefinido

Léxico
- Música y estilos musicales

Cultura
- Personajes hispanos del mundo de la música y la cultura

19 Recordar el pasado: los viajes

P. 134

Funciones
- Hablar de acciones habituales, describir y expresar simultaneidad en el pasado
- Referirse a acciones pasadas anteriores a otras acciones pasadas o presentes

Gramática
- Repaso del pretérito imperfecto de indicativo: forma y usos
- Pretérito pluscuamperfecto de indicativo

Léxico
- Edificios
- Viajes y desplazamientos

Cultura
- Relato de Juan José Millás

Contenidos

20 ¡Ojalá cuidemos nuestro planeta! — P. 140

Funciones
- Expresar deseos
- Opinar sobre el medioambiente
- Hablar sobre acciones concretas para conservar el medioambiente

Gramática
- Presente de subjuntivo: verbos regulares e irregulares
- *Ojalá (que)* + presente de subjuntivo
- *Querer / Esperar* + sustantivo / infinitivo
- *Querer / Esperar que* + presente de subjuntivo

Léxico
- Ecología y medioambiente

Cultura
- Las energías renovables

Repaso 17-20 — P. 146

21 Aprender lenguas — P. 150

Funciones
- Dar órdenes y consejos
- Opinar

Gramática
- Imperativo negativo
- Imperativo afirmativo
- La doble negación

Léxico
- El aprendizaje de lenguas
- La comunicación
- Los gestos

Cultura
- El español en el mundo
- La comunicación no verbal

22 Yo, en tu lugar, estudiaría Turismo — P. 156

Funciones
- Dar consejos y recomendaciones
- Hablar de situaciones hipotéticas
- Expresión de la finalidad

Gramática
- El condicional
- *Yo, en tu lugar / Yo que tú,* + condicional
- Verbos *recomendar / aconsejar* + presente de subjuntivo
- *Para* + infinitivo / *Para que* + presente de subjuntivo

Léxico
- Profesiones y actividades laborales
- Ofertas de empleo

Cultura
- El *curriculum vitae*

23 ¿Dónde estarán ahora? — P. 162

Funciones
- Expresar probabilidad, duda y suposición
- Expresar condiciones bastante probables en el futuro
- Hablar de acciones futuras y proyectos futuros
- Formular hipótesis

Gramática
- *Quizá(s) / tal vez / probablemente…* + presente de indicativo o subjuntivo
- Futuro simple
- *Si* + presente de indicativo, + futuro / presente / imperativo
- Futuro compuesto

Léxico
- Situaciones habituales en un viaje

Cultura
- Autores contemporáneos españoles

24 Noticias sorprendentes — P. 168

Funciones
- Expresar opinión y valorar
- Expresar certeza

Gramática
- *Ser* + adjetivos y sustantivos
- Pretérito perfecto de subjuntivo
- *Cuando* + presente de indicativo o subjuntivo

Léxico
- Noticias
- Opiniones y valoraciones

Cultura
- Noticias falsas
- Adriana Domínguez

Repaso 21-24 — P. 174

25 ¿Buscas algo? — P. 178

Funciones
- Describir algo conocido o desconocido
- Hablar del desarrollo de una acción
- Redactar un anuncio

Gramática
- Descripción con indicativo y subjuntivo
- Perífrasis verbales
- Preposiciones

Léxico
- Anuncios y medios de comunicación

Cultura
- Medios de comunicación de español
- Canción *Aunque te mueras por volver*

26 ¡Qué arte tienes! — P. 184

Funciones
- Dar opiniones
- Hacer valoraciones
- Describir

Gramática
- *No creer, no pensar, no parecer* + *que* + subjuntivo
- Repaso de los verbos *ser* y *estar*

Léxico
- Pintura y arquitectura

Cultura
- Monumentos del mundo hispano
- Arte románico
- Gaudí

27 ¿A qué dedica el tiempo libre? — P. 190

Funciones
- Expresar gustos (en el presente y en el pasado)
- Formular deseos
- Hacer hipótesis y expresar condiciones

Gramática
- Verbos *gustar*, *molestar* + *que* + presente de subjuntivo / pretérito imperfecto de subjuntivo
- Pretérito imperfecto de subjuntivo
- *Si* + imperfecto de subjuntivo, condicional

Léxico
- Géneros de películas
- Ocio y tiempo libre
- Aficiones e intereses
- Deportes

Cultura
- Películas y series hispanas
- Festivales de cine

28 Dijo que la llamaras — P. 196

Funciones
- Transmitir las palabras de otro a un tercero
- Redactar una receta

Gramática
- Correlación de tiempos verbales en el estilo indirecto

Léxico
- Conversaciones telefónicas
- Recetas de cocina

Cultura
- Los nuevos españoles

Repaso 25-28 — P. 202

Glosario — P. 206

Verbos — P. 221

Transcripciones — P. 225

01 ¿Empezamos?

● HOLA, ¿QUÉ TAL? ME LLAMO...

1 Fíjate en las imágenes. Lee y escucha.

1
Estudiante 1: Hola, ¿qué tal? Me llamo Wolfgang.
Estudiante 2: ¡Hola! Yo soy Claire.

2
Estudiante 1: ¿Cómo te llamas?
Estudiante 2: Bianca. ¿Y tú?
Estudiante 1: Li.

3
Recepcionista: ¿Cuál es tu nombre?
Estudiante: Mi nombre es David Scott.

GRAMÁTICA

El nombre: informar y preguntar

Me llamo ⎤
Soy   ⎥ + nombre
Mi nombre es ⎦
¿Cuál es tu nombre?
¿Cómo te llamas?

	llamarse		ser
(yo)	me llamo	(yo)	soy
(tú)	te llamas	(tú)	eres
(él, ella, usted)	se llama	(él, ella, usted)	es
(nosotros/-as)	nos llamamos	(nosotros/-as)	somos
(vosotros/-as)	os llamáis	(vosotros/-as)	sois
(ellos, ellas, ustedes)	se llaman	(ellos, ellas, ustedes)	son

2 Preséntate y pregúntale el nombre a tus compañeros.

- *Hola, me llamo Peter, ¿y tú?*
- *Julieta.*

- *Soy Isabella. Y tú, ¿cómo te llamas?*
- *George.*

3 Mira las imágenes y clasifica las expresiones en saludos o despedidas.

| Saludos | ¡Hola! |
| Despedidas | ¡Adiós! |

● EN CLASE

4 ¿Conoces estas palabras en español? Relaciónalas con las imágenes.

pizarra · ordenador · libro · bolígrafo · mochila · mesa · cuaderno · tableta · ratón · goma de borrar · lápiz · silla

5 ¿Cómo se dicen en tu lengua las palabras de la actividad anterior?

Ordenador se dice "computer".

EL ABECEDARIO ESPAÑOL

6 Escucha el abecedario y las palabras.

   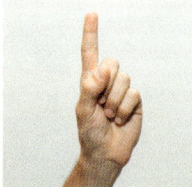  

a, A (a) — **a**vión
b, B (be) — **b**olígrafo
c, C (ce) — **c**asa
d, D (de) — **d**e**d**o
e, E (e) — **E**spaña
f, F (efe) — **f**oto

g, G (ge) — **g**ato
h, H (hache) — **h**uevo
i, I (i) — **i**sla
j, J (jota) — **j**irafa
k, K (ka) — **k**oala
l, L (ele) — **l**ibro

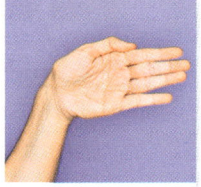   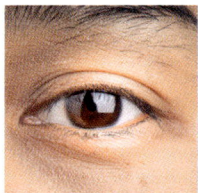 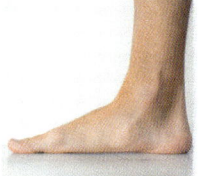 

m, M (eme) — **m**ano
n, N (ene) — **n**ube
ñ, Ñ (eñe) — ni**ñ**o
o, O (o) — **o**j**o**
p, P (pe) — **p**ie
q, Q (cu) — **q**ueso

r, R (erre) — **r**atón
s, S (ese) — **s**ol
t, T (te) — **t**aza
u, U (u) — **u**vas
v, V (uve) — **v**aca
w, W (uve doble) — **w**aterpolo

x, X (equis) — ta**x**i
y, Y (i griega, ye) — **y**ogur
z, Z (zeta) — **z**apato

> En Hispanoamérica: **b** = be alta, be larga o be grande; **v** = ve, ve baja, ve corta o ve chica; **w** = ve doble, doble ve o doble u.

7 Escribe cómo se deletrean estas palabras. Después, escucha y comprueba.

1 *ge-a-te-o*   2 _____   3 _____   4 _____   5 _____   6 _____

8 Deletrea a tu compañero cinco palabras que conoces en español.

uve - a - ce - a

9 Escucha y repite las siguientes palabras.

1. zapato, cero, circo, zoo, zumo
2. casa, queso, quince, comida, cuchara
3. jamón, jefe, gente, jirafa, gimnasia, jota, jueves
4. gato, guerra, guitarra, gorro, guacamole, grapadora, globo

10 Escucha y completa con las letras que faltan.

1. centro
2. ___afé
3. ___iudad
4. ___epardo
5. ___apatos
6. ___alaxia
7. ___urso
8. ___ente
9. ___osa
10. ___ombi
11. ___ardín
12. ___eso
13. ___oya
14. es___i

GRAMÁTICA

Sonidos y letras

/θ/

c + [e → cero / i → circo]

z + [a → zapato / o → zoo / u → zumo]

/k/

c + [a → casa / o → comida / u → cuchara]

qu* + [e → queso / i → quince]

*La "u" no se pronuncia.

/x/

j + [a → jamón / e → jefe / i → jirafa / o → jota / u → jueves]

g + [e → gente / i → gimnasia]

/g/

g + [a → gato / o → gorro / u → guacamole / r / l → grapadora / globo]

gu* + [e → guerra / i → guitarra]

*La "u" no se pronuncia.

● LOS NÚMEROS (DEL 0 AL 20)

11 Escucha y escribe, en cifras, el número.

a. 9
b. ___
c. ___
d. ___
e. ___
f. ___
g. ___
h. ___
i. ___
j. ___
k. ___
l. ___
m. ___
n. ___

LÉXICO

Los números (del 0 al 20)

0 cero	7 siete	14 catorce
1 uno	8 ocho	15 quince
2 dos	9 nueve	16 dieciséis
3 tres	10 diez	17 diecisiete
4 cuatro	11 once	18 dieciocho
5 cinco	12 doce	19 diecinueve
6 seis	13 trece	20 veinte

¿Empezamos?

• EXPRESIONES PARA LA COMUNICACIÓN EN CLASE

12 Escucha estas expresiones para comunicarte en clase. ¡Son muy útiles!

1 Más despacio, por favor.

2 Más alto, por favor.

3 ¿Cómo se dice "pen" en español?

4 ¿Qué significa "deletrear"?

5 ¿Cómo se deletrea "huevo"?

6 ¿Se escribe con *be* o con *uve*?

7 ¿Puedes repetir, por favor?

8 ¿Cómo? Perdona, pero no te entiendo.

13 Relaciona los elementos de la primera columna con los de la segunda.

EN ESTAS SITUACIONES:	TÚ DICES:
1 No sabes si es "unidad" o *"hunidad".	a Más alto, por favor.
2 Te hablan rápido.	b ¿Cómo se dice "…" en español?
3 No sabes el significado de una palabra.	c ¿Se escribe con *hache* o sin *hache*?
4 Necesitas entender todas las letras.	d ¿Cómo se deletrea "…"?
5 Te hablan bajo.	e ¿Puedes repetir, por favor?
6 Necesitas traducir una palabra al español.	f ¿Qué significa "…"?
7 Necesitas escuchar una palabra otra vez.	g Más despacio, por favor.
8 No entiendes a la persona con la que hablas.	h ¿Cómo? Perdona, pero no te entiendo.

14 Relaciona las palabras con las imágenes.

1 ○ escucha   3 ○ habla   5 ○ trabaja en parejas   7 ○ completa
2 ○ lee   4 ○ escribe   6 ○ trabaja en grupos   8 ○ relaciona

● PAÍSES HISPANOHABLANTES

15 Este es un mapa de los países hispanohablantes en América. Sitúa en él los nombres de las ciudades o los países que aparecen en el cuadro.

- Quito
- Venezuela
- Ciudad de México
- Honduras
- Costa Rica
- Buenos Aires
- Nicaragua
- ~~Cuba~~
- Sucre
- Chile
- Uruguay
- Lima
- Paraguay
- República Dominicana
- Guatemala
- Panamá
- Colombia
- El Salvador
- San Juan

1 *Cuba* — La Habana
2 ___ — Santo Domingo
3 PUERTO RICO ___
4 ___ — Managua
5 ___ — Caracas
6 ___ — Bogotá
7 BOLIVIA ___
8 ___ — Asunción
9 ___ — Montevideo
10 ARGENTINA ___
11 ___ — Santiago
12 PERÚ ___
13 ECUADOR ___
14 ___ — Ciudad de Panamá
15 ___ — San José
16 ___ — Tegucigalpa
17 ___ — San Salvador
18 ___ — Ciudad de Guatemala
19 MÉXICO ___

El español también es el idioma oficial en España y en Guinea Ecuatorial.

02 Yo soy estudiante, ¿y tú?

●EMPEZAMOS

1 Iván busca amigos en una página web en español. Lee la conversación y contesta a las preguntas.

Iván: Hola. ¿Cuál es tu nombre?

Dominique: Dominique. ¿Y tú? ¿Cómo te llamas?

Iván: Soy Iván. ¿De dónde eres?

Dominique: Soy francesa, de Bretaña, pero vivo en Madrid. ¿Y tú, dónde vives?

Iván: ¡Ah! ¡Qué bien! Yo soy español y también vivo en Madrid.

Dominique: ¡Muy bien! ¿En qué zona vives? Yo, en el centro, en la Gran Vía.

Iván: Yo, por Atocha. Oye, ¿y cuántos años tienes?

Dominique: Veintisiete, ¿y tú?

Iván: Veintidós. ¿A qué te dedicas?

Dominique: Soy médica, trabajo en un hospital. ¿Y tú, qué haces?

Iván: Pues yo soy estudiante de Ingeniería, en la Universidad Autónoma de Madrid.

Dominique: ¿Qué idiomas hablas?

Iván: Español, inglés y un poco de alemán. ¿Y tú?

Dominique: Francés, inglés y español.

Iván: Mi correo es ivagar751@yomail.es. ¿Cuál es tu correo electrónico?

Dominique: Mi correo es ddurand@moimail.fr. ¿Hablamos por teléfono para conocernos?

Iván: Buena idea. ¿Cuál es tu móvil?

Dominique: 669 32 01 33.

Iván: Mi número es el 660 12 35 60.

1 ¿Cuál es la nacionalidad de Dominique?
2 ¿Dónde vive Iván?
3 ¿Cuál es la edad de Dominique?
4 ¿Cuál es la profesión de Dominique?
5 ¿Dónde trabaja Dominique?
6 ¿Qué idiomas habla Iván?
7 ¿Cuál es el correo electrónico de Iván?
8 ¿Cuál es el teléfono de Iván?

2 ¿Cómo preguntas en español? Relaciona la información de la izquierda con la pregunta correspondiente de la derecha.

1 Nombre: Dominique
2 Edad: 27
3 Nacionalidad: francesa
4 Lugar de residencia: Madrid
5 Profesión: médica
6 Mail: ddurand@moimail.fr
7 Teléfono: 669 32 01 33

a ¿A qué te dedicas?
b ¿Cuál es tu número de teléfono?
c ¿Cuántos años tienes?
d ¿Cuál es tu correo electrónico?
e ¿Dónde vives?
f ¿Cuál es tu nombre?
g ¿Qué haces?
h ¿Cómo te llamas?
i ¿De dónde eres?

LÉXICO

Los números (del 20 al 100)

20 veinte
21 veintiuno; veintiuna*
22 veintidós
…
30 treinta
31 treinta y uno; treinta y una*
32 treinta y dos
…
40 cuarenta
41 cuarenta y uno; cuarenta y una*
42 cuarenta y dos
…
50 cincuenta
60 sesenta
70 setenta
80 ochenta
90 noventa
100 cien

*Los números que terminan en *uno* cambian para el masculino y el femenino. En la forma masculina, cuando va antes del sustantivo, el *uno* se convierte en *un*.
  Tengo treinta y **un** años.
  En mi pueblo viven cincuenta y **una** personas.

3 ¿Conoces estos edificios? Calcula los años que tiene cada torre.

Torre de cristal (2004-Madrid)

Torre Agbar (2005-Barcelona)

Torre Latinoamericana (1956-México)

Gran Torre Santiago (2013-Chile)

1 *La Torre de Cristal de Madrid tiene* _____.
2 _____.
3 _____.
4 _____.

4 Escucha los diálogos y completa las frases.

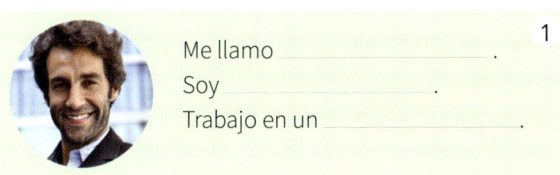

1
Me llamo _____.
Soy _____.
Trabajo en un _____.

2
Me llamo _____ Rinaldi.
_____ argentina.
Estudio _____.

3
Me llamo Marta _____.
Soy _____.
Estudio _____.

5 En una escuela de idiomas. Escucha las conversaciones y completa las fichas.

Carla • Pérez • Taylor • estudiante • española
profesora • inglés • administrativa • italiana

1

Nombre: *Michael*
Apellidos: _____
Nacionalidad: _____
Profesión: _____

2

Nombre: _____
Apellidos: *Conte*
Nacionalidad: _____
Profesión: _____

3

Nombre: *Amanda*
Apellidos: _____
Nacionalidad: _____
Profesión: _____

6 ¿*Encantado* o *encantada*? Relaciona.

1 Encantad**o**
2 Encantad**a**

a El estudiante
b La administrativa
c El director
d Carla
e El profesor

7 Fíjate en las palabras en negrita de la transcripción de las conversaciones de la actividad. ¿Qué conversaciones te parecen informales, y cuáles te parecen formales? Completa el cuadro.

1
Michael: Buenos días. ¿**Usted es** el profesor de español?
Profesor: Sí. Buenos días. Me llamo Antonio. ¿Y tú, **cómo te llamas**?
Michael: Encantado. Soy Michael Taylor.
Profesor: Encantado. **¿De dónde eres**, Michael?
Michael: Soy inglés, de Manchester.
Profesor: ¿**Vives** aquí en Barcelona?
Michael: Sí, estudio en la universidad.
Profesor: Muy bien. Pues bienvenido al curso de español, Michael.

2
Carla: Perdone, ¿**es usted** el señor Santos?
Jorge: Sí, me llamo Jorge.
Carla: Encantada. ¿**Es** el director de la escuela?
Jorge: Sí, así es. ¿Cómo **se llama usted**?
Carla: Soy Carla Conte, soy la nueva administrativa.
Jorge: Encantado. **¿De dónde es**, Carla?
Carla: Soy italiana, de Milán.

3
Javier: Elena, esta es Amanda Pérez, la nueva profesora de español. Necesita un ordenador: ¿puedes ayudarla y enseñarle la escuela?
Elena: Sí, claro. Encantada, Amanda.
Amanda: Hola, Elena. ¿**Tú** a qué **te dedicas** en la escuela?
Elena: Soy administrativa; trabajo en la recepción. Amanda, **¿de dónde eres?**
Amanda: Soy de Comares, un pueblo cerca de Málaga.
Elena: Málaga es una ciudad muy bonita. Mira, estas son las aulas de los estudiantes.
Amanda: Muy bien. ¿Y tenéis una biblioteca?
Elena: Sí. En la biblioteca tienes unos ordenadores que puedes usar.

	Conversación		
	1	2	3
Informal			
Formal			

COMUNICACIÓN

Pedir información personal

INFORMAL (tú)	FORMAL (usted)
¿Cómo **te** llamas?	¿Cómo **se** llama?
¿Cuáles son **tus** apellidos?	¿Cuáles son **sus** apellidos?
¿De dónde **eres**?	¿De dónde **es**?
¿A qué **te** dedicas?	¿A qué **se** dedica?
¿Qué haces?	¿Qué hace?
¿Cuántos años tienes?	¿Cuántos años tiene?
¿Dónde vives?	¿Dónde vive?

8 Fíjate en las palabras subrayadas en las conversaciones de la actividad anterior y relaciona cada palabra con el artículo que le corresponda.

1 el / un   2 la / una   3 los / unos   4 las / unas

a ○ biblioteca
b ○ estudiantes
c ○ escuela
d ○ aulas
e ○ ordenadores
f ○ pueblo
g ○ profesor
h ○ universidad
i ○ director
j ○ señor
k ○ recepción
l ○ administrativa
m ○ ordenador
n ○ ciudad

GRAMÁTICA

El artículo determinado

Cuando nos referimos a algo conocido.

	singular	plural
masculino	**el** banco	**los** bancos
femenino	**la** biblioteca	**las** bibliotecas

El artículo indeterminado

Cuando nos referimos a algo por primera vez o cuando no lo conocemos.

	singular	plural
masculino	**un** ordenador	**unos** ordenadores
femenino	**una** compañera	**unas** compañeras

●AVANZAMOS

9 Fíjate en los artículos de las siguientes frases y relaciónalas con su uso.

1 ○ **El** ordenador de Juan no funciona.
2 ○ Necesito **un** ordenador nuevo.
3 ○ Necesito **unos** libros de español.
4 ○ **Los** libros no son de Ana, son de **la** escuela.
5 ○ Es **la** biblioteca de **la** universidad.
6 ○ ¿Vives en **una** ciudad o en **un** pueblo?

USOS
a   Nos referimos a algo que conocemos.
b   Nos referimos a algo por primera vez o que no conocemos.

10 Completa con el artículo determinado o indeterminado.

1 Estudio en ____ Universidad Autónoma de Madrid.
2 Necesito ____ ordenador para mandar ____ correo electrónico.
3 ____ profesora de español se llama Isabel.
4 Ernesto trabaja en ____ oficina.
5 ____ bolígrafo de Marcos no funciona.

11 Fíjate en el siguiente cuadro y completa los textos.

GRAMÁTICA
El sustantivo

Género

	ejemplos	excepciones
masculino	apellid**o**; niñ**o**; profes**or**; cal**or**	man**o**; fot**o**; radi**o**; fl**or**
femenino	escuel**a**; sill**a**	dí**a**; problem**a**; tem**a**; sistem**a**; diplom**a**; map**a**
pueden ser masculinos o femeninos	la call**e**; el puent**e**; el horizont**e**; la fuent**e**	
invariables, admiten el masculino y el femenino	el / la estudi**ante**; el / la cant**ante**; el / la period**ista**; el / la art**ista**	

Normalmente, los sustantivos que terminan en **-o** son (1) _____. Y los que terminan en **-a** son (2) _____. Los sustantivos que terminan en **-e** pueden ser (3) _____ *(el puente)* o (4) _____ *(la calle)*. Los sustantivos que terminan en **-ante, -ente, -ista** son iguales en (5) _____ *(el estudiante)* y en (6) _____ *(la estudiante)*.

Número

singular	plural
niño	niño**s**
escuela	escuela**s**
estudiante	estudiante**s**
profesor	profesor**es**
universidad	universidad**es**
papel	papel**es**

Los sustantivos que terminan en vocal (**a, e, o**) forman el plural añadiendo (7) _____. Y los sustantivos que terminan en consonante (**r, d, l, n…**) forman el plural añadiendo (8) _____.

ATENCIÓN: Los sustantivos que terminan en **i** o en **u** átona forman el plural añadiendo **-s**: *taxi - taxis; tribu - tribus*. Sin embargo, los sustantivos que terminan en **i** o **u** tónicas admiten las dos formas del plural **-s** o **-es**: *bisturí - bisturís, bisturíes; tabú - tabús - tabúes*.

12 Lee los números de la imagen de la derecha y escribe frases con las siguientes nacionalidades.

> ~~alemán(a)~~ · marroquí · brasileño/-a · italiano/-a · francés/-esa
> portugués/-esa · canadiense · español(a) · iraquí · japonés/-esa · ruso/-a
> chino/-a · australiano/-a · cubano/-a · argentino/-a · mexicano/-a
> estadounidense · irlandés/-esa · griego/-a · peruano/-a

El número uno es alemán.

COMUNICACIÓN

Nacionalidades

	singular	plural
masculino	-o: cuban**o**	-os: cuban**os**
femenino	-a: cuban**a**	-as: cuban**as**

Camila Cabello es cubana.
Andy García es cubano.
Camila y Andy son cubanos.

Las nacionalidades que terminan en *-e* y en *-í* son invariables para masculino y femenino:
Montreal es una ciudad canadiense.
El Zoco es un restaurante marroquí.

13 Mira las fotos de estos cinco lugares o monumentos famosos y comenta con tu compañeros cuál es su nacionalidad.

Nacionalidades
italiano/-a
~~peruano/-a~~
francés/-esa
inglés/-esa
estadounidense

1 El Machu Picchu es peruano.

El Machu Picchu

La estatua de la Libertad

14 ¿De dónde es? ¿Qué idiomas habla? Escucha y completa el diálogo.

1. Jean es _____ y habla _____.
2. Rocío es _____ y habla _____.
3. Isabel es _____ y habla _____.
4. Isabella es _____ y habla _____.

15 Pregunta a tus compañeros qué lenguas hablan.

inglés · francés · chino
portugués · japonés · noruego
alemán · árabe · griego
sueco · italiano · ruso

- ¿Qué idiomas hablas?
- Hablo inglés y alemán.

El Big Ben

La torre de Pisa

La torre Eiffel

Yo soy estudiante, ¿y tú?

19

16 Completa los diálogos con el verbo en presente.

1. ■ ¿Dónde (vivir) _____ vosotros?
   ● En Madrid. Yo (vivir) _____ en la Gran Vía. Alicia (vivir) _____ en Chamberí.
2. ■ Nosotros (estudiar) _____ en la universidad. ¿Y tú qué (hacer) _____?
   ● (Trabajar) _____ en un bar, (ser) _____ camarero.
3. ■ ¿Cuántos años (tener) _____ María y Marta?
   ● María (tener) _____ dieciocho, y Marta, veinte.
4. ■ ¿Qué música (escuchar / tú) _____?
   ● Jazz y blues.
5. ■ ¿Qué (hacer) _____ Ida y Steve en la clase de español?
   ● (Hacer) _____ ejercicios, (escuchar) _____ canciones, (escribir) _____ textos y (hablar) _____ con los compañeros.
6. ■ ¿Vosotros (hablar) _____ alemán?
   ● No, pero (hablar) _____ italiano, inglés y español.

GRAMÁTICA

Presente de indicativo

Verbos regulares

	estudiar	aprender	vivir
(yo)	estudio	aprendo	vivo
(tú)	estudias	aprendes	vives
(él, ella, usted)	estudia	aprende	vive
(nosotros/-as)	estudiamos	aprendemos	vivimos
(vosotros/-as)	estudiáis	aprendéis	vivís
(ellos, ellas, ustedes)	estudian	aprenden	viven

Otros verbos regulares: *trabajar, hablar, escuchar, leer, escribir.*

Algunos verbos irregulares

	ser	hacer	tener
(yo)	soy	hago	tengo
(tú)	eres	haces	tienes
(él, ella, usted)	es	hace	tiene
(nosotros/-as)	somos	hacemos	tenemos
(vosotros/-as)	sois	hacéis	tenéis
(ellos, ellas, ustedes)	son	hacen	tienen

17 Imagina que trabajas en una biblioteca. Pregúntale a tu compañero sus datos personales para hacerle el carné.

BIBLIOTECA AGUSTÍ CENTELLES

Nombre y apellidos: _____
Nacionalidad: _____
Edad: _____
Correo electrónico: _____
Profesión / Estudios: _____

- ¿Cuál es tu correo electrónico?
- carloponte arroba expres punto es.

En español, @ se llama arroba.

18 Después, preséntaselo a los demás compañeros.

- *Este es Carlo...*
- *Esta es Ingrid...*

● AMPLIAMOS

19 Lee el siguiente texto sobre los apellidos en los países hispanos. ¿Es igual en tu país? Explícaselo a tus compañeros.

- *En Estados Unidos tenemos un apellido: normalmente es el apellido del padre.*
- *Pues en Italia tenemos dos apellidos...*

Los hispanos y los apellidos

El caso de los dos apellidos que tenemos en España y en los países hispanos es algo poco frecuente. Para los hispanos normalmente el primer apellido es el del padre, y el segundo, el de la madre, aunque actualmente, en muchos países, también podemos poner primero el de la madre, y después, el del padre.

Otra curiosidad sobre los hispanos y los apellidos es que las mujeres españolas e hispanoamericanas mantienen su apellido cuando se casan y se siguen llamando igual toda la vida.

GRAMÁTICA

Nacionalidad

- **ser** + nacionalidad: *Soy italiano.*
- **ser** + de + país: *Soy de Italia.*

Profesión

- **ser** + profesión: *Soy ingeniero.*

Edad

- **tener** + años: *Tengo 30 años.*

Autoevaluación

1 ■ ¿_____ te llamas?
  ● Julia, ¿y tú?
  a Qué
  b Cuál
  c Cómo

2 ¿_____ es tu nombre?
  a Cuál
  b Dónde
  c Qué

3 ■ ¿_____ te dedicas?
  ● Soy profesora.
  a Cómo
  b Dónde
  c A qué

4 ¿_____ vives?
  a Cuál
  b Dónde
  c A qué

5 ¿_____ haces?
  a Dónde
  b A qué
  c Qué

6 ¿_____ años tienes?
  a De dónde
  b Cuántos
  c Cuál

7 ■ ¿_____ eres?
  ● Soy argentina.
  a De dónde
  b Cuántos
  c A qué

8 ¿_____ es tu correo electrónico?
  a Qué
  b Dónde
  c Cuál

9 Completa: veinticinco + treinta y dos = _____.
  a cuarenta y dos
  b cincuenta y siete
  c sesenta y siete

10 Completa: ochenta y ocho, ochenta y nueve y _____.
  a ochenta y siete
  b noventa
  c ochenta y diez

11 Completa: _____, treinta, treinta y uno.
  a veintiocho
  b veintinueve
  c treinta y dos

12 ¿Usted a qué _____ dedica?
  a te
  b le
  c se

13 Yo _____ llamo Luis. ¿Y tú?
  a te
  b se
  c me

14 ¿De dónde _____ usted?
  a eres
  b es
  c sois

15 ■ ¿A qué te dedicas?
  ● _____ profesor.
  a Soy
  b Eres
  c Es

16 ¿Vosotros _____ 18 años?
  a tenéis
  b tienes
  c tenemos

17 Nosotros _____ español en la universidad.
  a estudian
  b estudiáis
  c estudiamos

18 Necesito _____ libros de español para estudiar.
  a los
  b las
  c el

19 Estudio en _____ escuela de español de mi barrio.
  a las
  b una
  c unas

20 Roberto es _____, de Río de Janeiro.
  a de brasileño
  b Brasil
  c brasileño

03 Busco un piso para compartir

● EMPEZAMOS

1 Lee estos anuncios: ¿qué ofrecen? Escribe el número del anuncio correspondiente.

a ○ clases de idiomas c ○ una habitación e ○ una bicicleta
b ○ espacio de trabajo d ○ amigos f ○ compañeros de piso

① ¿BUSCAS AMIGOS? Ven al centro cultural del barrio. C/ Senegal, 32

② Profesor nativo con mucha experiencia. **CLASES DE ALEMÁN**, gramática y conversación. Preguntar por Hans. ☎ 602 23 35 67

③ **BUSCAMOS** profesionales autónomos para compartir un espacio de trabajo. Local céntrico. Llamar por las tardes. 602 23 35 07

④ **Vendo bicicleta** Pablo: 696 43 21 76

⑤ **PISO EN EL CENTRO.** Alquilo habitaciones a estudiantes. Tel.: 91 324 65 78. Preguntar por Sra. Blanco

⑥ ¿Buscas un **compañero de piso**? Escribe gratis tu anuncio en nuestra web: **www.comprarpiso.com**

2 Fíjate en las siguientes expresiones de los anuncios anteriores. ¿Cómo se dicen en tu lengua?

1 Alquilar habitaciones 2 Compartir un espacio de trabajo 3 Buscar compañero de piso 4 Vender una bicicleta

3 ¿Con cuáles de los anuncios de la actividad 1 relacionas estos diálogos?

○ a ■ ¿**Cuánta** gente trabaja en el espacio?
• Somos dos diseñadores gráficos y una traductora.
○ b ■ ¿Cuál es el precio de un anuncio?
• Nada. Es gratis.
○ c ■ ¿**Cuántas** horas de clase recomiendas?
• Un mínimo de tres horas por semana.

○ d ■ ¿**Cuánto** cuesta la bici?
• 350 euros.
○ e ■ ¿**Cuántos** estudiantes viven en la casa?
• Tres: dos chicas inglesas y un chico alemán.
○ f ■ ¿Cómo se llama el centro cultural?
• Villaverde.

4 Fíjate en las palabras en negrita que aparecen en los diálogos anteriores: sirven para preguntar por la cantidad. Observa en el cuadro de la derecha cómo se usan estos pronombres interrogativos y escribe algunas preguntas para tu compañero.

¿Cuántas personas viven en tu casa?

COMUNICACIÓN

Preguntar la cantidad

Cuánto + sustantivo masculino singular / verbo	¿**Cuánto** dinero tienes? ¿**Cuánto** cuesta la bici?
Cuánta + sustantivo femenino singular	¿**Cuánta** gente trabaja allí?
Cuántos + sustantivo masculino plural	¿**Cuántos** estudiantes hablan español?
Cuántas + sustantivo femenino plural	¿**Cuántas** personas viven en tu casa?

5 Lee y escucha.

BUSCO PISO PARA UNA AMIGA

Fernando: ¿Dígame?
Beatriz: Hola, buenas tardes. Llamo por el anuncio de la habitación de alquiler. Tengo una amiga extranjera que busca un piso para compartir en Madrid. Ahora vive en Londres y llega el próximo mes para estudiar español.
Fernando: Sí, sí, claro. Tengo una habitación libre.
Beatriz: ¿Dónde está la casa?
Fernando: En la calle Luisa Fernanda, muy cerca de la calle Princesa y del metro de Ventura Rodríguez.
Beatriz: ¿Y cuál es el precio?
Fernando: 400 euros al mes.

EN CASA DE FERNANDO

Fernando: Mira, esta es la habitación.
Beatriz: No es muy grande, ¿verdad?
Fernando: No, pero es muy tranquila y tiene mucha luz porque da a la calle.
Beatriz: Sí, es verdad. ¿Vives tú solo en la casa?
Fernando: No, somos tres: una chica ecuatoriana, que es enfermera; un chico sevillano, que es dependiente en una tienda de ropa; y yo. ¿Y tu amiga qué hace?
Beatriz: Es arquitecta. Se llama Alices; es estadounidense.

6 Vuelve a leer los diálogos anteriores y completa.

1 Beatriz busca un piso para _____.
2 La amiga de Beatriz se llama _____.
3 La amiga de Beatriz vive en _____.
4 Fernando alquila _____.
5 Fernando vive con _____.
6 El piso está en _____.
7 La habitación no es _____.
8 La habitación tiene _____.

7 Fíjate en la imagen de la derecha y observa las partes que puede tener una casa. Después, dibuja el plano de tu casa o piso y coméntalo con tus compañeros.

Mi casa tiene dos habitaciones, un salón…

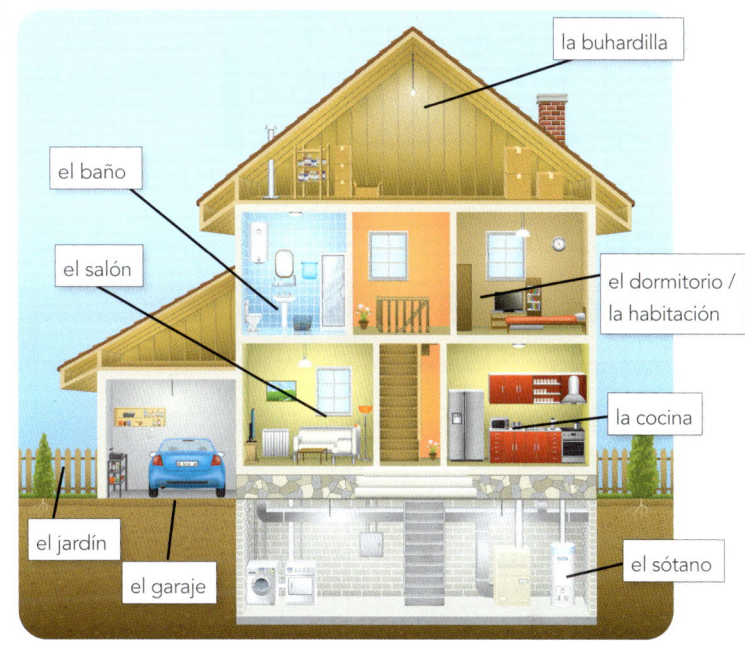

8 ¿En qué lugar de la casa están normalmente los siguientes objetos y muebles? Puede haber más de una opción.

① una cama
En *el dormitorio*.

② una sartén
En _____.

③ un cepillo de dientes
En _____.

④ un sofá
En _____.

⑤ una moto
En _____.

⑥ una lavadora
En _____.

⑦ una manguera
En _____.

⑧ un escritorio
En _____.

AVANZAMOS

9 ¿Buscas habitación? Sara y David alquilan una habitación en sus respectivas casas. Con ayuda del diccionario y de tu profesor, busca el significado de las palabras subrayadas. Después de leer los anuncios, ¿qué habitación prefieres tú? Coméntalo con tu compañero.

La habitación que alquila Sara

HABITACIÓN EN EL CENTRO. Es una habitación grande, luminosa, que da a un parque. El piso tiene cuatro habitaciones, dos baños y un salón muy grande, 34 m². La cocina es un poco pequeña, pero nueva. Y lo mejor: tiene una terraza de 25 m². El piso está en el centro, en una zona tranquila. Está bien comunicado, muy cerca del metro y al lado de una parada de autobús. En el piso viven dos chicos que son profesores y yo, que trabajo en una tienda de ropa.

La habitación que alquila David

BUHARDILLA EN CASA FRENTE AL MAR. La habitación es una buhardilla y tiene vistas al mar. Es un poco pequeña, pero tiene mucha luz y un cuarto de baño privado. La casa tiene cuatro habitaciones, tres baños, una cocina, un sótano y un pequeño jardín. Está en una zona residencial, lejos del metro, pero al lado de una parada de autobús. Somos una familia con dos niños pequeños.

Yo prefiero la habitación de Sara porque…

10 Fíjate en los textos de la actividad anterior y completa el cuadro con los verbos correspondientes.

DESCRIPCIÓN	POSESIÓN	LOCALIZACIÓN
1 _____	2 _____	3 _____
un poco pequeña	cuatro habitaciones	en el centro
grande	dos baños	en una zona tranquila
luminosa	un salón	bien comunicado
una buhardilla	una terraza	muy cerca del metro
nueva	vistas al mar	en una zona residencial
	mucha luz	muy cerca del metro
	una cocina	al lado de una parada de autobús
	un pequeño jardín	

GRAMÁTICA

Presente de indicativo del verbo *estar*

(yo)	estoy
(tú)	estás
(él, ella, usted)	está
(nosotros/-as)	estamos
(vosotros/-as)	estáis
(ellos, ellas, ustedes)	están

*La casa **está** en el centro.*

11 Completa con los verbos *ser*, *estar* y *tener* en presente.

1. Las habitaciones de mi casa _____ grandes.
2. Ricardo y yo _____ dos casas.
3. El piso _____ dos habitaciones, un baño y una cocina.
4. Todas las habitaciones del hotel _____ vistas al mar.
5. El baño _____ muy pequeño.
6. La casa de Carmen _____ al lado de la parada de autobús.
7. El piso de Raúl y Eva _____ en una zona residencial.
8. Las habitaciones que se alquilan _____ en el centro.

12 Relaciona. ¿Qué combinaciones son posibles?

1 una habitación	a pequeños
2 una zona	b tranquila
3 unos pisos	c céntricos
4 unas casas	d grandes
	e bien comunicada
	f luminosa

GRAMÁTICA

El adjetivo

El adjetivo concuerda en género y número con el sustantivo al que acompaña.

	singular	plural
masculino	céntrico	céntricos
femenino	céntrica	céntricas

*Es **una** zon**a** céntric**a**.*   *Es **un** pis**o** tranquil**o** y grand**e***.*
*Son **unos** pis**os** luminos**os**.*   *Es **una** cas**a** grand**e***.*

*Los adjetivos que terminan en -e son invariables para masculino y femenino.

13 Escucha y completa esta conversación telefónica con *del, de la, al* y *a la*.

Sra. Blanco: ¿Diga?
Tú: Buenas noches, llamo por el anuncio **(1)** _____ habitación.
Sra. Blanco: Sí, sí.
Tú: ¿Dónde está la casa?
Sra. Blanco: En la Cuesta de San Vicente, muy cerca **(2)** _____ estación **(3)** _____ Norte.
Tú: ¿Está cerca **(4)** _____ metro?
Sra. Blanco: Claro, **(5)** _____ lado **(6)** _____ estación de Príncipe Pío. También hay tren de cercanías y autobuses.
Tú: ¿Cuál es el precio?
Sra. Blanco: 450 euros **(7)** _____ mes.
Tú: ¿Viven otros estudiantes en la casa?
Sra. Blanco: Sí, una chica de Marruecos y un coreano.
Tú: Me gustaría ver el piso…

GRAMÁTICA

Contracciones

de + el → **del**   a + el → **al**
Está cerca **del** metro.   Son 600 euros **al** mes.

LÉXICO

Adverbios de lugar

(muy) **cerca**
(muy) (un poco) **lejos** ⎤ + de + (un punto de referencia)
al lado

Mi casa está **cerca de** la escuela.
El piso está **al lado de** la parada de autobús.
El dormitorio está **lejos del** baño.

14 Observa dónde está Pablo respecto al supermercado y completa con las siguientes palabras.

~~al lado~~ • cerca • un poco lejos • muy cerca • ~~lejos~~ • muy lejos

1 _____   2 *lejos*   3 _____   4 _____   5 _____   6 *al lado*

15 Explícale a tu compañero dónde vives, con quién y cómo es tu habitación.

Yo vivo cerca del centro y comparto piso con dos estudiantes de la universidad. Mi habitación tiene…

16 ¿Quién es quién? Relaciona las descripciones con las imágenes.

a ④ Es baja y morena. Tiene el pelo largo.
b ○ Es calvo, bajo y un poco gordo. Tiene bigote y lleva gafas.
c ○ Es alta, delgada y rubia. Tiene el pelo liso y los ojos azules.
d ○ Es alto, delgado y moreno. Tiene el pelo rizado, bigote y barba.
e ○ Es bajo y moreno. Tiene el pelo liso, bigote y barba. Lleva gafas.

COMUNICACIÓN

Descripción física

¿Cómo **es**?

| **Es** | alto/-a ≠ bajo/-a
guapo/-a ≠ feo/-a
rubio/-a
moreno/-a
calvo/-a
delgado/-a ≠ gordo/-a | **Tiene** el pelo | liso ≠ rizado
largo ≠ corto
castaño
rubio
negro
canoso | **Tiene** los ojos | azules
verdes
negros
marrones | **Tiene / Lleva** | bigote
barba
perilla
gafas |

Busco un piso para compartir

25

17 Elige a uno de estos personajes y descríbeselo a tus compañeros. Ellos tienen que adivinar quién es.

1 Leo Messi

2 Yulimar Rojas

3 Rozalén

4 Gael García Bernal

5 José Andrés

6 Isabel Coixet

18 Escucha la siguiente conversación y subraya cómo es su nuevo compañero de piso.

1. Es **guapo / feo**.
2. Es muy **alto / bajo**.
3. Es **moreno / rubio**.
4. Tiene el pelo **liso / rizado**.
5. Tiene los ojos **azules / verdes**.
6. Es muy **simpático / antipático**.
7. Es muy **sociable / introvertido**.
8. Es **ordenado / un poco desordenado**.

19 Con ayuda del diccionario señala si los siguientes adjetivos de carácter son positivos (+), negativos (-) o depende del contexto (?). Compara con tu compañero.

abierto/-a +	sincero/-a	aburrido/-a
tímido/-a	mentiroso/-a	alegre
antipático/-a	simpático/-a	organizado/-a
educado/-a	divertido/-a	pesimista
trabajador(a)	optimista	ordenado/-a
inteligente	serio/-a	sociable
fiel	ecologista	nervioso/-a
desordenado/-a	impaciente	paciente
maleducado/-a	introvertido/-a	independiente
tranquilo/-a	amable	vago/-a

COMUNICACIÓN

Descripción del carácter

Ser + adjetivo
Pablo es muy amable y divertido.
La profesora es muy seria.
Marcela y Antonio son muy simpáticos*.

*Cuando hay dos o más sustantivos masculinos y femeninos, el adjetivo es masculino y plural.

20 Describe el carácter ideal de las siguientes personas. Coméntalo con tus compañeros.

- el / la compañero/-a de piso ideal
- el / la profesor(a) ideal
- el / la amigo/-a ideal

Para mí, la amiga ideal es divertida, alegre, abierta…

21 Escribe un anuncio para el tablón de la clase.

IDIOMAS	ACTIVIDADES
aprender / enseñar / practicar	jugar / practicar / salir / hacer deporte
PISO	**COSAS**
alquilar / buscar / compartir / vender / comprar	vender / comprar / regalar

● AMPLIAMOS

22 Lee el siguiente texto publicado en una revista para estudiantes de español y contesta a las preguntas.

Viviendas para vivir

En España, una casa independiente con jardín se llama chalé o vivienda unifamiliar (casa para una sola familia).

En las ciudades españolas, casi toda la gente vive en pisos, que son viviendas con más de una habitación o dormitorio, en edificios de más de una planta. Las viviendas con un solo dormitorio se llaman apartamentos. Un estudio es más pequeño: tiene cocina, cuarto de baño y salón-dormitorio. En la actualidad, en las zonas residenciales alrededor de las ciudades, mucha gente vive en casas adosadas. Las casas adosadas están unas junto a otras y tienen un pequeño jardín.

En muchos países hispanoamericanos, los pisos se llaman departamentos o apartamentos. En Argentina, Perú y otros países hispanoamericanos, la habitación se llama pieza.

1. ¿Qué es un chalé?
2. Ordena de mayor a menor tamaño:
   ○ un estudio   ○ un piso   ○ un apartamento
3. ¿Qué diferencias hay entre un chalé y una casa adosada?
4. ¿A qué se llama pieza en Hispanoamérica?
5. ¿Cómo se llaman estos tipos de viviendas?

a _____

b _____

c _____

d _____

Autoevaluación

1 ■ Oye, un compañero de mi trabajo alquila una habitación. ¿Te interesa?
● Bueno, depende, ¿dónde _____ el piso?
a es
b está
c tienen

2 El piso _____ mucha luz y _____ muy tranquilo.
a está / es
b es / está
c tiene / es

3 ■ ¿_____ chicos viven en tu piso?
● Tres: dos italianos y un alemán.
a Cuánto
b Cuánta
c Cuántos

4 Esteban _____ piso con dos estudiantes.
a tiene
b vive
c comparte

5 Nosotros _____ un estudiante para compartir piso.
a buscamos
b buscáis
c busca

6 El piso está en una zona _____.
a residencial
b tranquilo
c centro

7 Es una habitación _____.
a pequeño
b residencial
c luminosa

8 Son unos pisos muy _____.
a luminosas
b tranquilos
c grande

9 El piso está _____ lado _____ universidad.
a a el / del
b a / de la
c al / de la

10 Mi casa está cerca _____ metro.
a de
b de la
c del

11 El salón está muy cerca _____ cocina.
a de la
b la
c a la

12 Normalmente el sofá está en _____.
a el baño
b la cocina
c el salón

13 En el sótano está _____.
a la lavadora
b la buhardilla
c el jardín

14 ■ ¿Dónde vives?
● Vivo _____ de la universidad, necesito una hora para llegar.
a al lado
b lejos
c cerca

15 ■ ¿Cómo es Ricardo?
● Es _____.
a muy alto y guapo
b pelo rubio y ojos azules
c bajo y barba

16 Mi amiga Lucía _____ alta y _____ el pelo rizado.
a está / lleva
b es / está
c es / tiene

17 Manuel conoce a mucha gente, es muy _____.
a inteligente
b honesto
c sociable

18 Sara es muy positiva, es una persona _____.
a seria
b extrovertida
c optimista

19 Álvaro y Jorge son muy _____, no les gusta trabajar.
a agradables
b vagos
c antipáticos

20 Un chalé es _____ que un piso.
a más grande
b más céntrico
c más pequeño

04
No vivo lejos de aquí

●EMPEZAMOS

1 ¿Conoces estos barrios? Escribe el número de la imagen que le corresponde a cada texto.

○ **Barrio de La Recoleta, Buenos Aires (Argentina)** Ⓐ

Es un barrio residencial que **está** en el norte de la ciudad, cerca del centro. **Hay** edificios muy altos y antiguos. Es un barrio muy bien comunicado: **hay** metro* y autobuses*. En este barrio **está** el Centro Cultural Recoleta, el Museo Nacional de Bellas Artes, la librería Ateneo (una de las librerías más bonitas del mundo) y la Biblioteca Nacional (un edificio emblemático rodeado de zonas verdes). Todos los fines de semana **hay** un mercadillo, la Feria Artesanal, donde los artesanos venden sus productos hechos a mano.

*En Argentina el metro se llama "subte" y los autobuses, "colectivos".

○ **Barrio de La Malagueta, Málaga (España)** Ⓑ

Está muy cerca del centro histórico, al lado de la playa de La Malagueta, donde **están** los chiringuitos más famosos de la ciudad. Es un barrio muy turístico y tiene buena comunicación: **hay** metro y autobuses; la estación de tren María Zambrano **está** a quince minutos andando. También **hay** muchas tiendas de ropa, supermercados, bares y restaurantes. En el barrio **está** la plaza de toros La Malagueta y **hay** un paseo marítimo que llega hasta el faro La Farola.

2 Fíjate en los verbos en negrita que aparecen en los textos anteriores y relaciona.

1 está / están   a Indicar la existencia de lugares
2 hay   b Indicar la localización de lugares

GRAMÁTICA

Para indicar la localización de lugares

- **está / están** + localización:
  La biblioteca **está** en esta calle.
  Los restaurantes más caros **están** en la playa.
  ¿Dónde **está** el Museo de Arte Contemporáneo?

Para indicar la existencia de lugares

- **hay** + un / una / unos / unas + sustantivo singular o plural
  ¿**Hay** <u>una biblioteca</u> en este barrio?*

- **hay** + muchos / dos, tres… + sustantivo plural
  En Barcelona **hay** <u>muchas playas</u>.*
  En mi barrio **hay** <u>dos cines</u>.

* Hay no varía para singular y plural.

3 Completa las frases usando *hay* y *está / están*.

1 ¿_____ una parada de metro cerca de aquí?
2 En el parque _____ un bar con una terraza muy bonita.
3 El bar *El Espeto* _____ en el paseo marítimo.
4 Los chiringuitos son los bares que _____ en la playa.
5 En mi barrio _____ dos bibliotecas.
6 ¿Sabes dónde _____ las playas más grandes de Brasil?

4 Escucha las cinco conversaciones y señala en el cuadro qué busca cada persona.

	1	2	3	4	5
La estación de tren					
La parada del metro					
El centro comercial					
Un gimnasio					
Una farmacia					

COMUNICACIÓN

Preguntar por la existencia y localización

- Perdona, ¿para ir al centro comercial Las Camelias?
- Oye, ¿hay un gimnasio cerca?
- Perdone, ¿sabe dónde está la parada de metro?
- Oiga, ¿cómo puedo ir a la estación?

5 Esta es la transcripción de dos de las conversaciones anteriores. Fíjate en las expresiones en negrita y completa los diálogos con *tener que*.

CONVERSACIÓN 1

- Perdona, ¿para ir al centro comercial Las Camelias?
- Está cerca. Mira, **tienes que coger** la segunda calle a la izquierda, después **tienes que continuar** recto hasta una plaza y allí está el centro comercial.
- ¡Muchas gracias!

CONVERSACIÓN 2

- Oiga, ¿cómo puedo ir a la estación de tren?
- Es fácil llegar. Mire, **tiene que seguir** todo recto hasta la plaza América, después **tiene que cruzar** la plaza, **tiene que coger** la primera a la derecha, y allí está la estación.
- ¡Muchas gracias!

1. - ¿Cómo vamos al cine Rex?
   - (coger) *Tenéis que coger* la segunda calle a la izquierda y después (continuar) _____ todo recto hasta la Plaza España y allí está.
2. - Perdone, ¿para ir a la plaza de España?
   - Mire, es muy fácil. (seguir / usted) _____ todo recto hasta el Museo de Arte Contemporáneo, allí hay una parada de autobús, (coger / usted) _____ el autobús 55 y (bajar / usted) _____ en la parada de plaza de España.
3. - Oye, ¿sabes dónde está la biblioteca?
   - Sí, mira, (continuar / tú) _____ este pasillo todo recto, al final (girar / tú) _____ a la derecha, bajas unas escaleras y ahí está la biblioteca.
4. - Perdona, ¿hay una farmacia por aquí?
   - Sí, (coge) _____ la primera calle a la derecha, la farmacia está al final de la calle.

GRAMÁTICA

Expresar obligación

Tener que + infinitivo:
  Tienes que coger *la segunda calle a la izquierda.*
  Tiene que continuar *todo recto.*

6 Fíjate en las expresiones subrayadas en las dos conversaciones anteriores: se usan para llamar la atención de alguien. Completa la tabla con las expresiones, según sean formales o informales.

LLAMAR LA ATENCIÓN	
formal *(usted)*	informal *(tú)*
perdone	
	oye

7 Rosa está en la estación de metro de Goya y quiere ir a la de Vicente Aleixandre. Lee, escucha y marca el itinerario que le indican.

En la estación de Goya

Rosa: Por favor, ¿para ir a Vicente Aleixandre?
Emilio: Mira, tienes que coger la línea 4, en dirección a Pinar de Chamartín, hasta Avenida de América. Allí cambias a la línea 6, la Circular, y creo que hay cuatro o cinco estaciones hasta Vicente Aleixandre.
Rosa: Vale. Gracias.

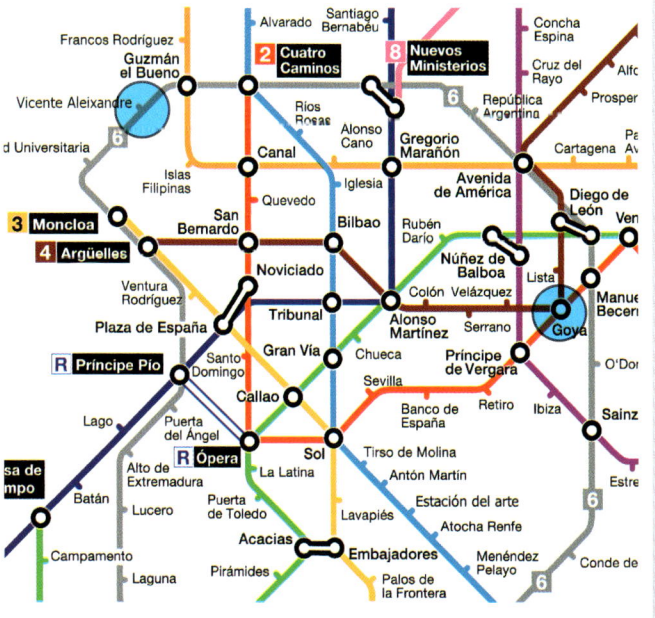

04
● AVANZAMOS

8 Estás en la calle y quieres preguntar por una serie de lugares. Pregunta a tu compañero y señala en el plano.

ALUMNO A: ¿DÓNDE ESTÁ / HAY…?
- la parada del autobús número 17 más cercana
- el centro comercial Marcial
- una farmacia
- un cajero automático

Estoy en…, ¿cómo voy a… / para ir a…?
- el banco Par
- la copistería El Copión

ALUMNO B: ¿DÓNDE ESTÁ / HAY…?
- la estación de metro de Plaza Mayor
- una librería
- un quiosco de prensa
- la estación central de autobuses

Estoy en…, ¿cómo voy a… / para ir a…?
- la oficina de Correos
- la academia Aprendetodo

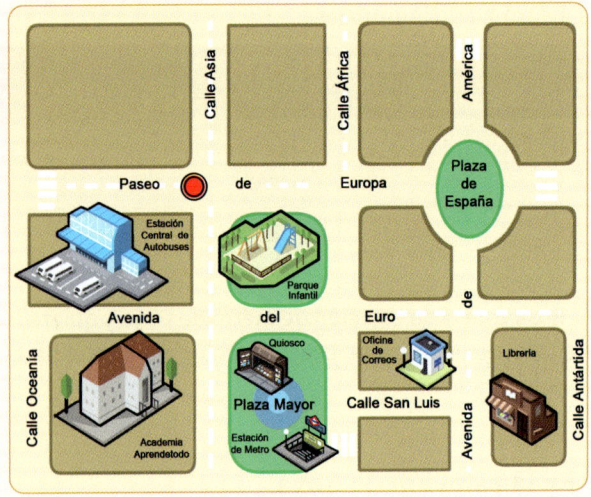
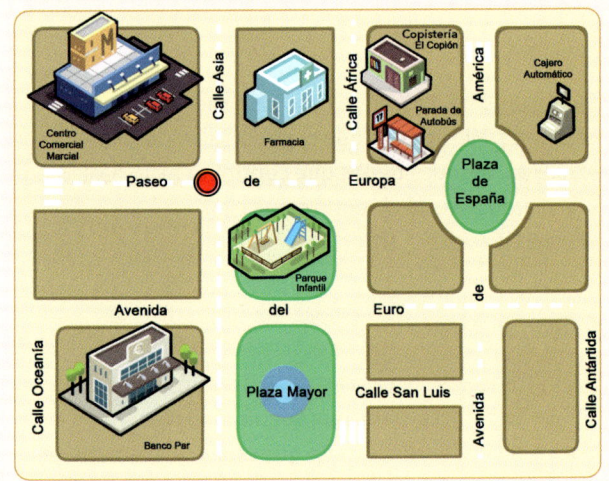

Tu compañero y tú estáis en el Paseo de Europa con la calle Asia. Aquí tienes unos ejemplos:

Alumno A habla con alumno B (se hablan de *tú*):
- *Perdona, ¿sabes dónde está la parada del autobús número 17 más cercana?*
- *Sí, mira, tienes que seguir todo recto por el Paseo de Europa y después…*

Alumno B habla con alumno A (se hablan de *usted*):
- *Perdone, ¿sabe dónde está la estación de metro de Plaza Mayor?*
- *Sí, mire, tiene que seguir todo recto por el Paseo de Europa y después…*

9 Mira el plano de la derecha y señala si las afirmaciones son verdaderas (V) o falsas (F).

1. ○ El banco está **en** la avenida de Andalucía.
2. ○ El centro comercial está **muy cerca de** la parada de autobús.
3. ○ El parque está **entre** la calle Sevilla y la calle Cádiz.
4. ○ Hay una farmacia **al lado del** banco.
5. ○ La parada de taxis está **lejos de** la farmacia.
6. ○ La panadería está **enfrente del** parque.

COMUNICACIÓN

Situar lugares y objetos

¿Dónde **está** la pelota?

delante de la silla · detrás de la silla · enfrente de la silla · al lado de la silla · entre las sillas · a la derecha de la silla · a la izquierda de la silla · en la silla · cerca de la silla · lejos de la silla · debajo de la silla · encima de la silla

10 Escucha y ayuda a Rosa a colocar los muebles o los objetos en su salón. Observa que en su salón hay un sofá, una mesa y el televisor. Hay otros objetos o muebles que no menciona y que no tienes que colocar.

mesa de centro · cuadro · silla · gafas · mando a distancia · radiador · revistas · alfombra · lámpara de pie · planta · cortinas · equipo de música · lamparita · sillón

11 Habla con un compañero y explícale cómo es el salón de tu casa.

El salón de mi casa es muy grande. Hay dos sofás. Delante de los sofás hay un televisor de 50"…

12 Estamos en la calle comercial de una ciudad. ¿Sabes cómo se llaman los establecimientos marcados con números? Haz una lista con tu compañero.

El número setenta y cinco es una librería.

13 ¿A dónde crees que van las personas del dibujo anterior? Coméntalo con tu compañero.

Yo creo que el cartero va a Correos.

GRAMÁTICA

ir a + lugar

Voy al cine.
Vamos a la universidad.
¿Vas al supermercado?

ir en + medio de transporte

Vamos en metro al centro.
¿Vais en coche a la playa?
Voy en tren a la universidad.

ir a pie = ir andando

14 Explícale a tu compañero qué transportes usas y a qué lugares vas en ellos.

Yo voy a la universidad en tren, porque está muy lejos de mi casa. Para ir al centro voy en metro, porque es rápido. Y para ir a comprar voy andando, porque hay un centro comercial muy cerca de mi casa.

LÉXICO

Transportes

el tren	el tranvía	la bicicleta
el autobús	el coche	la moto
el metro	el barco	a pie

● AMPLIAMOS

15 Lee el texto y subraya los establecimientos que aparecen.

LAS TIENDAS DEL BARRIO

En los barrios de las ciudades y pueblos españoles hay pequeñas tiendas para comprar productos frescos: carnicerías, pescaderías, supermercados, etc. También hay tiendas de ropa y zapaterías. Normalmente, en todos los barrios hay una oficina de Correos, una biblioteca, un polideportivo, un mercado… Los establecimientos que podemos encontrar en casi todas las calles son farmacias, bares, oficinas bancarias, peluquerías y panaderías.

16 Elabora una lista de cosas que podéis comprar en los establecimientos de la actividad anterior. En algunos de ellos no se puede comprar nada.

17 ¿Cómo es tu barrio? Describe dónde está y qué establecimientos hay. Después de escribirlo en tu cuaderno, cuéntaselo a tu compañero.

En mi barrio hay dos supermercados y una oficina de Correos. Al lado de la oficina de Correos hay un restaurante japonés muy bueno. También hay un centro comercial que está delante de un parque…

Autoevaluación

1 ¿_____ una estación de tren cerca?
   a Está
   b Hay
   c Tiene

2 Oye, ¿dónde _____ las tiendas de ropa de marca?
   a hay
   b está
   c están

3 El supermercado _____ muy cerca de mi casa.
   a está
   b hay
   c están

4 ¿_____ parques en tu barrio?
   a Hay
   b Está
   c Están

5 El banco _____ en la plaza de América.
   a están
   b hay
   c está

6 ¿Cuántas sillas _____ en clase?
   a están
   b está
   c hay

7 _____, ¿sabe dónde está la librería?
   a Perdona
   b Mira
   c Perdone

8 ■ Por favor, ¿para ir al centro comercial?
   ● _____, tiene que continuar todo recto hasta el final de la calle.
   a Oiga
   b Mire
   c Perdone

9 ■ Por favor, ¿para ir a la plaza Mayor?
   ● _____, tienes que coger la primera a la izquierda y continúas todo recto hasta la plaza Mayor.
   a Mira
   b Oye
   c Perdona

10 Mira, Iván, para ir a la oficina de Correos _____ coger la primera calle a la derecha y allí está.
   a tienen que
   b tenéis que
   c tienes que

11 Para aprobar el examen, vosotros _____ estudiar más.
   a tenemos que
   b tienen que
   c tenéis que

12 ■ Perdona, ¿para ir a los multicines Gardel?
   ● Están un poco lejos, en la plaza de Castilla. Tienes que ir en metro, _____ la línea 5 en dirección plaza Nueva, y creo que hay cinco estaciones hasta plaza de Castilla.
   a coger   b cogen   c cogéis

13 Oye, ¿cómo _____ Dani y tú a la universidad?
   a vamos   b vas   c vais

14 ¿Tú sabes si Raquel y Fernando _____ al cine mañana?
   a vamos   b van   c vais

15 ¿Vosotros _____ que ir en metro para ir al trabajo?
   a tenemos
   b tenéis
   c tienes

16 ¿Sabes dónde hay _____? Necesito comprar un diccionario.
   a una tienda
   b una panadería
   c una librería

17 ■ ¿Dónde puedo comprar un sello para enviar una postal a mi familia?
   ● Hay _____ al final de esta calle.
   a una oficina de Correos
   b una biblioteca
   c un banco

18 ■ Hoy compro yo el pan. ¿Hay _____ cerca?
   ● Sí, está al lado de la farmacia.
   a una librería
   b una pescadería
   c una panadería

19 Ramón y yo vamos _____ la playa en tren.
   a en
   b a
   c Ø

20 ■ ¿Cogemos el metro para ir al centro?
   ● No, no, está muy cerca, vamos _____ pie.
   a en
   b de
   c a

No vivo lejos de aquí

Repaso 01-04

● ESCRIBIR

1 Imagina que estudias en una universidad de Cuba y quieres hacer un intercambio de idiomas para mejorar tu español. Escribe una nota, con tus datos personales y de contacto para el tablón de anuncios de la universidad.

Hola, soy...

2 Pregunta a un compañero sus datos personales y completa su inscripción en los cursos de español de la Universidad de La Habana.

AÑO DEL CURSO: _____

CURSO DE ESPAÑOL INICIAL

UNIVERSIDAD DE LA HABANA (CUBA)
Facultad de Lenguas Extranjeras
Calle 19 de Mayo, 14

APELLIDOS:
NOMBRE:
DIRECCIÓN:
TELÉFONO:
CORREO ELECTRÓNICO:
PROFESIÓN:
ESTUDIOS:
IDIOMAS:

● LEER

3 Este es el folleto de los cursos de español de la Universidad de La Habana. Marca si las informaciones son verdaderas (V) o falsas (F).

ESPAÑOL EN LA HABANA

La capital de Cuba es una ciudad llena de coches de los años 50, edificios coloniales y un ambiente difícil de encontrar en cualquier otro lugar del mundo. Los cubanos son extremadamente hospitalarios y atentos y La Habana tiene también la ventaja de ser un sitio muy seguro para estudiantes de español. La Habana ofrece a los alumnos de nuestra escuela grandes oportunidades de hablar español con los nativos. Si quieres aprender español en el extranjero, La Habana es tu ciudad, completamente diferente al resto y, para la mayoría de sus visitantes, un lugar sencillamente encantador. La escuela tiene biblioteca, sala de ordenadores y cafetería. Las aulas están en una zona tranquila y céntrica, no muy lejos de La Habana Vieja.

La Universidad de La Habana en la web: www.uh.cu

1 ○ La capital de Cuba es Santiago de Cuba.
2 ○ Los cubanos son gente muy amable.
3 ○ La Habana es igual que otras ciudades.
4 ○ Puedes consultar tu correo electrónico y navegar por internet en la sala de ordenadores de la escuela.
5 ○ La escuela no está en el centro de la ciudad, está en una zona residencial.

●HABLAR

4 En parejas. Aquí tenéis un plano de los alrededores de la universidad de La Habana. Os encontráis en el punto X. Con ayuda de internet, sitúa en el mapa los lugares de tu lista.

Alumno A
1 Teatro Nacional
2 Centro Cultural Maxim Rock
3 Monumento José Martí
4 Estación central de autobuses
5 Parque de las esculturas

Alumno B
6   Iglesia Santa Rosa de Lima
7   Biblioteca Nacional
8   Monumento al Che Guevara
9   Parque de La Pera
10 Hospital Manuel Fajardo

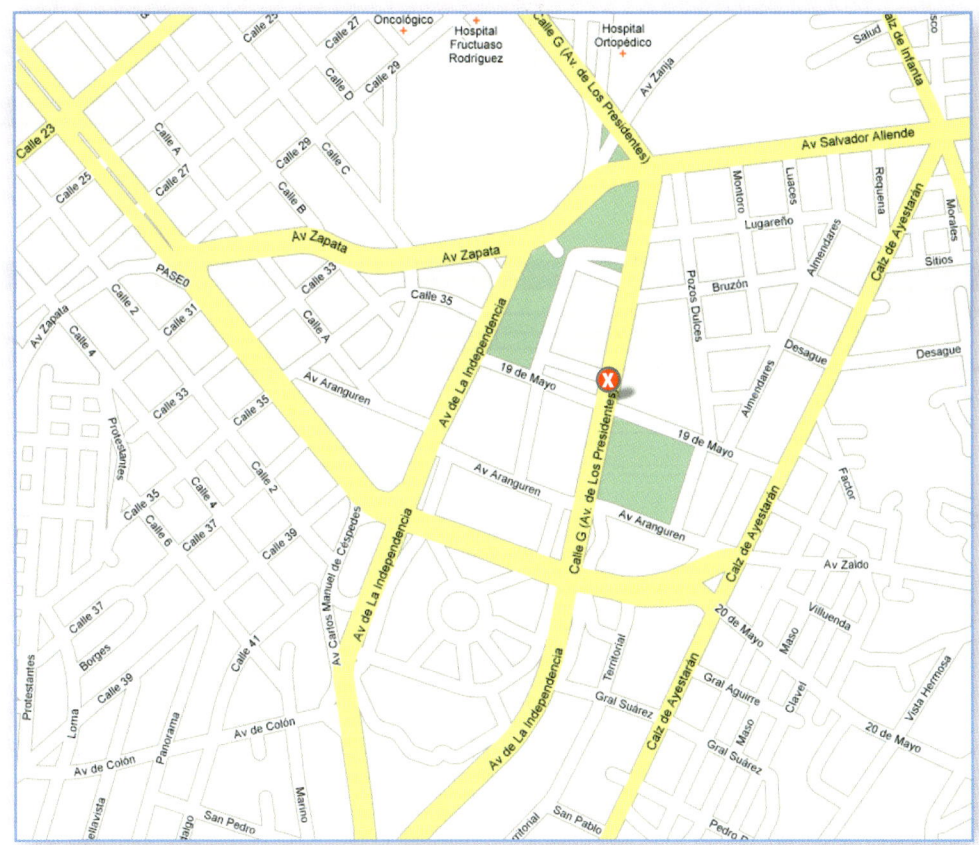

5 Ahora, pregúntale a tu compañero dónde están los sitios que él ha señalado en el mapa.

- ¿Dónde está el teatro Nacional?
- Tienes que ir primero por la segunda calle a la izquierda y después...

6 En parejas. Tu compañero y tú vais a compartir piso: estos son los muebles y el plano del salón. Tenéis que decidir dónde ponéis cada mueble y objeto.

●ESCUCHAR

7 Belén busca una habitación en un piso de estudiantes. Escucha la conversación y señala si las afirmaciones son verdaderas (V) o falsas (F).

1. ○ Belén estudia en la universidad.
2. ○ En el piso viven tres estudiantes.
3. ○ El piso tiene un baño.
4. ○ Ismael alquila una habitación pequeña.
5. ○ El piso está en una zona residencial lejos del centro.
6. ○ El piso está bien comunicado.
7. ○ El piso no tiene conexión a internet.

8 Vuelve a escuchar la conversación de Belén y transforma en verdaderas las frases falsas de la actividad anterior.

¿QUÉ SABES HACER?

Señala todas las actividades que ya sabes hacer. Si no recuerdas alguna, vuelve a la unidad de referencia y repásala.

COMPRENSIÓN ESCRITA
¿Qué puedes comprender cuando lees?

- ○ Soy capaz de entender instrucciones para la clase (Unidad 1).
- ○ Soy capaz de entender formularios (solicitud de inscripción) para proporcionar datos personales (Unidad 2).
- ○ Comprendo mensajes cortos y sencillos, por ejemplo, anuncios, tarjetas… (Unidad 3).
- ○ Soy capaz de comprender la información e interpretar los símbolos de, por ejemplo, el plano del metro (Unidad 4).

COMPRENSIÓN AUDITIVA
¿Qué puedes entender?

- ○ Puedo diferenciar las letras (Unidad 1).
- ○ Comprendo preguntas breves e información sobre cuestiones personales básicas en conversaciones sencillas, como ¿Dónde vive?, Vivo en Berlín, ¿Cómo te llamas?… (Unidades 2 y 3).
- ○ Entiendo información básica sobre sobre un piso (Unidad 3).
- ○ Comprendo a alguien que describe físicamente a una persona (Unidad 3).
- ○ Soy capaz de comprender indicaciones sencillas sobre cómo llegar a un lugar (Unidad 4).

EXPRESIÓN ORAL
¿Qué puedes expresar?

- ○ Soy capaz de decir que no entiendo algo, puedo pedir que alguien repita lo que ha dicho, que hable más despacio y que deletree una palabra o nombre propio (Unidad 1).
- ○ Puedo dar información personal (Unidad 2).
- ○ Soy capaz de describir el lugar donde vivo (Unidad 3).
- ○ Puedo situar lugares u objetos (Unidad 4).
- ○ Soy capaz de expresar obligación (Unidad 4).

INTERACCIÓN ORAL
¿Cómo puedes interactuar con los demás?

- ○ Puedo saludar y despedirme (Unidad 1).
- ○ Puedo presentarme a mí mismo y a otros (Unidad 2).
- ○ Soy capaz de pedir y dar información personal (Unidad 2).
- ○ Puedo preguntar la nacionalidad y los idiomas que habla una persona (Unidad 2).
- ○ Soy capaz de dirigirme a una persona de manera formal e informal, según el contexto (Unidad 2).
- ○ Puedo dar y pedir información sobre un piso (Unidad 3).
- ○ Puedo pedir y dar direcciones (Unidad 4).

EXPRESIÓN ESCRITA
¿Qué puedes escribir?

- ○ Soy capaz de rellenar un formulario con mis datos personales (Unidad 2).
- ○ Puedo escribir mensajes cortos y sencillos con información personal básica: por ejemplo, un anuncio (Unidad 3).
- ○ Soy capaz de describir mi barrio (Unidad 4).

Soy capaz de utilizar y comprender vocabulario sobre los siguientes temas:

- ○ Objetos de la clase (Unidad 1).
- ○ Países (Unidades 1 y 2).
- ○ Nacionalidades e idiomas (Unidad 2).
- ○ Tipos de viviendas y partes de la casa (Unidad 3).
- ○ Adjetivos de descripción física (Unidad 3).
- ○ Muebles (Unidad 4).
- ○ Lugares y establecimientos en una ciudad (Unidad 4).

05 ¿Por qué no vamos los tres?

● EMPEZAMOS

1 Eva, Mauro y Emma hablan de planes para el fin de semana. Escucha y señala si son verdaderas (V) o falsas (F) las siguientes afirmaciones.

1 ◯ El plan de Eva para el sábado es ir a Toledo.
2 ◯ Mauro y Emma también van a Toledo con Eva.
3 ◯ Eva propone ir a Toledo a las doce.
4 ◯ Mauro propone ir al cine esta noche.
5 ◯ Eva cena con sus padres esta noche.
6 ◯ Emma no quiere ir al cine.
7 ◯ Eva se va porque tiene una reunión.
8 ◯ Mauro se queda en la cafetería.

2 Lee la conversación entre Eva, Mauro y Emma. Fíjate en las frases destacadas en negrita y contesta a las preguntas de la derecha.

Eva: ¿Sabéis? El sábado me dan el coche nuevo y **quiero estrenarlo**. ¿Por qué no vamos los tres a Toledo?
Mauro: ¡Qué bien, coche nuevo! Pero el sábado yo no puedo ir a Toledo: **voy a ir a** Segovia, con unos amigos.
Eva: ¡Qué pena! Y tú, Emma, **¿quieres venir?**
Emma: Uy, no sé… El sábado por la mañana **quiero descansar**: no **quiero levantarme** pronto. ¿A qué hora **quieres ir**?
Eva: Bueno…, no **quiero madrugar**; podemos salir sobre las once.
Emma: Hmmm… Mejor a las doce, ¿vale?
Eva: ¡Vale! Te paso a buscar por tu casa.
Mauro: Oye, ¿vamos al cine esta noche?
Emma: Sí, genial. ¿Qué película **quieres ver**?
Mauro: No sé… Luego miro en el móvil qué películas hay.
Eva: Yo no puedo: esta noche **voy a cenar** a casa de mis padres.
Emma: Chicos, ¿qué hora es?
Mauro: Las diez y media.
Emma: ¡Uy! Es tarde, me voy.
Eva: Sí, yo también. A las once menos cuarto tengo una reunión.
Emma: Pues nos vamos juntas. ¿Tú te quedas, Mauro?
Mauro: Sí, **voy a tomar** otro café.

1 Relaciona la primera columna con la segunda.
 1 *ir a* + infinitivo   a Expresar deseos.
 2 *querer* + infinitivo   b Hablar de planes de futuro.
2 ¿Qué diferencia hay entre *ir* e *irse*?
 - "**¿vamos al** cine?" / "**voy a cenar** a casa de mis padres"
 - "Es tarde, **me voy**" / "**nos vamos** juntas"

GRAMÁTICA

Expresar planes y deseos en el futuro

Planes: *ir a* + infinitivo

(yo)	voy	
(tú)	vas	
(él, ella, usted)	va	a **ir** a Segovia el sábado
(nosotros/-as)	vamos	**descansar**
(vosotros/-as)	vais	
(ellos/-as, ustedes)	van	

También, es muy frecuente usar el presente con valor de futuro:
 *El viernes **tengo** clase de tenis.*
 *¿Qué **haces** esta tarde?*

Deseos: *querer* + infinitivo

(yo)	quiero	
(tú)	quieres	
(él, ella, usted)	quiere	ir al cine
(nosotros/-as)	queremos	estudiar en Londres
(vosotros/-as)	queréis	
(ellos, ellas, ustedes)	quieren	

3 Ordena en el tiempo los siguientes marcadores.

① hoy   ◯ la semana que viene   ◯ esta noche   ◯ el próximo año   ◯ pasado mañana   ◯ el mes que viene   ◯ mañana

4 ¿Qué planes tienes? Comenta tus planes con tus compañeros.

> El próximo fin de semana… • La semana que viene… • Mañana… • Esta noche… • Pasado mañana…

- ■ *El próximo fin de semana voy a ir a la playa con mis compañeros de piso. ¿Y tú?*
- ● *¡Yo también! Voy a ir el domingo. ¿A qué playa vais?*

LÉXICO

Marcadores de futuro

mañana, pasado mañana
este/-a tarde / noche / fin de semana / semana / mes…

el / la **próximo/-a** [semana / mes / año… / martes / viernes… / verano / primavera…] = el / la [semana / mes / año… / martes / viernes… / verano / primavera…] **que viene**

5 Completa las frases con *ir* o *irse*.

1. Normalmente Lucía _____ al trabajo en autobús.
2. Nosotros _____ al cine. ¡Hasta luego!
3. Los sábados mis padres _____ al cine.
4. ¡Son las ocho! ¡Yo _____!
5. ¿Vosotros _____ a la playa todos los fines de semana?
6. Mercedes y Julián _____ al gimnasio.

LÉXICO

Ir - Irse

Con el verbo **ir** expresamos desplazamiento; con el verbo **irse** expresamos que dejamos un lugar para desplazarnos a otro.

¿**Vamos** al cine esta noche?
¡**Me voy**! Hasta luego.

●AVANZAMOS

6 Escucha los mensajes que Mauro y Emma le dejan a Rosana y relaciona.

1 Mauro llama para	aceptar	
2 Emma llama para	rechazar	una invitación
	hacer	

7 Fíjate en el verbo *poder* que aparece en los mensajes anteriores: es un verbo irregular. Completa con las formas que faltan del verbo *poder*.

- Rosana, soy Mauro. Mañana no puedo ir a clase de tenis porque voy a ayudar a preparar la fiesta de cumpleaños de mi padre. Lo siento. Creo que Emma y Eva sí pueden ir. Hablamos, ¿vale?

- Hola Rosana, soy Emma. Mira, son las cinco y tengo entradas para el concierto de esta noche en el auditorio, ¿vamos? Si puedes ir, llámame antes de las siete, ¿vale?

	poder (o>ue)
(yo)	_____
(tú)	_____
(él, ella, usted)	puede
(nosotros/-as)	podemos*
(vosotros/-as)	podéis*
(ellos, ellas, ustedes)	_____

*formas regulares

GRAMÁTICA

Presente de indicativo: verbos irregulares con cambio vocálico

	empezar	volver	pedir
	e>ie	o>ue	e>i
(yo)	empiezo	vuelvo	pido
(tú)	empiezas	vuelves	pides
(él, ella, usted)	empieza	vuelve	pide
(nosotros/-as)	empezamos	volvemos	pedimos
(vosotros/-as)	empezáis	volvéis	pedís
(ellos, ellas, ustedes)	empiezan	vuelven	piden

También tienen cambio vocálico:
- **e>ie**: querer, cerrar, comenzar, entender, pensar, preferir, sentir…
- **o>ue**: poder, dormir, encontrar, recordar…
- **e>i**: conseguir, corregir, elegir, repetir, seguir…

No **quiero** llegar tarde.
Puedes salir a las doce.
Cuando como en un restaurante, siempre **pido** agua para beber.

Fíjate: los verbos con cambio vocálico son siempre regulares en la primera y segunda persona del plural.

8 Escribe, en un papel, tres cosas que quieres hacer este año y entrégaselo a tu profesor. Tu profesor va a repartirlos entre todos. ¿De quién crees que es el que te ha tocado? ¿Por qué?

9 Completa las frases.

> pide · entiendo · queremos · puedo · corrige
> duermes · cierran · recuerdo · comienzan · vuelvo

1. El domingo no _____ ir al cine: tengo una fiesta.
2. ¿A qué hora _____ el restaurante?
3. Esta profesora siempre _____ a los alumnos.
4. Las clases _____ a las diez.
5. No _____ a tu amigo cuando habla español.
6. ¿Cuántas horas _____ normalmente?
7. El sábado mis amigos y yo _____ ir al campo.
8. Juan, _____ la cuenta en el restaurante.
9. _____ el día que vi el mar por primera vez.
10. _____ enseguida. Voy a comprar el pan.

10 Escribe la hora.

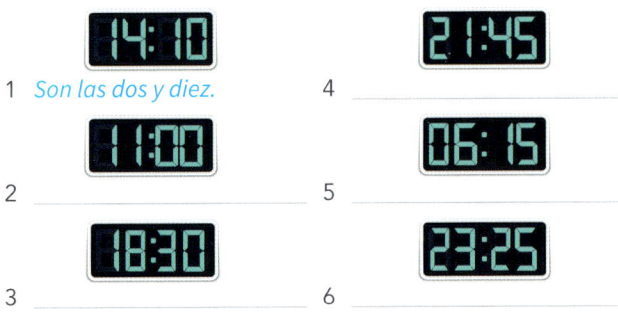

1. Son las dos y diez.
2. _____
3. _____
4. _____
5. _____
6. _____

COMUNICACIÓN

Decir la hora

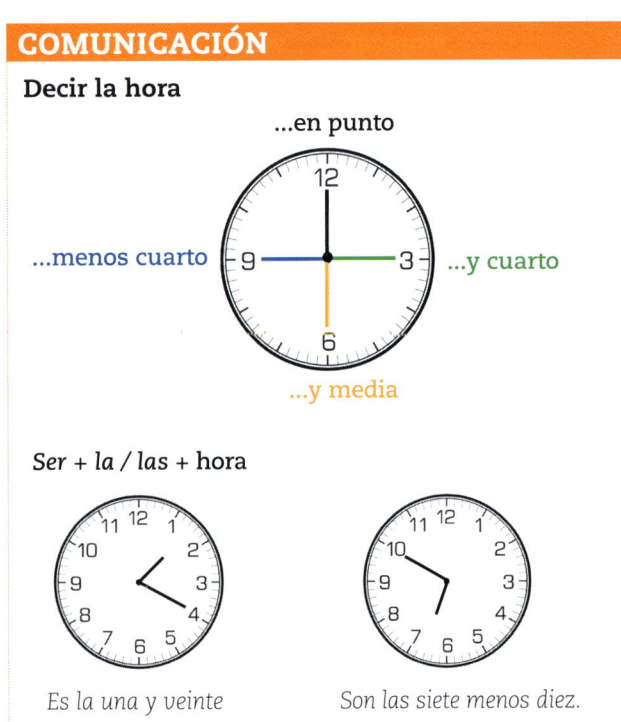

Ser + la / las + hora

Es la una y veinte   Son las siete menos diez.

11 Escucha las conversaciones y señala la opción correcta.

	a		b
1	12:10		14:10
2	12:30		14:30
3	11:00		23:00
4	14:00		02:00
5	18:00		06:00
6	20:00		08:00

12 Lee el cartel y completa los diálogos.

1. ■ ¿A qué hora cierra el jueves por la tarde el mercado de La Paloma?
   ● _____
2. ■ ¿A qué hora abre los lunes?
   ● _____
3. ■ _____
   ● A las cinco de la tarde.
4. ■ ¿Qué día no abre el mercado?
   ● _____
5. ■ ¿Cuál es el horario del mercado por las mañanas de lunes a viernes?
   ● _____
6. ■ ¿Cuál es el horario el sábado?
   ● _____

COMUNICACIÓN

Hablar de horarios

- ■ ¿**A qué hora** abre el mercado de La Paloma entre semana?
- ● **A las nueve** de la mañana.
- ■ ¿**A qué hora** cierra los sábados?
- ● **A las dos y media**, y no abre por la tarde.

Los bancos abren **de** ocho de la mañana **a** dos de la tarde.

13 Completa las frases con el plan más adecuado.

> preguntar al profesor • quedarse en su ciudad • ir al médico • estudiar toda la tarde
> ~~comprar al mercado de La Paloma~~ • coger el metro

1 Gema tiene la nevera vacía, por eso, ahora *va a comprar al mercado de la Paloma*.
2 Luis tiene fiebre, por eso, _____.
3 Pedro no tiene vacaciones este año, por eso, _____.
4 María no encuentra un taxi libre, por eso, _____.
5 No entiendo el ejercicio de español y, por eso, _____.
6 Los alumnos de inglés quieren aprobar el examen, por eso, _____.

14 Escucha el diálogo y mira las agendas de María, Carlos y Carmen. ¿De quién es cada una? ¿Qué día van a ver la exposición en el museo Guggenheim?

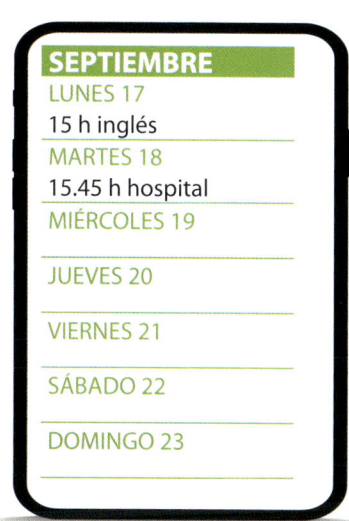
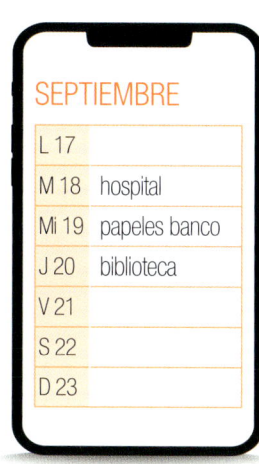

15 ¿Vamos al cine? Completa tu agenda con los planes y actividades para la próxima semana. Después, propón a tus compañeros un día para ir al cine.

- ¿Queréis ir al cine el viernes por la noche?
- Yo el viernes no puedo, voy a cenar con unos amigos. ¿Por qué no vamos el sábado?
- *El sábado por la noche mi padre celebra su cumpleaños en un restaurante. ¿Y qué tal si vamos el sábado por la tarde o el domingo?*

COMUNICACIÓN
Invitar y proponer

Para proponer planes o hacer una invitación:
¿Quieres / Puedes...? / ¿Por qué no...?

Para proponer planes alternativos:
¿Y si...? / ¿Y qué tal el lunes / la próxima semana...?

Para aceptar:
Sí, buena idea. / Vale. / De acuerdo. / Claro.

Para rechazar:
No puedo. / Lo siento, es que... / Gracias, pero... / Imposible.

16 Tres personas hablan de su día favorito de la semana y lo que hacen. Escucha y escribe al lado de cada frase el número de la conversación a la que pertenece.

¿Día favorito?	¿Por qué?	¿Qué hace?
○ El domingo ○ El jueves ① El viernes	○ Al día siguiente no tiene clase en la universidad. ○ No tiene que levantarse pronto. ○ Empieza el fin de semana.	○ Pasear por la playa. ○ Ir de tapas. ○ Ver series. ○ Desayunar en un bar. ○ Leer el periódico. ○ Cenar *pizza* con su pareja. ○ Jugar con videojuegos. ○ Ir a una discoteca.

17 Pregunta a tus compañeros qué día de la semana hacen estas cosas. ¿Coincides con ellos?

cenar fuera de casa • dormir hasta tarde • salir con los amigos • ir a clase • trabajar • ir a comprar

- ¿Cuándo cenas fuera de casa?
- Pues… los viernes y los sábados. ¿Y tú?
- Yo, los miércoles: mi padre nos invita a mi hermano y a mí a un restaurante cerca de su casa.

●AMPLIAMOS

18 Lee el texto e imagina que mañana vas a ir a Toledo. Con un compañero decide qué vais a hacer y qué monumentos vais a visitar.

¡Nos vamos de excursión a
TOLEDO!

Toledo está al suroeste de Madrid, a unos 60 km y es la capital de la Comunidad Autónoma de Castilla-La Mancha. Está situada sobre un monte, elevado 100 metros sobre el río Tajo, que rodea la ciudad. Tiene unos 84 000 habitantes.

Toledo es una de las grandes ciudades medievales de España, declarada Ciudad Patrimonio de la Humanidad por la Unesco. Su casco viejo*, ofrece al visitante monumentos que pertenecen a diferentes momentos de la historia y reflejan la diversidad cultural y lingüística a través de los siglos.

La arquitectura religiosa es una manifestación de las tres culturas: la grandiosa catedral gótica cristiana, las sinagogas judías del Tránsito y de Santa María la Blanca, y la mezquita del Cristo de la Luz.

Entre la arquitectura civil, destaca el Alcázar, uno de los edificios más representativos de la ciudad. Además, en Toledo están algunos de los cuadros más famosos del pintor Domenicos Theotocopulos, El Greco, como su obra *El entierro del conde de Orgaz*.

*Casco viejo: parte antigua de la ciudad.

19 En internet, puedes encontrar más información sobre Toledo. Contesta a estas preguntas.

1 ¿Conoces otras Ciudades Patrimonio de la Humanidad en España?
2 ¿Qué otros cuadros de El Greco puedes ver en Toledo?

Autoevaluación

1 ■ ¿Juan y tú _____ a ir a la fiesta?
● Sí, claro. ¿Y tú?
a vas
b vais
c vamos

2 Mi hermana y yo _____ ir a Londres el año que viene para estudiar inglés.
a queremos
b quiero
c quieren

3 Sus hermanos no _____ el español.
a entendéis
b entiende
c entienden

4 El concierto _____ a las nueve.
a empieza
b empiezo
c empiezan

5 Alberto, ¿(tú) _____ cómo se conjugan los verbos irregulares?
a recuerdo
b recordáis
c recuerdas

6 ¿A qué hora _____ los centros comerciales en vuestro país?
a cerráis
b cierran
c cierras

7 Nosotros _____ ocho horas todos los días.
a dormís
b dormimos
c duermes

8 ¿(Tú) _____ repetir, por favor?
a Puedes
b Podéis
c Puede

9 Marta no _____ su móvil y tiene que hacer una llamada urgente.
a encuentras
b encontráis
c encuentra

10 Vosotros, ¿qué _____ hacer en vacaciones?
a quieres
b queremos
c queréis

11 ■ Mi hermano y mi padre _____ a jugar al tenis este domingo.
● ¿Y tú no?
a van
b vamos
c vais

12 Las once menos veinte de la mañana son las _____.
a 11:20
b 10:40
c 23:20

13 Las diez y cuarto de la noche son las _____.
a 22:15
b 22:20
c 22.30

14 Las 11:55 son las _____ de la mañana.
a once y cinco
b once menos cinco
c doce menos cinco

15 Las 16:20 son las _____ de la tarde.
a las cuatro menos veinte
b las cinco menos veinte
c las cuatro y veinte

16 El horario de los bancos en España es _____ ocho _____ dos.
a de / a
b de / hasta
c desde / a

17 Si quieres invitar a un amigo al cine, le dices _____.
a ¿Quiero ir al cine?
b Vamos al cine.
c ¿Por qué no vamos al cine?

18 Para rechazar una invitación usamos _____.
a Vale, pero no puedo.
b Lo siento, es que…
c No es una buena idea.

19 En la ciudad de Toledo hay muchos cuadros del famoso pintor _____.
a Velázquez.
b Picasso.
c El Greco.

20 En Toledo hay _____.
a dos catedrales de arquitectura cristiana
b arquitectura cristiana, judía y musulmana
c una mezquita y una sinagoga

06 Un día de mi vida

● EMPEZAMOS

1 Lee el correo electrónico de Kari. ¿Cómo es un día normal para ella? Escribe frases sobre lo que hace en las horas que marca el reloj.

> **Mensaje nuevo**
>
> Hola, Victoria:
> ¿Qué tal todo? Esta es mi segunda semana en España. ¡Llevo 14 días y soy casi una española más! Te cuento cómo es un día normal para mí aquí en España. Me levanto a las ocho, me ducho y tomo un desayuno ligero y rápido: café con leche y galletas. A las nueve menos diez salgo de casa. A las nueve tomo el autobús y a las nueve y media, más o menos, llego a la universidad. Tengo clases de diez menos cuarto a dos. Suelo comer en la cafetería de la universidad y por la tarde voy a clase de español, de cuatro a seis. Luego, vuelvo a casa, o voy de compras o al cine.
> Ceno muy tarde, como muchos españoles, a las nueve y media o diez, y normalmente me acuesto sobre las doce.
> Los fines de semana son diferentes. Salgo por la noche y suelo llegar a casa muy tarde ¡o muy pronto!, a las seis o las siete de la mañana. ¡Qué sueño! Después, me voy a dormir.
> Y tú, ¿qué haces? Escríbeme.
> Un beso muy fuerte,
> Kari

1 *Se levanta a las ocho.*
2
3
4
5
6

2 Busca en el correo electrónico anterior el verbo *soler*. ¿Qué significa?

1 normalmente
2 siempre
3 casi siempre
4 a veces
5 nunca

COMUNICACIÓN

Expresar acciones habituales

Soler + infinitivo

(yo)	**suelo cenar** a las ocho
(tú)	**sueles desayunar** tarde
(él, ella, usted)	**suele correr** por las mañanas
(nosotros/-as)	**solemos levantarnos** a las siete
(vosotros/-as)	**soléis ir** a clase andando
(ellos, ellas, ustedes)	**suelen comer** a las dos

3 Fíjate en los siguientes verbos que aparecen en el correo electrónico de la actividad. Escribe los infinitivos que faltan y, después, contesta a las preguntas.

a cuento
b me levanto   *levantarse*
c me ducho   *ducharse*
d tomo (el desayuno)
e salgo
f llego (a la universidad)
g tengo (clases)
h voy
i vuelvo
j ceno
k me acuesto   *acostarse*

1 Observa los ejemplos. ¿Qué diferencia hay entre *ducharse* y *duchar*?
   a Marta **se ducha** a las ocho y media.
   b Marta **ducha** a su hijo a las ocho y media.
2 Los verbos *levantarse*, *ducharse* y *acostarse* son verbos reflexivos. ¿Qué características tienen estos verbos?
3 ¿Es posible usar los verbos *desayunarse* y *cenarse*? ¿Por qué?

44

4 Completa las conjugaciones.

	levantarse	ducharse	acostarse
(yo)	me levanto		me acuesto
(tú)		te duchas	
(él, ella, usted)	se levanta		
(nosotros/-as)		nos duchamos	nos acostamos
(vosotros/-as)	os levantáis		
(ellos, ellas, ustedes)		se duchan	se acuestan

GRAMÁTICA

Presente de indicativo: verbos reflexivos

Verbos reflexivos con cambio vocálico

	lavarse	despertarse (i>e)	acostarse (o>ue)	vestirse (e>i)
(yo)	**me** lavo	me desp**ie**rto	me ac**ue**sto	me v**i**sto
(tú)	**te** lavas	te desp**ie**rtas	te ac**ue**stas	te v**i**stes
(él, ella, usted)	**se** lava	se desp**ie**rta	se ac**ue**sta	se v**i**ste
(nosotros/-as)	**nos** lavamos	nos despertamos	nos acostamos	nos vestimos
(vosotros/-as)	**os** laváis	os despertáis	os acostáis	os vestís
(ellos, ellas, ustedes)	**se** lavan	se desp**ie**rtan	se ac**ue**stan	se v**i**sten

Son también verbos reflexivos: *bañarse, ducharse, lavarse, afeitarse, peinarse, maquillarse…*
Los verbos reflexivos pueden funcionar también como no reflexivos: *Marta **ducha** a los niños por la noche.*

Posición de los pronombres reflexivos

- Con los verbos en **infinitivo**, el pronombre reflexivo se sitúa después del verbo y unido a él.
  *despertar**se**, acostar**se**, levantar**se**…*

- Con los verbos **conjugados**, el pronombre reflexivo se sitúa antes del verbo y separado de él.
  *Los fines de semana **me** levanto tarde.*

- Con **perífrasis** como *tener que* + infinitivo / *querer* + infinitivo / *ir a* + infinitivo, el pronombre puede ir situado después de la perífrasis y unido al infinitivo, o antes de la perífrasis y separado del verbo.
  *Mañana voy a levantar**me** temprano. = Mañana **me** voy a levantar temprano.*
  *Tienes que lavar**te** las manos antes de comer. = **Te** tienes que lavar las manos antes de comer.*
  *¿Quieres duchar**te** ahora? = ¿**Te** quieres duchar ahora?*

5 Observa los siguientes ejemplos y forma frases con un elemento de cada columna.

María acuesta a su hija.

María se acuesta a las 23:30.

levantarse	las manos
levantar	a los niños
lavarse	temprano
lavar	Eva
llamarse	la ropa
llamar	tarde
acostarse	los dientes
acostar	la cara
	siempre a la misma hora
	a mis padres
	a las 23:30

6 Pregunta a tus compañeros a qué hora suelen hacer estas cosas. ¿Coincidís?

1. levantarse
2. acostarse
3. desayunar
4. cenar
5. comer

- ¿A qué hora sueles levantarte?
- A las siete. ¿Y tú?
- Yo más tarde, a las siete y media o a las ocho menos cuarto.

7 Olga, Irene y Richard comparten piso. Escucha la conversación y contesta a las preguntas.

1. ¿Quién está viendo un partido?
2. ¿Quién está hablando por teléfono?
3. ¿Cuánto tiempo lleva al teléfono?
4. ¿Por qué van a cenar tarde?

8 Fíjate en este fragmento de la conversación. ¿Qué indican los verbos en negrita?

a. Una acción que se repite.
b. Una acción que sucede en el momento actual.

> Olga: ¡Hola, Irene! ¿Qué **estás viendo**?
> Irene: Un partido amistoso entre España y Suecia. ¡**Están jugando** muy bien!
> Olga: ¿Y Richard?
> Irene: **Está hablando** por teléfono con su novia.

GRAMÁTICA

Estar + gerundio

Para expresar la simultaneidad de una acción con el momento actual.

(yo)	estoy	
(tú)	estás	-ar > -ando: **jugando**
(él, ella, usted)	está	-er >
(nosotros/-as)	estamos	-iendo: **viendo, escribiendo**
(vosotros/-as)	estáis	-ir >
(ellos, ellas, ustedes)	están	

Con verbos reflexivos

El pronombre puede ir separado antes del verbo *estar* o unido al gerundio y detrás de este.

Me estoy duchando = Estoy duchándo**me**.

Gerundios irregulares

dormir - d**u**rmiendo
leer - le**y**endo
vestirse - **vi**stiéndose

●AVANZAMOS

9 ¿Qué está(n) haciendo? Comentadlo en parejas.

1

3

2

4

5

6

10 Un detective está siguiendo a Pablo y graba todos sus movimientos. Escucha la grabación y completa lo que está haciendo Pablo en cada momento del día. ¿A qué crees que se dedica?

1 2 3 4 5 6

11 Pregunta a tu compañero y cuéntaselo al resto de la clase.

¿Qué haces normalmente por la mañana?

> **COMUNICACIÓN**
>
> **Partes del día**
> - Por la mañana
> - A mediodía
> - Por la tarde
> - Por la noche
>
> *Por la mañana voy a clase.*

Por la mañana

Por la tarde

Por la noche

12 ¿Antes o después? Comenta con tus compañeros cuándo haces estas cosas.

> lavarse los dientes · desayunar · ducharse · ver la tele · acostarse · vestirse · leer un libro

- *Yo siempre leo un poco antes de dormir.*
- *Yo no: yo leo un rato después de cenar, en el sofá, antes de acostarme.*

> **COMUNICACIÓN**
>
> **Para expresar una acción anterior o posterior a otra**
>
> Antes de
> Después de } + infinitivo
>
> ***Antes de comer,*** *tienes que lavarte las manos.*
> *Desayuno **después de ducharme**.*
>
> **Marcadores de frecuencia**
>
> Para expresar frecuencia:
>
> – ————————————————————————— +
>
> nunca   casi nunca   a veces   a menudo   casi siempre   siempre
>
> todos/-as los / las [lunes, días, fines de semana, semanas, meses…]
> [una vez, dos veces, tres veces…] a la semana, al mes, al año…

13 Piensa en diferentes actividades relacionadas con las imágenes. ¿Con qué frecuencia las haces? Pregunta a tu compañero y completa la tabla.

- *¿Haces deporte?*
- *Sí, los lunes juego al tenis, ¿y tú?*
- *Yo tres días a la semana voy al gimnasio y todos los miércoles voy a nadar.*

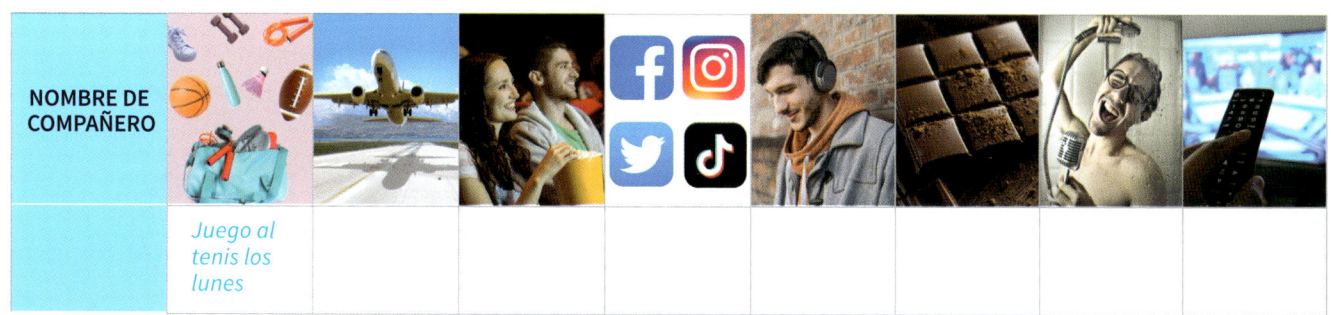

NOMBRE DE COMPAÑERO							
	Juego al tenis los lunes						

Un día de mi vida

47

14 Busca a alguien que… Pregunta a tus compañeros y escribe sus nombres en cada frase. Puedes añadir otra pregunta que quieras saber de tus compañeros.

1. Levantarse antes de las siete y media. _____
2. Desayunar en un bar. _____
3. Acostarse después de las doce de la noche. _____
4. Ducharse por la noche. _____
5. Ir al trabajo / a clase en autobús. _____
6. Hacer deporte. _____
7. Afeitarse todos los días. _____
8. Maquillarse todos los días. _____

- ▪ *Louise, ¿te levantas antes de las siete y media?*
- • *No, normalmente me levanto a las ocho, porque empiezo la clase a las nueve y media.*

- ▪ *Tom, ¿te sueles levantar antes de las siete y media?*
- • *Sí, a las siete, de lunes a viernes. Los fines de semana descanso.*

15 Escribe un correo electrónico a un amigo y cuéntale cómo es un día normal para ti y qué haces.

16 Describe qué están haciendo las personas de las fotos de la derecha. ¿Quiénes crees que son?

● AMPLIAMOS

17 ¿Qué tipo de programas ves en la televisión o escuchas en la radio? Coméntalo con un compañero.

> de humor · de música · de cocina · de entretenimiento · deportivo
> entrevista · informativo · cultural · concurso · reportaje · magacín

Yo suelo ver informativos y programas deportivos.

18 Lee el anuncio y contesta a las preguntas.

Está siempre a tu lado, compartiendo tu día y tu noche, tu trabajo y tu descanso.

- ✱ **ONDA 10** va a donde tú vas.
- ✱ **ONDA 10** es la radio de tu vida.
- ✱ **ONDA 10** es tu mejor compañía.
- ✱ Toda tu vida pasa por **ONDA 10**.

7:00
El mundo despierta
Graciela Barros

10:00
Las mañanas de Onda 10
Sofía Benítez

14:00
Todo noticias
Ismael Ortega

16:00
Así es la tarde
Pepa Domínguez

20:00
La música de tu vida
Juan Díaz y Ana Pita

24:00
Jugadores y partidos
Gael García

1. ¿A qué medio de comunicación hace referencia?
2. ¿Cómo se llama la cadena?
3. ¿De qué crees que trata cada programa?
4. ¿Escuchas programas similares en tu lengua? ¿En qué cadenas?

19 ¿Qué otros medios de comunicación utilizas para entretenerte o informarte? Coméntalo con tus compañeros.

- ▪ *Yo casi nunca escucho la radio. Para informarme leo los periódicos digitales.*
- • *Ah, yo sí. Escucho la radio en el coche, sobre todo las noticias. Para escuchar música utilizo Spotify. No uso redes sociales: creo que consumen mucho tiempo.*

Autoevaluación

1 Lo primero que hago por la mañana es _____ .
 a ducharse
 b ducharme
 c me ducho

2 Nosotros solemos _____ a las doce.
 a acostamos
 b nos acostamos
 c acostarnos

3 ■ ¿Qué haces?
 ● Estoy _____ .
 a vistiendo
 b vestirme
 c vistiéndome

4 ¿Vosotros a qué hora _____ ?
 a os levantáis
 b levantaros
 c estáis levantando

5 Mi marido _____ antes de desayunar.
 a se viste
 b vestirse
 c vistiendo

6 ¿Vosotros _____ pronto?
 a se despiertan
 b despertaros
 c os despertáis

7 Canto _____ en la ducha.
 a nunca
 b todos los días
 c casi nunca

8 Mi hermano y yo _____ escuchar música en Spotify.
 a suelen
 b suele
 c solemos

9 Si Eva no te contesta, es porque está _____ .
 a dormir
 b duerme
 c durmiendo

10 Todas las mañanas _____ un café solo con tostadas.
 a desayuno
 b desayunando
 c desayunarme

11 Luis _____ el periódico en la terraza.
 a está leyendo
 b leer
 c leo

12 Mis hijos _____ por la noche.
 a suelen duchar
 b se suelen duchar
 c duchan

13 Salgo con mis amigos _____ .
 a nunca
 b menudo
 c a veces

14 _____ en un restaurante con una amiga.
 a Estoy cenando
 b Nos estamos cenando
 c Estoy cenándome

15 Ellos _____ después de las 00:00.
 a acostarse
 b están acostando
 c se acuestan

16 ¿Desayunas antes de _____ ?
 a vestirte
 b te vistes
 c vestir

17 Después de _____ vamos a comprar.
 a te comes
 b comemos
 c comer

18 ■ ¿Qué estás escuchando en la radio?
 ● Un programa _____ .
 a humor
 b cocina
 c de deportes

19 ■ ¿Vas mucho al cine?
 ● Casi _____ .
 a algunas veces
 b los fines de semana
 c nunca

20 María _____ a su hija por las mañanas.
 a peina
 b peinando
 c se peina

07 Me gusta estar en familia

● EMPEZAMOS

1 Este es el árbol genealógico de Julio. Responde a las preguntas.

1 ¿Cómo se llama la madre de Azucena?
2 ¿Quién es el tío de Vanesa?
3 ¿Quién es el hijo de Álvaro?
4 ¿Quién es la nieta de Jacinta?
5 ¿Quién es la hermana de Anabel?
6 ¿Quién es el sobrino de Jonathan?
7 ¿Quién es el abuelo de Vanesa?

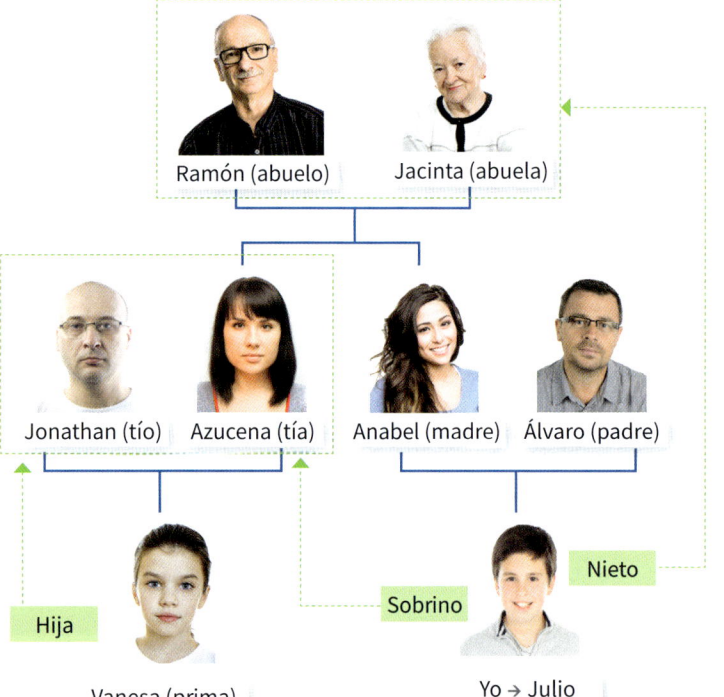

3 Lee el anuncio: ¿cómo son los hoteles de la cadena NUEVOTEL?

NUEVOTEL
- Me gustan los hoteles cómodos.
- Me gusta el silencio.
- Me gustan los hoteles modernos.
- Me gusta dormir en habitaciones grandes y tranquilas.
- Me gusta encontrar gente amable.
- Me encanta la cadena NUEVOTEL.

500 hoteles por todo el mundo, cerca de usted.

Central de reservas: 900 009 900

4 Vuelve a leer el anuncio de los hoteles de la cadena NUEVOTEL y fíjate en el verbo *gustar*. Relaciona las dos columnas.

Me gusta / Me gustan
- desayunar en el hotel.
- los hoteles modernos.
- la tranquilidad.
- los hoteles con piscina.
- vivir sin horarios.
- la calidad de NUEVOTEL.

2 Raquel nos presenta a su familia. Escucha y completa las frases teniendo en cuenta que el número coincide con el de la foto.

1 Este es *Paco*, es mi *marido*.
2 Esta soy _____.
3 Este es _____, es mi _____.
4 Esta es _____, es la _____ de mi hermano.
5 Este es _____, es mi _____.
6 Esta es _____, es mi _____.
7 Este es _____, es mi _____.
8 Esta es _____, es mi _____.
9 Este es _____, es mi _____.
10 Este es _____, es mi _____.

GRAMÁTICA

Gustar, encantar y preferir

(a mí)	me		
(a ti)	te	gusta	**el cine**
(a él, ella, usted)	le	encanta	+ sustantivo singular
(a nosotros/-as)	nos		**ir a exposiciones**
(a vosotros/-as)	os		+ infinitivo
(a ellos, ellas, ustedes)	les	gustan	**las películas de miedo**
		encantan	+ sustantivo plural

	preferir
(yo)	pref**ie**ro
(tú)	pref**ie**res
(él, ella, usted)	pref**ie**re
(nosotros/-as)	preferimos
(vosotros/-as)	preferís
(ellos, ellas, ustedes)	pref**ie**ren

No **me gusta** esquiar, **prefiero** jugar al tenis.

Con el verbo *gustar / encantar*, los sustantivos se acompañan de artículo: *me gusta el cine = el cine me gusta*.
Fíjate: *me encanta = me gusta mucho*

5 Escucha la encuesta que le están haciendo a Rubén, un chico venezolano. ¿Qué prefiere? ¿Y tú?

1

a

b

2

a

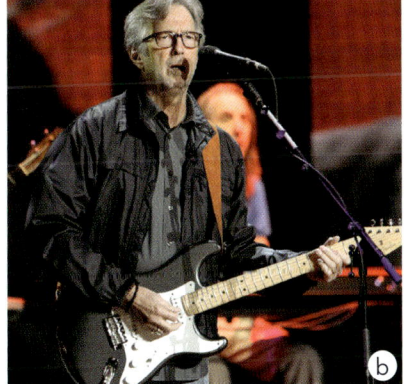
b

3

a

b

Rubén prefiere los coches...

6 Escribe en una tarjeta tres cosas que te gustan mucho y dos cosas que no te gustan nada. El profesor va a recogerlas y a repartirlas entre todos. ¿De quién crees que es la que tarjeta que tienes? ¿Por qué?

- *Me gustan las motos.*
- *Me encantan las películas de ciencia ficción.*
- *Prefiero hacer surf.*
- *No me gusta escribir en la pizarra.*
- *No me gusta nada la sopa.*

COMUNICACIÓN

Expresar gustos

+++	Me encanta(n)...
++	Me gusta(n) mucho...
+	Me gusta(n) / Prefiero...
–	No me gusta(n) mucho...
– –	No me gusta(n) nada...

Me gusta estar en familia

AVANZAMOS

7 Estás hablando con dos amigos. Completa los diálogos y añade tu opinión. ¿Coincides con tus compañeros?

1. ■ No me gusta leer.
   ● ☹ *A mí tampoco.* (yo) _____
2. ■ Me encantan los dulces.
   ● ☺ _____ (yo) _____
3. ■ Me gustan las películas románticas.
   ● ☹ _____ (yo) _____
4. ■ No me gusta levantarme pronto.
   ● ☺ _____ (yo) _____
5. ■ Yo prefiero el día a la noche.
   ● ☺ _____ (yo) _____
6. ■ Me levanto a las ocho.
   ● ☹ _____ (yo) _____

COMUNICACIÓN

Expresar si compartimos o no los gustos

☺ Me gusta estudiar por la noche.
☺ A mí también.   ☹ Pues a mí no.

☹ No me gustan las películas de acción.
☹ A mí tampoco.   ☺ Pues a mí sí.

Expresar si compartimos hábitos

☺ Prefiero la carne al pescado.
☺ Yo también.   ☹ Yo no.

☹ No como carne.
☹ Yo tampoco.   ☺ Yo sí.

8 Lee el siguiente vocabulario relacionado con los viajes y añade una palabra más en cada categoría.

Transporte	Alojamiento	Época	Destino
en tren	hotel	verano	una playa
en coche	camping	otoño	una ciudad
en avión	apartamento	primavera	un país exótico

9 Pregúntale a tu compañero sus preferencias cuando viaja. ¿Coincidís?

■ *¿En qué medio de transporte te gusta viajar?*
● *Yo prefiero viajar en coche, es más cómodo. ¿Y tú?*
■ *Yo también. Me gusta mucho conducir, pero en viajes largos prefiero el avión.*

10 ¿Qué prefieres? Completa la tabla con tus gustos. Después, pregunta a tus compañeros cuáles son sus preferencias.

	Yo	Compañero 1	Compañero 2	...
Playa o piscina				
Libro en papel o digital				
Agua con gas o sin gas				
Carne o pescado				
Tienda de barrio o centro comercial				
Series o películas				
Instagram o YouTube				
Té o café				

■ *¿Qué prefieres: la playa o la piscina?*
● *La piscina. ¿Y tú?*
■ *Yo no, a mí me gusta más la playa: me gusta nadar y ver los peces.*

11 Selecciona una foto de tu familia y tráela a clase. Cuéntale a tu compañero quién es cada persona y qué relación tienes con ella. Luego, él te va a presentar a su familia. Finalmente, explícale al resto de la clase cómo es la familia de tu compañero.

Estos son mis padres.
Este es mi abuelo.
Esta es mi abuela.
Este es mi hermano.

12 Lee las respuestas y escribe las preguntas.

1 _____
Nuestro gato se llama Lucas.

2 _____
No, mis padres no son cubanos, son dominicanos.

3 _____
Mi hermano trabaja en un banco.

4 _____
¿Nuestro padre? Tiene 60 años.

5 _____
Mi hermano vive en Sevilla y mi hermana, en Madrid.

6 _____
Mi tía, 45, y mi tío, 48.

GRAMÁTICA

Adjetivos posesivos

Para referirnos a las relaciones de parentesco, utilizamos los adjetivos posesivos:

(de mí)   mi / mis
(de ti)   tu / tus
(de él, de ella, de usted)   su / sus
(de nosotros/-as)   nuestro/-a/-os/-as
(de vosotros/-as)   vuestro/-a/-os/-as
(de ellos, de ellas, de ustedes) su / sus

- **Mis** padres son muy simpáticos. ¿Y **tus** padres?
- **Mi** madre es muy simpática también, pero **mi** padre es muy serio.

Adjetivos y pronombres demostrativos

Para señalar e identificar personas, cosas y lugares, empleamos los adjetivos y pronombres demostrativos:

singular		plural	
masculino	femenino	masculino	femenino
este	esta	estos	estas
ese	esa	esos	esas
aquel	aquella	aquellos	aquellas

Estos son sus primos.
Esa chica es Raquel.
Aquel señor es mi abuelo.

Las formas neutras: *esto, eso* y *aquello* son siempre pronombres.

13 Completa las frases con el demostrativo correspondiente.

cerca — lejos — menos lejos

1  _____ libros son de la biblioteca.
2 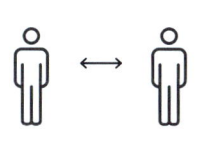 Me gusta _____ pantalón rojo.
3 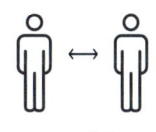 _____ zapatos cuestan 100 €.
4 _____ son mis maletas.
5 ¿_____ coche es tuyo?

6 _____ niñas son mis sobrinas.
7 _____ es mi casa.
8 _____ es mi padre.
9 ¿De quién es _____ bicicleta?
10 _____ móviles son antiguos.

14 Observa la imagen del mercadillo y completa los diálogos con el demostrativo correspondiente.

1. ■ ¿Te gustan _____ pendientes azules?
   ● No mucho, me gustan más _____ verdes.
2. ■ ¡Mira las pulseras! ¡Qué bonitas! Me gusta _____ negra.
   ● Es muy bonita, pero yo prefiero la roja.

■ ¿Cuál, _____?
● Sí, me la voy a probar.
3. ■ ¿Y los anillos? ¿Te gusta alguno?
   ● Pues, _____ negro.
   ■ ¿No prefieres _____ lila? Es más moderno.

●AMPLIAMOS

15 En español "Paco" es lo mismo que "Francisco" y esto es muy común con muchos nombres. Con ayuda de internet, forma parejas correctas de nombres. ¿Existe algo similar con los nombres de personas en tu lengua? Coméntalo con tus compañeros.

1 José 2 María Jesús 3 Rosario 4 Dolores 5 Teresa 6 Ignacio 7 Enrique 8 Montserrat

○ a Charo   ○ c Montse   ○ e Quique   ○ g Pepe
○ b Nacho   ○ d Chus   ○ f Lola   ○ h Tere

16 Lee el título del artículo. ¿De qué tema crees que va a tratar?

Tengo 32 años y vivo con mis padres
PEDRO CHACÓN, EMPLEADO DE UN BANCO

"Tengo 32 años, soy mileurista, es decir, gano un poco más de 1000 euros al mes aproximadamente, y vivo con mis padres". Muchos jóvenes españoles, y de otros países como Italia y Japón, afirman tranquilos que vivir en casa de sus padres es como estar en un hotel, pero, además, gratis. Pedro es licenciado en Económicas, tiene un máster y habla inglés e italiano, trabaja en un banco en Granada y, de momento, no tiene planes de irse de casa. Su novia, Sonia, de 30 años, también mileurista, vive en un piso compartido con otras tres personas más. Pedro dice: "Tengo trabajo desde hace un año, pero sin contrato fijo. No tengo suficiente dinero para una casa. Así, no es fácil independizarse".
La madre de Pedro también opina: "Me gusta tener a mi hijo en casa, pero creo que está llegando el momento de volar del nido".

17 Después de leer el texto anterior, contesta a las siguientes preguntas.

1 ¿Por qué vive Pedro todavía con sus padres?
2 ¿Cuál es tu primera impresión después de leer el texto? ¿Te resulta extraño lo que cuenta Pedro?
3 ¿Ocurre lo mismo en tu país? ¿Cuál es la situación de los jóvenes? Toma algunas notas y habla con tus compañeros.
4 ¿Qué crees que significa la expresión "volar del nido" en este contexto? ¿Hay alguna expresión similar en tu lengua?

Autoevaluación

1 La hermana de mi padre es mi _____.
  a tía
  b prima
  c sobrina

2 El hijo de mis tíos es mi _____.
  a hermano
  b sobrino
  c primo

3 La hija de mi padre es mi _____.
  a hermana
  b prima
  c nieta

4 Los hijos de mi hermana son mis _____.
  a sobrinos
  b primos
  c nietos

5 Yo soy nieta de mi _____.
  a padre
  b abuelo
  c tía

6 La mujer de mi tío es mi _____.
  a prima
  b hermana
  c tía

7 La mujer de mi abuelo es mi _____.
  a tía
  b abuela
  c sobrina

8 ¿Os _____ la música pop?
  a gustan
  b gusto
  c gusta

9 Les _____ las flores rojas.
  a encanta
  b encantas
  c encantan

10 A mí me gusta _____.
  a el fútbol
  b nada
  c los helados

11 ■ A nosotros nos encanta la playa.
  ● _____.
  a A mí también
  b Yo sí
  c Yo también

12 ■ A mí no me gusta nada estudiar los fines de semana. ¿Y a ti?
  ● _____.
  a A mí también.
  b A mí tampoco.
  c A mí no.

13 ■ Yo prefiero la playa a la piscina.
  ● _____.
  a A mí también.
  b Yo tampoco.
  c Yo no.

14 ■ No me gusta nada cocinar.
  ● _____.
  a A mí sí.
  b A mí también.
  c A mí no.

15 ■ Soy vegano y nunca como carne ni pescado.
  ● _____.
  a Yo no.
  b Yo sí.
  c A mí tampoco.

16 Estos son _____ primos, Víctor Alejandro y José Manuel.
  a nuestro
  b nuestras
  c nuestros

17 ■ ¿Esta es _____ casa?
  ● Sí, ¿te gusta?
  a nuestras
  b vuestra
  c vuestro

18 _____ chico que está hablando con Silvia es mi hermano.
  a Ese
  b Esto
  c Aquella

19 ■ ¿Ese coche es para nosotros?
  ● Sí, es _____.
  a tuyo
  b vuestro
  c nuestra

20 ¿Quién es _____ que se ve a lo lejos?
  a esta
  b esa
  c aquella

08 Toda una vida

● EMPEZAMOS

1 ¿Sabes quién es Frida Kahlo? ¿Qué sabes de su vida? Relaciona las palabras de cada columna para conocerla un poco mejor. Después, lee el texto y comprueba tus respuestas.

1 Nació
2 Permaneció nueve meses
3 Sufrió
4 Se casó
5 Vivió unos años
6 Se quedó
7 Perdió
8 Se divorció

a con Diego Rivera.
b en cama por una enfermedad.
c embarazada.
d en México.
e a su hijo.
f de Diego Rivera.
g un grave accidente con un autobús.
h en Estados Unidos.

Frida Kahlo

Frida Kahlo nació el 6 de julio de 1907 en Coyoacán, México. Hija del fotógrafo judío-alemán Guillermo Kahlo y de Matilde Calderón, mexicana de ascendencia española e indígena, es hoy en día el icono más conocido de la cultura y el arte de México.

En 1913, con seis años, sufrió un ataque de poliomielitis, lo que la obligó a permanecer nueve meses en cama y le dejó una secuela permanente: la pierna derecha mucho más delgada que la izquierda.

En 1922 entró en la Escuela Nacional Preparatoria de Ciudad de México, prestigiosa institución educativa de México. Escogió el programa de ciencias naturales. En esta escuela, en 1923, conoció a Diego Rivera.

El 17 de septiembre de 1925 sufrió un grave accidente con un autobús que chocó con un tranvía. Durante su recuperación comenzó a pintar de manera más continuada.

Se casó con Diego Rivera el 21 de agosto de 1929, con 22 años y él, 46. Debido a las lesiones de Frida, el matrimonio nunca llegó a tener hijos.

En noviembre de 1930 la pareja se mudó a Estados Unidos durante cuatro años y vivió en diferentes lugares: San Francisco, Nueva York y Detroit.

En 1932 se quedó embarazada, pero perdió a su hijo. Este hecho inspiró dos de sus obras más valoradas, *Henry Ford en el hospital* y *Frida y el aborto*.

Se divorció de Diego Rivera en 1939, pero se volvió a casar con él en 1940.

Murió el 13 de julio de 1954 en Ciudad de México.

¿Cómo se leen los años?
1907 - mil novecientos siete
1923 - mil novecientos veintitrés

2 Vuelve a leer la biografía de Frida Kahlo y completa las frases.

1 Nació en el siglo _____.
2 A los seis años sufrió un ataque de _____.
3 En 1922 empezó a estudiar en _____.
4 Vivió cuatro años en _____.
5 Pintó *Henry Ford en el hospital* cuando _____.
6 Se casó dos veces con _____.

3 Escribe los verbos en pasado destacados en el texto anterior junto a su infinitivo en el lugar correcto.

1 **-ar:**
2 **-er:** *nacer - nació,*
3 **-ir:**

GRAMÁTICA

Pretérito indefinido: verbos regulares

Se utiliza para referirse a acciones pasadas y finalizadas en un periodo de tiempo terminado.

nació en Coyoacán — sufrió un accidente — se casó con Diego — perdió un hijo — murió en 1954 — Presente

	trabajar	perder	vivir
(yo)	trabaj**é**	perd**í**	viv**í**
(tú)	trabaj**aste**	perd**iste**	viv**iste**
(él, ella, usted)	trabaj**ó**	perd**ió**	viv**ió**
(nosotros/-as)	trabaj**amos**	perd**imos**	viv**imos**
(vosotros/-as)	trabaj**asteis**	perd**isteis**	viv**isteis**
(ellos, ellas, ustedes)	trabaj**aron**	perd**ieron**	viv**ieron**

Frida Kahlo se casó con Diego Rivera en 1929.

4 Escribe lo más importante que le pasó a Frida Kahlo en los siguientes años. Usa los verbos anteriores.

1 **1907**
   Nació en Coyoacán, México.
2 **1913**
3 **1922**
4 **1923**
5 **1925**
6 **1929**
7 **1932**
8 **1939**

5 Completa las frases de la biografía de Diego Rivera, marido de Frida Kahlo, con las siguientes formas verbales.

> volvió · murió · nació · viajó · se casó · pintó

1 _____ en Guanajuato (México) en 1886.
2 En 1920 _____ a Italia para estudiar el arte renacentista.
3 _____ a México en 1922.
4 _____ con Frida Kahlo en 1929.
5 _____ una de sus obras más importantes, *Sueño de una tarde dominical en la Alameda Central*, en 1946.
6 _____ en Ciudad de México en 1954.

6 ¿Te gustan los cuadros de Frida Kahlo? ¿Qué más sabes sobre su vida? Busca en internet más información e intercámbiala con tus compañeros.

El camión

7 Vuelve a leer la biografía de Frida Kahlo y completa los nombres de los meses del año.

1	enero	7	_____
2	febrero	8	_____
3	marzo	9	_____
4	abril	10	octubre
5	mayo	11	noviembre
6	junio	12	diciembre

8 ¿A qué meses corresponden las estaciones del año en tu país?

Primavera	Verano

Otoño	Invierno

Toda una vida

57

9 Completa los datos de estos personajes con los siguientes años en cifras. Después, compara con tu compañero.

> 1882 · 2005 · 1809 · 1913 · 1881 · 1934 · 1973 · 1867

1. Marie Curie (7 de noviembre de _____ – 4 de julio de _____)
   mil ochocientos sesenta y siete   mil novecientos treinta y cuatro

2. Charles Darwin (12 de febrero de _____ – 19 de abril de _____)
   mil ochocientos nueve   mil ochocientos ochenta y dos

3. Rosa Parks (4 de febrero de _____ – 24 de octubre de _____)
   mil novecientos trece   dos mil cinco

4. Pablo Picasso (25 de octubre de _____ – 8 de abril de _____)
   mil ochocientos ochenta y uno   mil novecientos setenta y tres

LÉXICO

Números a partir del 100

101 ciento uno/-a	**800** ochocientos/-as	**2050** dos mil cincuenta
200 doscientos/-as	**900** novecientos/-as	**2100** dos mil cien
300 trescientos/-as	**1000** mil	**2580** dos mil quinientos ochenta
400 cuatrocientos/-as	**1999** mil novecientos/-as noventa y nueve	**30 000** treinta mil
500 quinientos/-as	**2000** dos mil	**100 000** cien mil
600 seiscientos/-as	**2001** dos mil uno/-a	**800 000** ochocientos mil
700 setecientos/-as	**2010** dos mil diez	**1 000 000** un millón

Fechas

*Nací **el** 5 **de** septiembre **de** 1997.*
*Hoy es 14 **de** abril **de** 2022.*

10 ¿A qué personaje histórico de la actividad anterior corresponde la siguiente información? Puedes comprobar la solución en internet. ¿Puedes añadir otros datos?

	Marie Curie	Charles Darwin	Rosa Parks	Pablo Picasso
1 Pintó el cuadro *Guernica* para la Exposición Universal de París de 1937.				
2 Luchó por los derechos civiles en Estados Unidos.				
3 Recibió el Premio Nobel de Física.				
4 Nació en España.				
5 Estudió la evolución de las especies a través de sus viajes por el mundo.				
6 Nació en Alabama, Estados Unidos.				
7 Publicó *El origen de las especies*.				
8 Nombró "polonio" al primer elemento químico que descubrió por su país de origen.				

11 Selecciona un personaje, busca datos sobre su biografía y prepara una exposición para el resto de tus compañeros.

1 WOLFGANG AMADEUS MOZART
Austria, 1756-1791

2 CELIA CRUZ
Cuba, 1925-2003

3 ISABEL ALLENDE
Perú, 1942

4 NELSON MANDELA
Sudáfrica, 1918-2013

5 PÉNELOPE CRUZ
España, 1974

6 LEO MESSI
Argentina, 1987

12 ¿Nacisteis todos el mismo año? Decid el año de nacimiento. Un compañero los escribe en la pizarra.

●AVANZAMOS

13 ¿Recuerdas la primera o última vez que…? Escribe tus respuestas y, después, pregúntale a tu compañero y toma notas.

- ¿Cuándo comiste un helado por última vez?
- El verano pasado. ¿Y tú?
- Nunca como helados / No como helados nunca.

1 Comer un helado   2 Escribir un correo electrónico
3 Recibir un regalo   4 Leer un libro   5 Llegar tarde a clase
6 Regalar algo a alguien   7 Ver un partido de fútbol

tú

1
2
3
4
5
6
7

COMUNICACIÓN

Preguntar

- ¿Qué?: ¿**Qué** hiciste ayer?
- ¿Quién? / ¿Quiénes?: ¿**Quién** te llamó anoche?
- ¿Dónde?: ¿**Dónde** pasaste tus vacaciones?
- ¿Cuándo?: ¿**Cuándo** cambiaste de casa?
- ¿Cómo?: ¿**Cómo** viajaste a Mallorca?
- ¿Por qué?: ¿**Por qué** vendiste tu casa?

tu compañero

1
2
3
4
5
6
7

GRAMÁTICA

Nunca, Nada, Nadie

Las palabras **nunca, nada, nadie** pueden ir delante o detrás del verbo. Cuando van detrás del verbo, es obligatorio utilizar no delante del verbo.

No comemos carne **nunca** = **Nunca** comemos carne.
Los fines de semana no hago **nada** = **No** hago **nada** los fines de semana.

14 Habla con tu compañero sobre lo que hizo ayer Toni, un piloto de una compañía aérea italiana. Después, anotad vuestras frases en vuestro cuaderno.

15 Escucha y comprueba lo que hizo Toni.

16 Conversa con tu compañero sobre todo lo que hiciste ayer. Responde a sus preguntas.

- *Ayer desayuné en casa antes de salir para el trabajo.*
- *¿Y qué desayunaste?*
- *Un café con leche y unas tostadas con mermelada.*
- *¿Y qué hiciste después de desayunar?*

● AMPLIAMOS

17 Observa la imagen. ¿Qué crees que ocurrió? Coméntalo con tus compañeros.

18 Antes de leer la noticia de lo que ocurrió, fíjate en las diferentes partes que suele tener una noticia de un periódico y, con un compañero, identifica cuáles son en la noticia de la derecha.

sección   titular   cuerpo de la noticia   fecha   subtítulo

19 Ahora lee con atención la noticia y responde a estas preguntas.

1. ¿Quiénes fueron los protagonistas de la noticia?
2. ¿Qué pasó?
3. ¿Cuándo ocurrió?
4. ¿Dónde sucedió?
5. ¿Por qué lo hicieron?

SUCESOS LUNES 30 DE JUNIO

Dos jóvenes rompen la luna trasera de un autobús

Tiraron un monopatín contra el vehículo porque el conductor pasó por la parada sin parar

VALENCIA.- Dos jóvenes de 21 años, Roberto M.D. y Pedro G.G., lanzaron el jueves un monopatín contra un autobús de la línea 5, enfadados porque el conductor no paró para recogerlos. El monopatín rompió la luna trasera del vehículo, pero, afortunadamente, ningún pasajero resultó herido, según informó Mundo Press.

Los hechos ocurrieron sobre las seis de la tarde, entre las paradas de Colón y Xàtiva. Tras la agresión, el conductor frenó y corrió detrás de los jóvenes, que salieron huyendo.

Una patrulla de la policía colaboró en la persecución de los chicos, a los que al final alcanzaron en la plaza del Ayuntamiento. Según los jóvenes, el conductor no se detuvo en la parada, aunque los vio allí. Por su parte, el conductor aseguró que los vio después de pasar por la parada.

Autoevaluación

1 Frida Kahlo _____ en México.
  a nací
  b naciste
  c nació

2 _____ 17 _____ septiembre _____ 1925 sufrió un grave accidente.
  a En / de / el
  b El / de / de
  c El / en / de

3 En 1930 Frida y Diego Rivera se _____ a Estados Unidos.
  a mudó
  b mudaron
  c mudamos

4 En 1932 Frida Kahlo _____ embarazada.
  a empezó
  b sufrió
  c se quedó

5 Frida Kahlo se divorció _____ Diego Rivera en 1939.
  a con
  b de
  c a

6 Diego Rivera y Frida Kahlo _____ a casarse en 1940.
  a volvió
  b volví
  c volvieron

7 La Navidad se celebra en _____.
  a diciembre
  b agosto
  c abril

8 En _____ en las playas de España hay mucha gente.
  a invierno
  b otoño
  c verano

9 A la fiesta vinieron _____ cincuenta personas.
  a cien
  b ciento
  c cien y

10 La pandemia del COVID-19 empezó en el año 2020 (_____).
  a dos mil veinte
  b dos mil y veinte
  c veinte veinte

11 _____ voy al cine, prefiero ir al teatro.
  a Nunca no
  b No nunca
  c Nunca

12 Ese restaurante vegano no me gusta _____. Vamos a otro.
  a nadie
  b nada
  c nunca

13 En el accidente _____ resultó herido.
  a nada
  b nunca
  c nadie

14 ¿_____ compraste ayer en el supermercado?
  a Quién
  b Dónde
  c Qué

15 ¿_____ son esos niños rubios que están con tu madre?
  a Dónde
  b Quién
  c Quiénes

16 ¿_____ nació tu hijo?
  a Qué
  b Cuándo
  c Quién

17 ¿_____ fuiste al médico?
  a Por qué
  b Quién
  c Qué

18 ¿_____ comiste ayer? ¿En casa o en la oficina?
  a Qué
  b Dónde
  c Quién

19 Esta noticia está en _____ de "Sucesos" del periódico.
  a la sección
  b el titular
  c el subtítulo

20 Dos jóvenes lanzaron un monopatín _____ un autobús.
  a sin
  b contra
  c para

Repaso

●ESCUCHAR

1 Rosana Martí habla sobre su vida en un programa de televisión en el que muestran algunas imágenes suyas. Mira las imágenes, escucha y señala si las afirmaciones que aparecen en la página siguiente son verdaderas (V) o falsas (F).

1

2

3

4

5

6

7

8

9

10

11

12

	V	F
1 Nació en la capital de Argentina.	○	○
2 Empezó a estudiar música de pequeña.	○	○
3 Tuvo un profesor de música para ella sola.	○	○
4 Rosana no recuerda el nombre del profesor.	○	○
5 En 1967 toda la familia se fue a vivir a Buenos Aires.	○	○
6 Ganó un concurso para jóvenes músicos.	○	○
7 Se enamoró en la universidad.	○	○
8 Daniel y ella fueron novios dos años antes de casarse.	○	○
9 Rosana y Daniel se casaron en París.	○	○
10 En París nació su hijo Daniel.	○	○
11 En 1990 consiguió su primer éxito como escritora.	○	○
12 Cuando nacieron sus hijas gemelas, se fueron a vivir a Nueva York.	○	○
13 Nunca volvió a vivir a Argentina.	○	○
14 Consiguió la fama mundial con la película de una novela suya.	○	○

● HABLAR

2 Elige un personaje famoso de la cultura, la historia, la música o el deporte, y preséntales la biografía a tus compañeros. Puede ser uno de los que aparecen en las fotos u otro que te interese. Antes, puedes buscar información sobre el personaje en internet. Tus compañeros tienen que adivinar el personaje; para ello, pueden hacerte preguntas.

- ■ *Mi personaje es famoso en el mundo de la música en español.*
- ● *¿Es un hombre?*
- ■ *No. Es una cantante, tiene varios premios Grammy. Empezó a estudiar música con diez años. A los dieciséis se presentó a un programa de televisión española: "Tú sí que vales", pero no la seleccionaron.*
- ● *¿Fue novia de un futbolista famoso?*

Salma Hayek

Maradona

García Márquez

Rosalía

05-08

● LEER

3 Lee el correo que te ha escrito Javier, un amigo español, y contesta a las preguntas.

Nuevo mensaje

¡Hola! ¿Cómo estás?

Hace mucho que no hablamos y tengo que darte una noticia: ¡estoy trabajando de profesor de español en la universidad! Estoy muy contento. ¿Recuerdas que mi hermano Nico trabaja en la universidad? Pues él me habló de una plaza libre, presenté mi currículo, hice las pruebas y me admitieron. ¡Casi no me lo puedo creer! Eso sí, mi vida ahora es bastante diferente. Tengo clase los lunes, miércoles y viernes de ocho de la mañana a una de la tarde, con una pausa de treinta minutos a media mañana. Los martes y jueves voy a la universidad por la tarde porque tenemos reuniones de profesores, tutorías con los alumnos y preparación de clases o seminarios.

La universidad está un poco lejos, a una hora en tren. Así que los días que tengo clase me levanto a las seis y cuarto. ¡¿Te lo puedes creer?! ¡Las seis y cuarto de la mañana! Yo que odio madrugar. Esto es lo que menos me gusta del trabajo, pero bueno, tengo algunos trucos para ir rápido: esos días me ducho por las noches, así, por la mañana, me levanto, me lavo los dientes, me afeito, tomo un café rápido con unas galletas y a las siete menos veinticinco salgo de casa. La estación está cerca, a unos diez minutos andando. Normalmente, tomo el tren de las siete menos cuarto. En la pausa de la mañana me reúno con algunos profesores en el bar de la universidad y vuelvo a desayunar: un bocadillo, o unas tostadas con otro café. Sí, sí, lo sé, tomo mucho café. ¡Pero lo necesito para despertarme!

Ahora, no salgo por las noches con los amigos durante la semana, solo los sábados. De lunes a viernes me acuesto a las once. ¡Increíble! ¿Verdad? Tampoco juego al fútbol los martes y jueves porque cuando llego a casa estoy muy cansado y a veces tengo que preparar las clases.

Pero estoy contento porque me encanta enseñar y este trabajo me parece una oportunidad muy buena. Además, el sueldo es bueno.

Así que como este verano voy a tener más dinero y muchas vacaciones, ¡dos meses!, quiero viajar. Voy a ir tres semanas a Argentina para visitar a mis tíos y mis primas. Con mis primas vamos a ir unos días de excursión al Parque Nacional de Talampaya. Después vuelvo a Madrid y para agosto no tengo planes.

¿Y tú qué tal? ¿Cómo te va? ¿Cómo está tu familia? Cuéntame qué haces. ¿Vas a venir a España este verano?

Un abrazo,
Javier

1. ¿Cuál es el horario de clases de Javier?
2. ¿Qué días trabaja?
3. ¿Qué es lo que menos le gusta de su trabajo?
4. ¿Cuánto tiempo necesita desde que se levanta hasta que sale de casa?
5. ¿Cómo va a la universidad?
6. ¿Cuántas veces desayuna?
7. ¿Qué actividades no hace ahora?
8. ¿Qué planes tiene para este verano?

● ESCRIBIR

4 Escribe un correo a Javier contestando a sus preguntas e invitándolo a visitarte en agosto.

En el correo debes:
- Saludar y despedirte.
- Explicar cómo es tu día a día.
- Explicar tus planes para este verano.
- Invitar a Javier a visitarte en agosto.
- Proponerle planes para hacer juntos cuando te visite.

¿QUÉ SABES HACER?

Señala todas las actividades que ya sabes hacer. Si no recuerdas alguna, vuelve a la unidad de referencia y repásala.

COMPRENSIÓN ESCRITA
¿Qué puedes comprender cuando lees?

◯ Entiendo información puntual básica en carteles; por ejemplo, horarios de comercios (Unidad 5).
◯ Comprendo correos o mensajes personales sencillos sobre acciones cotidianas (Unidad 6).
◯ Puedo encontrar y entender la información que me interesa en anuncios (Unidades 6 y 7).
◯ Soy capaz de identificar la información esencial de noticias y artículos breves de prensa (Unidades 7 y 8).

COMPRENSIÓN AUDITIVA
¿Qué puedes entender?

◯ Entiendo información básica sobre horarios (Unidad 5).
◯ Soy capaz de entender y de reconocer el tema de una conversación cotidiana sencilla (Unidades 5 y 6).
◯ Entiendo las palabras importantes de una conversación sobre temas que conozco (Unidad 7).
◯ Soy capaz de entender los detalles esenciales de una narración, por ejemplo, la biografía de una persona (Unidad 8).

EXPRESIÓN ORAL
¿Qué puedes expresar?

◯ Soy capaz de contar mis planes futuros (Unidad 5).
◯ Soy capaz de dar información sobre lo que hago en mi vida cotidiana (Unidad 6).
◯ Puedo explicar qué está haciendo una persona o qué está ocurriendo en una situación (Unidad 6).
◯ Puedo dar información personal sobre mi familia (Unidad 7).
◯ Puedo hablar de manera sencilla de mis gustos, preferencias y aficiones (Unidad 7).
◯ Soy capaz de contar experiencias personales pasadas (Unidad 8).

INTERACCIÓN ORAL
¿Cómo puedes interactuar con los demás?

◯ Soy capaz de proponer un plan o hacer una invitación de manera sencilla y de aceptar o rechazar un plan o invitación (Unidad 5).
◯ Puedo conversar sobre hábitos (Unidad 5).
◯ Puedo hablar sobre horarios (Unidades 5 y 6).
◯ Puedo preguntar y contestar sobre la frecuencia con la que hago algunas actividades (Unidad 6).
◯ Soy capaz de decir lo que me gusta y lo que no me gusta, y de reaccionar ante los gustos y opiniones de otras personas (Unidad 7).
◯ Puedo hablar sobre cómo me gusta viajar (Unidad 7).
◯ Puedo preguntar sobre experiencias personales pasadas (Unidad 8).
◯ Soy capaz de manejar cifras, por ejemplo, para hablar de los años (Unidad 8).

EXPRESIÓN ESCRITA
¿Qué puedes escribir?

◯ Soy capaz de escribir notas breves, por ejemplo, puedo completar mi agenda (Unidad 5).
◯ Puedo escribir, en una carta personal, sobre aspectos de la vida cotidiana, utilizando fórmulas de saludo y despedida adecuadas (Unidad 6).
◯ Soy capaz de escribir un texto sobre la situación de una persona (Unidad 7).
◯ Puedo escribir un breve texto con los datos básicos de un acontecimiento pasado (Unidad 8).

Soy capaz de utilizar y comprender vocabulario sobre los siguientes temas:

◯ Los días de la semana (Unidad 5).
◯ Las horas (Unidades 5 y 6).
◯ Acciones habituales (Unidad 6).
◯ La familia (Unidad 7).
◯ Los meses y las estaciones del año (Unidad 7).
◯ Los años (Unidad 8).
◯ Los números (Unidad 8).

09 ¿Y qué tal fue el viaje?

● EMPEZAMOS

1 Los siguientes monumentos y lugares están en Andalucía: relaciónalos con las imágenes de la derecha.

1. ◯ El pueblo de Olvera
2. ◯ La Alhambra
3. ◯ La Mezquita
4. ◯ La Giralda

2 Lucía le cuenta a Armando su mejor viaje. Escucha y comprueba tus respuestas de la actividad anterior.

3 Vuelve a escuchar la conversación de Lucía y Armando y contesta a las preguntas.

1. ¿Cuándo viajó Lucía por Andalucía?
2. ¿Cuánto tiempo duró el viaje de Lucía?
3. ¿Dónde conoció a las chicas gallegas?
4. ¿Cómo fue Lucía de Cádiz a Granada?
5. ¿Qué ciudad le gustó más?

A Sevilla
B Cádiz
C Granada
D Córdoba

4 Fíjate en los verbos que están en negrita de la transcripción del audio anterior. Clasifícalos en el cuadro relacionándolos con su infinitivo en la columna de indefinidos regulares o irregulares.

ARMANDO: Lucía, ¿cuál **fue** tu mejor viaje?
LUCÍA: ¿Mi mejor viaje? Pues, para mí, el viaje que **hice** por Andalucía el año pasado. Fue en septiembre: **estuve** en Córdoba, Sevilla, Cádiz y Granada. ¡Un mes entero! ¡**Me encantó**!
ARMANDO: ¡¿Un mes?! ¡Qué bien! Entonces **tuviste** tiempo de visitar bien las ciudades y de hacer un montón de cosas, ¿no?
LUCÍA: Sí, sí, ¡claro! Primero **fui** a Córdoba: **visité** la Mezquita, que es una maravilla. Tiene casi mil arcos de color rojo y blanco. Y **comí** la famosa tortilla de patatas en el bar Santos: ¡muy buena! Después, estuve en Sevilla: **subí** a la Giralda. ¿Sabes que durante muchos siglos fue la torre más alta de España? También **paseé** por el barrio de Santa Cruz… ¡Qué bonito! **Me alojé** en un hotel del barrio de Triana, que es un barrio fantástico. En Sevilla **conocí** a unas chicas gallegas muy simpáticas y **decidimos** alquilar un coche para visitar los pueblos blancos de Cádiz: Olvera, Arcos de la Frontera, Ubrique… ¡Son increíbles! Ellas **se quedaron** en Cádiz y yo **cogí** un autobús a Granada.
ARMANDO: ¿Y qué es lo que más **te gustó**?
LUCÍA: ¡Todo! Pero si tengo que elegir…, creo que lo que más **me impresionó** fue Granada: la Alhambra y las puestas de sol desde el Albaicín, ¡increíbles!, ¡ah!… ¡Y las tapas de los bares, que en Granada son gratis!

Infinitivo	Indefinido regular	Indefinido irregular
estar		
comer		
gustar		
quedarse		
hacer		
ser		*fue*
visitar		
conocer		
impresionarse		
tener		
alojarse		
decidir		
pasear		
encantar		
ir		
coger		
subir		

GRAMÁTICA

Pretérito indefinido: verbos irregulares

Para referirnos o valorar acciones pasadas usamos el pretérito indefinido.
*En septiembre **estuve** en Andalucía. ¡Me encantó!*

	estar	hacer	ir / ser	poder	tener	decir
(yo)	estuve	hice	fui	pude	tuve	dije
(tú)	estuviste	hiciste	fuiste	pudiste	tuviste	dijiste
(él, ella, usted)	estuvo	hizo	fue	pudo	tuvo	dijo
(nosotros/-as)	estuvimos	hicimos	fuimos	pudimos	tuvimos	dijimos
(vosotros/-as)	estuvisteis	hicisteis	fuisteis	pudisteis	tuvisteis	dijisteis
(ellos, ellas, ustedes)	estuvieron	hicieron	fueron	pudieron	tuvieron	dijeron

Otros verbos irregulares

poner → pus-
querer → quis-
saber → sup-   +
haber → hub-
venir → vin-

e
iste
o
imos
isteis
ieron

Otras irregularidades

-CAR **aparcar:** (yo) apar**qu**é
-GAR **llegar:** (yo) lle**gu**é
leer / caer: (él, ella, usted) le**y**ó / ca**y**ó;
(ellos, ellas, ustedes) le**y**eron / ca**y**eron:
*El verano pasado mi hermano **leyó** todas las novelas de Vargas Llosa.*

Expresiones temporales

- ayer, anoche, anteayer...
- el fin de semana / el lunes / el mes pasado...
- el domingo / el lunes por la tarde...
- hace X días / meses / años...
- en 1958...
- la primera / última vez que...

5 Ordena en la línea del tiempo las siguientes expresiones de tiempo pasado.

el lunes de la semana pasada   hace cinco veranos   anoche   el año pasado   en 1999

1980 ___(1)___ ___(2)___ ___(3)___ ___(4)___ ___(5)___ hoy

6 Completa las frases con el pretérito indefinido.

1 ■ ¿Dónde (estar, tú) _____ ayer?
   ● (Ir) _____ al cine
2 ¿(Hablar, tú) _____ con Jordi? ¿Y qué te dijo?
3 El sábado mi hermano y yo no (hacer) _____ nada.
4 ¿Qué (hacer) _____ tus amigos el verano pasado?
5 Ayer Ana no (poder) _____ salir de viaje porque (llegar) _____ tarde y perdió el vuelo.
6 Y vosotros, ¿a dónde (ir) _____ de vacaciones en agosto?

●AVANZAMOS

7 ¿Cuáles de estas acciones relacionas con un viaje en tren, en avión o en coche? Con ayuda del diccionario, señálalas en las tablas.

	tren	avión	coche
1 facturar el equipaje		x	
2 embarcar			
3 echar gasolina			
4 comprar el billete			
5 parar en varias estaciones			
6 usar el GPS o Google Maps			
7 bajarse en una estación			

	tren	avión	coche
8 perder el equipaje			
9 perderse en la carretera			
10 pagar peaje			
11 aterrizar			
12 salir con retraso			
13 recoger el equipaje			
14 viajar de pie			

¿Y qué tal fue el viaje?

8 ¿Cómo te gusta viajar? Señala las imágenes que se corresponden con tus gustos y coméntalo con un compañero.

Transporte

 tren
 coche
 avión
 barco
 autobús

Época del año

 primavera
 verano
 otoño
 invierno

Alojamiento

 hotel
 *camping*
 albergue
 apartamento

Destino

 ciudad
 playa
 montaña
 ciudad exótica

Acompañantes

 solo/-a
 en pareja
 con amigos
 en familia

A mí me gusta viajar en primavera, porque no hace mucho calor y no hay tantos turistas. Y prefiero viajar en coche, porque eres más independiente y puedes visitar más lugares…

9 ¿Cuándo fue la primera vez que…? En parejas, vais a preguntaros cuándo fue la primera vez que hicisteis las cosas de la lista. Puedes responder *nunca* si no has tenido esa experiencia.

	¿Lugar?	¿Con quién?	¿Te gustó?
1 Viajar al extranjero.			
2 Conducir un coche.			
3 Ir de vacaciones sin tus padres.			
4 Comer un plato exótico.			
5 Hacer un viaje romántico.			
6 Visitar un país hispanohablante.			

- *¿Cuándo fue la primera vez que viajaste al extranjero?*
- *Mi primer viaje al extranjero fue a Italia, hace muchos años.*
- *¿Con quién fuiste?*
- *Con mis padres y mis hermanos. Fuimos en avión hasta Roma: estuvimos tres días en Roma y, después, mis padres alquilaron un coche y recorrimos el sur de Italia.*
- *¿Qué es lo que más te gustó?*
- *Pues… recuerdo que me encantó la comida, sobre todo la pizza y la pasta. ¡Qué buenas! También me gustó mucho Nápoles y las playas de Sicilia.*

10 ¿Conoces Colombia? Lee el post de un blog de viajes y elige el lugar que te gustaría visitar. Coméntalo con tus compañeros.

¡COLOMBIA TE ESPERA!

Colombia es un país lleno de color, para disfrutar de sus ciudades, su historia, sus playas, su gastronomía y su gente. Un destino que te espera para recibirte con los brazos abiertos. En este post te presento algunos de los lugares que no te puedes perder.

Recuerda que puedes **viajar por** el país en avión, autobús, taxis privados o colectivos; la ventaja de **viajar por** carretera es que puedes ver paisajes maravillosos.

- Bogotá. Una de las mejores cosas que puedes hacer en esta ciudad es **subir al** cerro de Montserrate, a 3152 m de altura, desde donde se puede ver toda la ciudad.

Al **bajar del** cerro de Montserrate encuentras el barrio de la Candelaria, en el centro histórico. Es el barrio más colonial de toda la ciudad, con calles estrechas y casitas de colores. En la Candelaria, además de la plaza Bolívar, tienes que **pasar por** el callejón del Embudo, el rincón más bonito del barrio, y **entrar en** una de sus cafeterías para probar el auténtico café colombiano.

Al final del callejón del Embudo **llegas a** la plaza del Chorro de Quevedo, con mucho ambiente por la tarde.

- Cartagena de Indias. Es uno de los destinos más turísticos del país. Además de visitar la ciudad amurallada, el *tour* de García Márquez e ir a la bahía para ver el atardecer, tienes que **acercarte a** Getsemaní, el barrio más emblemático de la ciudad, que en 2018 fue incluido, por la revista Forbes, entre los 12 barrios más *"cool"* del mundo. **Llegar a** Getsemaní es fácil, solo tienes que buscar la plaza de la Trinidad, donde está la iglesia del mismo nombre, y desde allí **pasear por** sus calles con las paredes decoradas con grandes *graffitis*, las casas de colores, las mujeres rallando coco en las puertas de las casas y mucha música en todos los rincones. Es un lugar mágico.

Si **te alejas de** Cartagena un poco, puedes hacer excursiones a las islas del Rosario y las islas Cholón, que son paraísos de sol y playa.

- Santa Marta. Dicen que es el lugar que lo tiene todo. Santa Marta está situada en el Caribe, y allí puedes encontrar una ciudad para pasear por su centro histórico, visitar la Quinta de San Pedro Alejandrino (donde murió Simón Bolívar) y **entrar en** uno de sus restaurantes para probar el *chipi chipi*, los patacones, las cocadas y el arroz con coco (platos típicos del lugar). También puedes encontrar playas fantásticas que se juntan con la selva, y nieve si **subes a** Sierra Nevada, la montaña más alta del mundo cerca del mar. Si te gusta el buceo, tienes que **acercarte hasta** Taganga, un pueblecito de pescadores donde se pueden ver las mejores puestas de sol.

A mí me gustaría visitar Cartagena de Indias, porque me gusta mucho García Márquez y me gustaría hacer el tour; y también, conocer el barrio de Getsemaní, me encantan los graffitis…

COMUNICACIÓN

Expresar movimiento y dirección

Para referirnos a acciones relacionadas con lugares, movimientos, direcciones… usamos estos verbos + preposiciones:

Pasear **por** un parque

Viajar **por** Europa

Pasar **por** un puente

Bajar **a** un sótano

Bajar **de** un avión

Subir **a** un avión

Entrar **en** una tienda

Salir **de** una tienda

Llegar **a** la estación

Acercarse **a** / **hasta** la catarata

Alejarse **de** la catarata

11 Cuando hablamos de viajes, utilizamos muchos verbos que indican lugar o movimiento. Completa las frases con una de estas preposiciones: *por, a, hasta, en*. En ocasiones, hay más de una opción válida.

1. Viajamos _____ una parte de Andalucía.
2. Estuvimos _____ Granada.
3. Y también fuimos _____ Sevilla.
4. Nos quedamos _____ los jardines de la Alhambra casi dos horas.
5. Paseamos _____ el Albaicín.
6. En Argentina fui _____ las cataratas de Iguazú.
7. Nos acercamos _____ la catarata.
8. Fuimos _____ un barco que llega _____ la base de la catarata.

12 ¿Qué acciones podemos realizar en estos lugares? Selecciona entre los verbos de movimiento y dirección del cuadro de "Comunicación" de la página anterior y escribe frases.

Aeropuerto de Madrid

AVE (Tren de Alta Velocidad)

Camp Nou, Barcelona

Parque de El Retiro, Madrid

Catedral de Barcelona

Puente de Triana, Sevilla

13 Escribe un texto sobre cómo fue el mejor viaje de tu vida: dónde y cuándo fuiste, qué visitaste, qué es lo que más te gustó, qué comiste… Después, coméntalo con tus compañeros.

■ *Mi mejor viaje fue hace dos años a las islas Canarias. Fui con unos amigos y fue un viaje muy divertido.*
● *¡Qué bien! Yo también estuve en las islas Canarias: ¡me encantaron! ¿Visitasteis todas las islas?*
■ *No, solo estuvimos dos semanas: una semana en Tenerife y otra en Gran Canaria…*

●AMPLIAMOS

14 Lee el blog de José durante su viaje a Ciudad de México y contesta a las preguntas.

1. ¿Cómo fue al centro?
2. ¿Qué lugares visitó?
3. ¿Qué hizo en la zona de la Condesa?
4. ¿Dónde durmió ese día?

El blog de los viajeros MÉXICO

CIUDAD DE MÉXICO. Día 2

Tras el gran recibimiento que me hicieron ayer mis amigos, me desperté, me preparé y salí de casa de Anita y lo primero que hice fue tomar el metro en dirección al centro, a la zona del Zócalo, la parte antigua de Ciudad de México.

Paseé por las calles peatonales de los alrededores de la plaza del Zócalo, caminé hasta la Torre Latinoamérica que está a un par de calles del Zócalo, frente al museo de Bellas Artes.

Luego volví a casa, descansé un poco y al rato me llamó mi amiga Elena para quedar. Le dije que sí. Fuimos a cenar por la zona de la Condesa, un lugar muy bonito lleno de bares y restaurantes. Estuvimos en un local que se llama "Pata Negra". Lo recomiendo, pues es un bar donde tocan música en vivo. Se hizo muy tarde, no me di cuenta de la hora, y además olvidé las llaves, así que tuve que dormir en casa de mi amiga Elena, que vive en la zona del Toreo.

Y finalmente, después de un día agotador de caminar y caminar, nos fuimos a descansar.

Autoevaluación

1. Lucía y yo _____ el sábado al cine.
   a fue
   b fuimos
   c fueron

2. El domingo Tomás _____ una paella buenísima.
   a hice
   b hiciste
   c hizo

3. Perdona, lo siento mucho, ayer no _____ llamarte.
   a pude
   b puedo
   c pudiste

4. ■ ¿Qué hicisteis el sábado?
   ● _____ en casa todo el día.
   a Estuvimos
   b Estuve
   c Estuviste

5. Ayer llamé a Esther y le _____ que no puedo ir a su fiesta de cumpleaños.
   a dijo
   b dije
   c dijeron

6. ■ ¿Dónde tienes el coche?
   ● Lo _____ en la calle, muy cerca de mi casa.
   a aparcó
   b aparcaste
   c aparqué

7. Enrique y Eva _____ que estudiar mucho.
   a tuviste
   b tuvimos
   c tuvieron

8. ¿Vosotros por qué no _____ ir con Javier de vacaciones?
   a quisimos
   b quisieron
   c quisisteis

9. ■ ¿Hay agua fría?
   ● Sí, anoche _____ una botella en la nevera.
   a puse
   b pusiste
   c puso

10. Me preguntó mi opinión, pero no _____ qué contestar.
    a supiste
    b supe
    c supo

11. Embarcar en un avión significa _____.
    a subir al avión
    b entregar las maletas en el mostrador
    c recoger las maletas

12. Facturar el equipaje significa _____.
    a entregar las maletas en el mostrador de la compañía
    b recoger las maletas después de bajar del avión
    c hacer una reclamación de las maletas

13. El avión _____ a las seis y media, pero tuvimos que esperar dos horas para recoger las maletas.
    a salió
    b aterrizó
    c retrasó

14. El barco se alejó _____ la costa.
    a en
    b de
    c hasta

15. Nos acercamos _____ el mirador para ver la puesta de sol.
    a en
    b de
    c hasta

16. Cuando llegué _____ la ciudad, no encontré habitación en ningún hotel.
    a de
    b a
    c en

17. Vicente pasea _____ la playa todas las tardes.
    a por
    b a
    c en

18. Para llegar a ese restaurante, tienes que pasar _____ una calle muy estrecha y con poca luz.
    a a
    b por
    c en

19. Cuando estuve en Chile, viajé _____ toda la costa: ¡es preciosa!
    a en
    b a
    c por

20. Cuando salimos _____ la catedral, fuimos a comer a un restaurante típico de la ciudad.
    a de
    b por
    c en

10 Ropa de invierno y de verano

●EMPEZAMOS

1 Esther está de viaje y tiene problemas con su equipaje. Escucha la conversación y responde a las preguntas.

1 ¿Qué lleva Esther en su maleta?
2 ¿En qué estación del año están: en primavera, verano, otoño o invierno?
3 ¿Encuentra su maleta Esther?
4 ¿De dónde viene Esther?

2 Esther está en el mostrador de reclamación de equipajes. Escucha y señala cuál es la maleta de Esther.

3 Relaciona.

a ○ hace sol
b ○ llueve
c ○ hay tormenta
d ○ está nublado
e ○ hace viento

4 ¿Qué tiempo hace en estos lugares? Completa las frases con las siguientes expresiones.

(nieva · hace sol · llueve · hace viento)

1 En Boracay, Filipinas _____ .
2 En Roma _____ .

3 En Quebec _____ .
4 En Madrid _____ .

COMUNICACIÓN

Hablar del tiempo

- ¿Qué tiempo hace?
- **Hace** sol / frío / calor / viento / buen tiempo / mal tiempo.
- **Hay** tormenta / niebla / viento / nubes y claros.
- **Está** nublado / lloviendo / nevando.
- Llueve.
- Nieva.

Ahora en Buenos Aires **hace sol** *y mucho calor.*
En Tarifa **hay mucho viento** *todo el año.*
Creo que no voy a ir a la playa porque **está nublado**.
En invierno **nieva** *casi todos los días.*

5 ¿Cuál es el clima de cada país? Relaciona los textos con los países.

1 ◯ Chile   2 ◯ México   3 ◯ Cuba

A Un país tan grande tiene diferentes climas. En el norte el clima es muy seco, hace mucho calor en verano y mucho frío en invierno donde las temperaturas bajan hasta los 0°. En el sur y sureste el clima es cálido y húmedo con una temperatura media de 26° durante todo el año. En la zona central del país el clima es templado y húmedo, llueve mucho y las temperaturas están entre los 10 y los 18°.

B Este país situado en el sur del continente tiene tres tipos de clima bien diferenciados. En el norte el clima es seco, casi no llueve. El centro del país tiene un clima templado y las temperaturas son más bajas que en el norte. En el sur el clima es frío y lluvioso. En algunas zonas existe el clima polar de altura, donde el frío es muy intenso.

C El clima es subtropical y tiene dos temporadas muy diferentes: la estación húmeda, de junio a octubre, con una época de huracanes entre los meses de agosto y octubre. Y la estación seca, de noviembre a mayo, que es la mejor época para visitar la isla porque llueve muy poco.

LÉXICO

Los puntos cardinales

N norte   NE noreste
S sur   NO noroeste
E este   SE sureste
O oeste   SO suroeste

COMUNICACIÓN

Hablar del clima

- ¿Cómo **es** el clima en…?
- **Es** húmedo / oceánico / frío / cálido / seco / mediterráneo / tropical / lluvioso / templado

*El clima del norte **es** frío y húmedo.*
*En invierno, el clima de Ecuador **es** cálido y lluvioso.*
*Valencia **tiene** un clima mediterráneo.*

7 Escucha el diálogo y fíjate en el mapa. ¿Dónde están Ana y Héctor?

8 Describe el clima de tu región en cada estación del año.

En primavera   En verano
En otoño   En invierno

6 Escribe ejemplos con los elementos de las tres columnas. Puede haber más de una posibilidad.

Hace	muy
Es	mucho
Tiene	mucha
Vive	muchos
Hay	muchas

frío en invierno.
grande el aeropuerto.
calor en verano.
buen tiempo.
viento hoy.
pequeña esta ciudad.
libros de García Márquez.
flores en el jardín.
gente en la playa.
hermanos.
simpático mi profesor.
lejos de Madrid.

Hace mucho calor en verano.

GRAMÁTICA

Muy / Mucho

Muy + adjetivo → *La maleta es **muy** grande.*
       adverbio → *¡Vamos, es **muy** tarde!*

Mucho/-a/-os/-as + sustantivo
*En Moscú hace **mucho** frío.*
*Hay **mucha** gente en el aeropuerto.*
*Ese pantalón tiene **muchos** bolsillos.*
*Es una camiseta con **muchas** flores.*

Verbo + **mucho**
*Mi hermano pequeño viaja **mucho**.*

●AVANZAMOS

9 ¿Qué tipo de ropa usas en cada estación? Mira las imágenes y clasifica la ropa según la estación del año en la que la usas. Y, con ayuda del diccionario, añade otra ropa que tienes y no aparece en las imágenes.

primavera	verano	otoño	invierno	todo el año

10 En grupos, comparad la clasificación de la ropa de la actividad anterior. ¿Coincidís? ¿Cuáles son las diferencias?

- *Yo uso las camisetas de tirantes todo el año.*
- *¡¿Sí?! ¿Y no tienes frío en invierno? Yo las camisetas de tirantes solo las uso en verano.*
- *Pues yo no tengo ropa para cada estación. Tengo toda la ropa en el armario todo el año. Si hace frío, me pongo más ropa; y si hace calor, me pongo menos.*

11 Lee el texto sobre las zapatillas de deporte. ¿Ocurre lo mismo en tu lengua con este calzado o con otras prendas de vestir? Coméntalo con tus compañeros.

¿Qué te pones en los pies para hacer deporte?

En español, la respuesta depende del país o de la zona del país en la que te encuentres. Si estás en Chile, usas *zapatillas*. En Uruguay, *championes* (por el nombre de la marca que introdujo este calzado en el país). Sin embargo, en Argentina, Costa Rica, México, Colombia y Cuba llevan *tenis*, aunque en Colombia también tienen la palabra *guayos*, y en Costa Rica y Cuba, *tacos*. En Ecuador y en Venezuela reciben el nombre de *zapatos de goma*. En Bolivia los llaman *kids*. En España depende de la zona: por ejemplo, en Galicia, Canarias, Andalucía y Murcia se llaman *tenis*; *playeros* en Asturias, mientras que en Cataluña usan *bambas* (el nombre proviene de una marca de zapatillas de deporte). En Santander son *espáis* (que tiene su origen en los *spikes* ingleses). Y en otras zonas, *deportivas* o *playeras*.

Yo vivo en Manchester y las chanclas se llaman "flip-flops", y creo que es igual en toda Gran Bretaña.

12 ¿Qué tipo de camisetas te gustan más? Coméntalo con tus compañeros.

A mí me gustan mucho las camisetas lisas y de manga corta. No me gustan nada las camisetas de manga larga. Tampoco tengo ninguna camiseta estampada…

13 ¿Cuáles son tus colores favoritos para vestir, y cuáles no te gustan nada? Coméntalo con tu compañero.

- *Mis colores favoritos son el negro y el azul. Todas mis camisetas son negras y me encantan los vaqueros azules. Y no me gusta nada el marrón; no sé…, es un color que no me gusta para la ropa, no favorece.*
- *Pues, para mí, depende de la temporada. En verano me encanta el blanco: casi todos los vestidos que tengo son blancos. También tengo camisetas amarillas y verdes: son colores muy alegres. Mi ropa de invierno es negra y gris. Y odio el rosa, no me gusta nada…*

14 ¿Qué materiales son mejores para cada estación? Coméntalo con tu compañero.

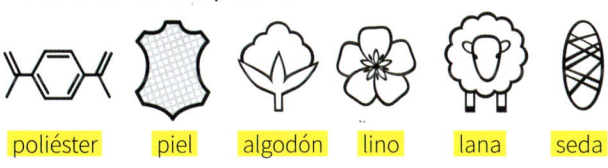

poliéster · piel · algodón · lino · lana · seda

- *Yo creo que el lino es muy bueno para el verano, porque es muy fresco.*
- *Sí, y también el algodón.*

COMUNICACIÓN

Describir prendas de ropa con colores

-o/-a

blanco/-a · rojo/-a · morado/-a
negro/-a · amarillo/-a

invariable

azul · rosa · naranja
verde · marrón · gris

*Un bolso **rojo**. / Una maleta **roja**. / Unos pantalones **rojos**.*
*Un bolso **azul**. / Una maleta **azul**. / Unas gafas **azules**.*

*El nombre de los colores siempre es masculino: el azul, el naranja, el rojo…

GRAMÁTICA

Usos de *por* y *para*

Por

- **Causa:**
  *Yo creo que María prefiere esta camiseta **por** el color.*
- **Medio "a través de":**
  *Mandé la maleta **por** avión.*
- **Lugar "a través de":**
  *Antes de venir, he pasado **por** el polideportivo.*

Para

- **Finalidad, objetivo, destinatario:**
  *Esta ropa sirve **para** ir a la playa.*
- **Opinión: *para* + nombre / pronombre:**
  ***Para** mí, los pantalones de Iván son los mejores.*
- **Lugar "en dirección a":**
  *El camión ya va **para** la tienda.*

15 Construye frases con *por* y *para*. Hay varias posibilidades.

1	Compré este vestido	a	el color.
2	Estas botas son	b	la fiesta.
3	Me gusta la chaqueta	c	internet.
4	Esta camiseta es	d	la zapatería.
5	Esta ropa sirve	e	mi hermano.
6	He pasado esta mañana	f	la nieve.

por / para

16 Cada estudiante va a llevar a la clase una o varias prendas de vestir o accesorios. Por turnos, tienen que describirlas ante el resto de los compañeros. Todos decidirán cuáles son las mejores.

Este vestido es para el verano.

17 El profesor va a recoger todas las prendas de vestir o accesorios de la actividad anterior y va a preguntar a un alumno por su propietario. El alumno responde sin decir el nombre.

- *¿De quién es este gorro?*
- *Es suyo (de Tom).*

GRAMÁTICA

Pronombres posesivos

(de mí)	**mío/-a/-os/-as**
(de ti)	**tuyo/-a/-os/-as**
(de él, ella, usted)	**suyo/-a/-os/-as**
(de nosotros/-as)	**nuestro/-a/-os/-as**
(de vosotros/-as)	**vuestro/-a/-os/-as**
(de ellos/-as, ustedes)	**suyo/-a/-os/-as**

*Este gorro es **mío** y la chaqueta es **suya**.*

● AMPLIAMOS

18 Indica cuáles de las siguientes palabras son catástrofes naturales.

> sequía · inundación · deshielo · bombardeo
> terremoto · huracán · naufragio · deforestación

19 Lee el texto y contesta a las preguntas.

1. ¿Qué es el cambio climático? Defínelo con tus propias palabras.
2. ¿Qué palabras del texto crees que pertenecen a un vocabulario más técnico? ¿Conoces alguna otra?
3. ¿Cómo puedes ayudar tú a frenar el cambio climático?

EL CAMBIO CLIMÁTICO

Desde hace unos años, los científicos y expertos en cuestiones meteorológicas vienen alertándonos sobre los peligros y los riesgos del llamado "cambio climático", una realidad que, en muchos lugares de nuestro planeta, ya se está manifestando en forma de catástrofes naturales cada vez más frecuentes: sequías, inundaciones…

No se puede negar que el clima está cambiando de una manera demasiado rápida debido a la acción del hombre, y así va a seguir pasando en los próximos años. Los científicos pronostican que la subida de las temperaturas, debida al aumento de CO_2 en la atmósfera y a la reducción de la capa de ozono, está provocando un calentamiento progresivo de la Tierra, como se puede observar en el acelerado deshielo de las zonas polares y en la consiguiente subida del nivel del agua en océanos y mares.

Parece que las visiones apocalípticas sobre el futuro del planeta que nos han presentado algunas películas de Hollywood han dejado de ser ficción para convertirse en realidad. El cambio climático ha empezado a tener efectos sobre nuestras vidas, pero ¿hay algún remedio?

Autoevaluación

1 ■ ¿Qué temperatura hace en Sevilla?
● Uff… ¡39°! _____ mucho calor.
a Hace
b Hay
c Está

2 Hoy no vamos a la playa porque _____ nublado.
a hace
b hay
c está

3 En Tarifa hay muchos surfistas porque _____ mucho viento.
a tiene
b está
c hace

4 En este pueblo, por las mañanas _____ mucha niebla y no se ve bien.
a hay
b está
c es

5 Virginia tiene _____ zapatos: ¡le encantan!
a muy
b muchos
c mucho

6 En Madrid, en invierno hace _____ frío.
a muchos
b muy
c mucho

7 En el norte llueve _____.
a mucho
b mucha
c muy

8 En esta empresa trabajan _____ mujeres.
a muy
b muchas
c mucha

9 Hay _____ nieve en las montañas: podemos ir a esquiar.
a mucho
b mucha
c muy

10 Necesito comprarme un _____ para ir a la playa.
a abrigo
b jersey
c biquini

11 No me gustan las camisetas de manga _____.
a rayas
b corta
c verdes

12 ■ ¿Este jersey es _____?
● No, yo no tengo ningún jersey de rayas.
a tu
b tuyo
c tuya

13 ■ ¿De quién son estos guantes?
● Son _____, me los olvidé en la clase.
a míos
b mis
c mías

14 ■ ¿Te gustan las camisetas estampadas?
● No, me gustan _____ y azules o blancas.
a rayas
b flores
c lisas

15 Ese pantalón no sirve _____ una entrevista de trabajo.
a por
b para
c a

16 Te envío el informe _____ correo.
a por
b en
c para

17 Ayer me compré una falda _____.
a negro
b amarillo
c roja

18 ¿Te gustan mis gafas _____?
a azul
b blancas
c negra

19 En invierno hizo frío, llovió mucho y hubo muchas _____.
a sequías
b deforestación
c inundaciones

20 El _____ en la Antártida hace subir el nivel del mar en todo el mundo.
a deshielo
b deforestación
c naufragio

11 ¿A qué hora te has levantado hoy?

● EMPEZAMOS

1 Lee los siguientes titulares de cuatro noticias locales y el anuncio de "Televoz" y señala si las informaciones son verdaderas (V) o falsas (F).

Noticias locales

A Este año ya han robado dos veces en el Museo Municipal de Arte Moderno.

B El alcalde ha inaugurado hoy la nueva estación de autobuses.

C Todavía no han encontrado a dos de los cuatro monos desaparecidos del zoológico.

D Los equipos de fútbol local han llegado a un acuerdo con los colegios para promocionar el deporte escolar.

E

* En enero  bajó sus tarifas un 5%.
* En verano volvió a bajarlas otro 5%.
* Esta semana  ha vuelto a bajar sus tarifas: ahora un 6%.
* Este año  ha bajado sus tarifas en tres ocasiones. Ninguna otra compañía telefónica lo ha hecho nunca.

TARIFAS MÁS BAJAS DÍA A DÍA

1. ○ Es la segunda vez que han robado en el Museo de Historia.
2. ○ En los próximos días se va a abrir una nueva estación de autobuses en la ciudad.
3. ○ Los monos desaparecidos del zoo ya han aparecido.
4. ○ Los equipos de fútbol de la ciudad han colaborado con los colegios.
5. ○ TELEVOZ es la única compañía que ha bajado sus tarifas tres veces este año.

2 ¿A qué titulares de los anteriores corresponden los siguientes fragmentos de noticias?

> La campaña de apoyo a las actividades deportivas va a comenzar durante el próximo curso escolar. Jugadores y entrenadores han prometido visitar los centros educativos personalmente. **1**

> Es la segunda vez este año que los ladrones han pasado por las salas laterales y se han llevado diferentes obras de arte. La policía no ha encontrado ninguna pista. **2**

GRAMÁTICA

Pretérito perfecto de indicativo

Para referirnos a acciones terminadas en periodos de tiempo no finalizados o que el hablante relaciona con el presente.

	Presente de *haber*	Participio pasado
(yo)	he	
(tú)	has	
(él, ella, usted)	ha	+ -ar > -ado: estudi**ar** > estudi**ado**
(nosotros/-as)	hemos	-er > -ido: ten**er** > ten**ido**
(vosotros/-as)	habéis	-ir > -ido: viv**ir** > viv**ido**
(ellos/-as, ustedes)	han	

Esta semana he estudiado muy poco.
Hoy no hemos tenido clase.

Algunos participios irregulares

hacer - **hecho**   abrir - **abierto**
poner - **puesto**   decir - **dicho**
romper - **roto**   descubrir - **descubierto**
ver - **visto**   escribir - **escrito**
volver - **vuelto**   morir - **muerto**

Mi hermano ha vuelto esta mañana de Brasil.
¿Has puesto la fruta en la nevera?

3 Completa con el pretérito perfecto.

1. Nosotros este año no nos (ir) _____ de vacaciones porque queremos comprar un coche.
2. ¿Tú (hacer) _____ los deberes?
3. ¿Vosotros (escribir) _____ un poema alguna vez?
4. No (estar) _____ nunca en México, por eso queremos ir en verano.
5. A mis padres les gusta tanto París que este año (ir) _____ tres veces.
6. Hoy, en clase, el profesor de español (decir) _____ que tenemos que revisar los verbos irregulares.
7. Lucía (ver) _____ la última película de Javier Bardem y dice que es muy buena. ¿Vamos a verla?
8. ¿Sabe que el señor Jiménez, nuestro vecino, (morir) _____ esta mañana?

COMUNICACIÓN

Marcadores de tiempo no finalizado

Hoy
Últimamente

Este/-os/-a/-as + { mañana / semana / fin de semana / navidades / vacaciones / mes / año / siglo }

Hace + { un, dos… minuto(s) / una, dos… hora(s) / un rato }

Últimamente he tenido mucho trabajo.
Estas vacaciones han sido fantásticas

Alguna vez / Nunca

Con *alguna vez* o *nunca*, cuando se refieren a un acción que tiene relación con el presente, usamos pretérito perfecto.
  ¿Has estado **alguna vez** (en tu vida) en México?
  Yo **nunca** (hasta ahora) **he tocado** un instrumento.
Cuando se refieren a acciones puntuales en el pasado sin relación con el presente, usamos pretérito indefinido.
  ¿Picasso estuvo **alguna vez** (en su vida, Picasso está muerto) en Nueva York?
  En mi época de estudiante (ahora no soy estudiante) **nunca** suspendí un examen.

● AVANZAMOS

4 Completa cada imagen con dos experiencias tuyas: una tiene que ser verdad y la otra, mentira. Después, explícaselas a tu compañero: tiene que adivinar cuáles son mentira.

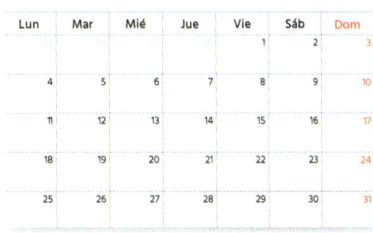
1 Este mes _____.

2 Esta semana _____.

3 Esta mañana _____.

4 Nunca _____.

- *Este mes he cocinado una cena para mis amigos y he ido a Madrid por trabajo.*
- *Creo que este mes no has ido a Madrid por trabajo.*
- *Pues es verdad. Este mes he ido a Madrid para visitar a un cliente.*
- *¡Entonces no has cocinado para unos amigos!*
- *Correcto. ¡No sé cocinar!*

5 ¿Cuáles de estas cosas has hecho, cuáles no, y cuáles te gustaría hacer? Coméntalo con tus compañeros.

1. Tirarse en paracaídas
2. Nadar con delfines
3. Hacer *puenting*
4. Ir en un crucero
5. Plantar un árbol
6. Participar en un concurso

Yo he ido dos veces en un crucero y he hecho puenting una vez. Nunca me he tirado en paracaídas. Nunca he nadado con delfines, pero me gustaría hacerlo, porque me parece una experiencia fantástica…

6 Fíjate en los diálogos y señala la opción correcta en cada caso.

— ¿<u>Ya</u> has visto la serie que te recomendé?
— No, <u>todavía no</u>, pero quiero verla este fin de semana.

— <u>Ya</u> he pagado el billete para el viaje de fin de curso. ¿Y tú?
— Yo no, <u>todavía no</u> he conseguido el dinero.

1 Usamos "ya" para referirnos a una acción que:
   a estaba pendiente y finalmente se ha realizado.
   b no se ha realizado, pero está previsto que se realice en un futuro.
2 Usamos "todavía no" para referirnos a una acción que:
   a estaba pendiente y finalmente se ha realizado.
   b no se ha realizado, pero está previsto que se realice en un futuro.

7 Elige la opción correcta.

1 ■ ¿Sabes qué ha pasado hoy en Brasil?
  ● No, **ya / todavía no** he leído las noticias.
2 ■ ¿Has visto alguna vez un partido de fútbol en directo?
  ● No, **ya / todavía no**, pero quiero hacerlo un día.
3 ■ ¿Quieres el periódico?
  ● No, gracias. **Ya / Todavía no** lo he leído.
4 ■ ¡Estamos de vacaciones!
  ● ¿**Ya / Todavía no** habéis terminado el curso?

8 Después de hacer las actividades 6 y 7, ¿has entendido el uso de *ya* y *todavía no*?

○ Sí, ya lo he entendido.   ○ No, todavía no lo he entendido.

9 Completa los diálogos con el pronombre de objeto directo correspondiente. Ten en cuenta la posición: en algún caso puede haber más de una opción correcta.

1 ■ ¿Quién hace hoy la paella?
  ● Carlos, ya _____ está preparando _____.
2 ■ ¿Sabes dónde están mis gafas?
  ● No, no _____ he visto _____.
3 ■ ¿Has hablado con tus padres?
  ● No, todavía no _____ he llamado _____.
4 ■ ¿Te has acordado de comprar el pan?
  ● No, pero no te preocupes, _____ voy a comprar _____ ahora.
5 ■ ¿Te ayudo con los deberes?
  ● No, gracias, ya _____ he terminado _____.

10 Fíjate en los siguientes textos y vuelve a escribirlos en tu cuaderno usando los pronombres adecuados de OD para evitar las repeticiones.

1 Hoy he ido de compras y he visto unos pantalones negros que me han gustado. Me he probado los pantalones y me han encantado, así que he comprado los pantalones.
2 ■ ¿Tienes el libro de español que te dejé?
  ● No, perdona, no tengo tu libro de español. El fin de semana fui a casa de mis padres y me dejé tu libro de español allí.
3 ■ ¿Qué le ha pasado a tu camisa favorita?
  ● Pues resulta que me manché la camisa en un restaurante y lavé la camisa en la lavadora. Después, sequé la camisa en la secadora, pero la mancha no se fue. Así que llevé la camisa a la tintorería y hoy he ido a recoger la camisa. Y ahora me he probado la camisa y veo que tiene la manga rota.

GRAMÁTICA

Pronombres de objeto directo (OD): *lo, la, los, las*

Sustituyen a una persona, objeto o lugar del que ya hemos hablado, para evitar repetirlo.

	masculino	femenino
singular	lo	la
plural	los	las

- ■ ¿Has guardado <u>la fruta</u> en la nevera?
- ● No, **la** he puesto encima de la mesa.

- ■ ¿Sabes dónde están <u>los estudiantes</u>?
- ● Sí, **los** he visto en la biblioteca, están preparando el examen.

Posición de los pronombres de objeto directo

- pronombre **OD** + verbo conjugado
  - ■ ¿Has preparado <u>la presentación</u> para mañana?
  - ● Sí, **la** he terminado ahora.
- pronombre **OD** + perífrasis verbal = perífrasis verbal + **OD***
  - ■ ¿Te gusta <u>el libro</u> que te regalé?
  - ● Sí, **lo** estoy leyendo y me encanta = Sí, estoy leyéndo**lo** y me encanta.
- con infinitivo
  - ■ ¿Qué hago con <u>los documentos</u> que me has enviado?
  - ● Son para imprimir**los**.

*Cuando el **OD** va después del verbo, se une a este formando una sola palabra

11 Pregunta a tu compañero si ha realizado estas actividades alguna vez.

- ¿Has cantado en público alguna vez?
- Sí, el año pasado canté en la boda de mi hermana. ¿Y tú?
- No, yo nunca, soy muy tímido.

		SÍ	NO
1	Cantar en público		
2	Perder el teléfono móvil		
3	Pilotar un avión		
4	Vivir en una isla		
5	Disfrazarse		
6	Escribir un libro		

		SÍ	NO
7	Organizar una fiesta en casa		
8	Casarse		
9	Hacer un safari		
10	Esquiar en los Alpes		
11	Viajar a algún país hispanoamericano		
12	Trabajar en un restaurante		

GRAMÁTICA

Contraste pretérito perfecto / pretérito indefinido

Pretérito perfecto*
- acción terminada
- tiempo no terminado

Marcadores de tiempo no terminado: *hoy, últimamente, este fin de semana, este año…*
Esta mañana **he desayunado** en el bar.
Hoy **he caminado** 10 km.

Sin marcador temporal: con el pretérito perfecto el hablante indica que la acción es muy reciente y está conectada con el presente.
Me **he comprado** unos pantalones negros.

*En el noroeste de España, las islas Canarias y la mayoría de países de Hispanoamérica, en el lenguaje oral, se utiliza el indefinido en lugar del pretérito perfecto.

Pretérito indefinido
- acción terminada
- tiempo terminado

Marcadores de tiempo terminado: *ayer, anoche, en 1999, hace dos años…*
Ayer **desayuné** en el bar.
La semana pasada **fui** a la playa todos los días.

Sin marcador temporal: con el pretérito indefinido el hablante indica que la acción se realizó en un tiempo pasado y no está conectada con el presente.
Me **manché** la blusa y la **llevé** a la tintorería.

12 Escucha los tres diálogos y completa.

1. • A las siete y cuarto, María no _____ todavía.
   • María se ha retrasado porque el metro _____ en Ramblas.
   • Mónica y Eva ya _____ las entradas.
2. • Toni no _____ nunca en Japón.
   • Virginia estuvo dos veces el año pasado: en _____ y en _____.
3. • Últimamente Alberto _____ y está cansadísimo.

13 Comenta con un compañero cuándo hiciste las siguientes actividades por última vez.

1. ir al cine
2. comprar algo de ropa
3. hacer deporte
4. hacer los deberes
5. comer fruta
6. tener un examen
7. preparar una cena para los amigos
8. ir a la playa
9. salir por la noche
10. ver una obra de teatro

- Este fin de semana he ido al cine con mi amiga Lucy.
- ¿Y qué película habéis visto?
- Una de terror, muy buena…
- Pues yo creo que la última vez que fui al cine fue hace dos años.

14 Por grupos, vais a hacer una competición. Tenéis que encontrar las tres experiencias que corresponden a cada personaje (podéis consultar internet) y escribirlas utilizando el pretérito indefinido o el perfecto, según corresponda. Gana el equipo con más aciertos. El profesor tiene la solución.

A Gabriel García Márquez

1 (Aparecer) _____ en una película del director Pedro Almodóvar.
2 (Casarse) _____ con el pintor Diego Rivera.
3 (Ganar) _____ Premio Nobel de Literatura en 1982.
4 (Salir) _____ en la portada de varias revistas: *Vogue, Rolling Stone, People…*
5 (Crear) _____ una fundación para el deporte y la educación en la India.
6 (Ser) _____ amigo de Fidel Castro.
7 (Pintar) _____ 55 autorretratos.
8 (Vivir) _____ en Suiza cuatro años.
9 (Colaborar) _____ con el cantante colombiano J. Balvin.
10 (Recibir) _____ el premio Príncipe de Asturias de los deportes.
11 (Abandonar) _____ los estudios de medicina después de un grave accidente de autobús.
12 (Participar) _____ en el videoclip de *Gypsy* de Shakira.

B Rosalía

C Rafa Nadal

D Frida Kahlo

15 Piensa en dos cosas positivas y negativas que te han pasado este año y coméntalas con tus compañeros.

- ■ *Este año he estado en Japón de vacaciones con dos amigos.*
- ● *¿Sí? Es un país muy bonito, ¿verdad?*
- ■ *Sí, es fantástico. ¿Y a ti qué te ha pasado este año?*
- ● *Pues… me he ido a vivir con mi novia: hemos alquilado un piso juntos. Y una cosa negativa es que me han robado el móvil dos veces…*

●AMPLIAMOS

16 Tienes un minuto para leer una de las dos historias que se incluyen en este texto y contársela a tu compañero.

HISTORIAS DE NIÑOS QUE HABLAN ESPAÑOL

ALEJANDRO MENDOZA MOLINA
Dos años

Los papás de Alejandro son mexicanos, pero él no ha estado todavía en México. Alejandro ha nacido en España porque su papá trabaja en Palma de Mallorca para una compañía aérea española, desde hace cinco años. Los papás de Alejandro han ido tres veces a México este año pero él no los ha acompañado porque han sido viajes muy cortos.
Las próximas navidades va a viajar a México por primera vez y va a conocer a sus abuelitos.

MARINA TORRES ALONSO
Seis años

Marina vive en Valencia desde hace dos años.
Su padre trabaja en la construcción y su madre en un supermercado, de cajera. Son ecuatorianos.
Marina ha perdido el acento de su país: "habla con la tonada* de España, más brusca que la nuestra" —dice su madre—. Su padre añade: "Esta tarde, cuando oyó auto, me corrigió y dijo: 'No se dice auto, papá, se dice coche'".

Tonada = *acento

17 ¿Sabes qué significan estas palabras que aparecen en los textos anteriores? ¿Cómo se dicen en tu lengua? Coméntalo con tus compañeros.

compañía aérea   cajera   el acento

En polaco, "compañía aérea" se traduce como "przedsiębiorstwo lotnicze"; y se dice en plural, no en singular. Pero normalmente usamos "linie lotnicze", que significa "líneas aéreas"…

18 ¿Conoces alguna historia similar? Intenta resumirla en uno o dos párrafos y, después, cuéntasela a tus compañeros.

Autoevaluación

1. Nosotros este año _____ de vacaciones a México, a la Riviera Maya. ¡Es increíble!
   a han ido
   b hemos ido
   c habéis ido

2. Quique y María no _____ a clase esta semana, porque tienen mucho trabajo.
   a ha ido
   b hemos ido
   c han ido

3. ■ ¿Dónde están mis chanclas?
   ● Las _____ en el armario.
   a he puesto
   b he vuelto
   c he hecho

4. Marcos _____ de vacaciones muy relajado.
   a ha visto
   b ha dicho
   c ha vuelto

5. _____ los pantalones vaqueros para estar a la moda y mi madre se ha enfadado conmigo.
   a He roto
   b He muerto
   c He abierto

6. ■ ¿Ya te has comprado el coche?
   ● No, _____ me han dado el crédito en el banco.
   a ya
   b todavía no
   c a y b

7. ■ ¿Enrique vive con sus padres?
   ● No, _____ al piso nuevo.
   a todavía no vive
   b ya vive
   c ya se ha ido a vivir

8. Iván _____ a Sara esta mañana para pedirle perdón.
   a llamó
   b han llamado
   c ha llamado

9. Hace un mes _____ en Madrid por una reunión.
   a estuve   b he estado   c fui

10. Raquel _____ anoche tarde y esta mañana no _____ el despertador.
    a se ha acostado / oyó
    b se acostó / oyó
    c se acostó / ha oído

11. Paco _____ mucho trabajo últimamente y está muy cansado, por eso anoche no _____ a la fiesta de Lourdes.
    a tuvo / ha ido
    b ha tenido / ha ido
    c ha tenido / fue

12. ■ ¿Dónde está mi maleta?
    ● _____ en la habitación.
    a La he puesto
    b Lo he puesto
    c Las he puesto

13. ■ ¿Ya tienes las maletas preparadas?
    ● No, _____ ahora.
    a las estoy haciendo
    b estoy haciéndolas
    c a y b

14. ■ ¿Dónde están los libros de García Márquez?
    ● _____ he puesto en la estantería del salón.
    a Lo   b Las   c Los

15. ■ ¿Por qué has comprado las flores?
    ● _____ para Esteban.
    a He comprado
    b Las he comprado
    c He comprado las

16. ■ ¿Ya tienes 40 años?
    ● No, _____ cumplo en septiembre.
    a me   b los   c lo

17. Necesito el informe ahora para _____ a las oficinas centrales.
    a enviar lo
    b enviar
    c enviarlo

18. ■ ¿Has encontrado el cuaderno de español?
    ● No, todavía no, _____.
    a estoy buscándolo
    b has buscado
    c busqué

19. ■ ¿Te gustan la camisa y la falda negras?
    ● Sí, pero me _____ he probado y son pequeñas para mí.
    a la   b las   c les

20. ■ ¿Sabes dónde están mis gafas?
    ● _____ tiene tu padre, _____.
    a Las / está limpiándola
    b La / la está limpiando
    c Las / las está limpiando

12 Tienes que cuidarte

● EMPEZAMOS

1 Escucha la conversación entre Susana y un amigo y señala si las afirmaciones son verdaderas (V) o falsas (F).

1. ◯ Susana se encuentra mal.
2. ◯ Tiene siempre mucha energía.
3. ◯ Trabaja mucho.
4. ◯ Su amigo le aconseja ir al médico.

2 Susana decide pedir cita con su médico. Escucha el diálogo telefónico y completa la frase.

1. Susana tiene cita con el doctor Zamorano en la Clínica del Mar el próximo _____.
2. La cita es a las _____.

3 Susana visita a su médico. Escucha la conversación y responde a las preguntas.

1. ¿Qué le ocurre a Susana últimamente?
2. ¿Qué le aconseja el doctor?
3. ¿Por qué le van a hacer un análisis de sangre?

GRAMÁTICA

Verbo *doler*

Para expresar el dolor, usamos el verbo ***doler***.

(a mí)	me	
(a ti)	te	**duele** el cuello
(a él, ella, usted)	le	singular
(a nosotros/-as)	nos	**duelen** las piernas
(a vosotros/-as)	os	plural
(a ellos/-as, ustedes)	les	

Este verbo se usa igual que ***gustar***.

4 Vuelve a escuchar la conversación de Susana con su médico. ¿Qué tratamiento utiliza el médico: *tú* o *usted*? Elige la opción correcta y coméntalo con tu compañero.

1. ¿Qué le ocurre? / ¿Qué te ocurre?
2. ¿Tienes mucho estrés? / ¿Tiene mucho estrés?
3. Te vamos a hacer un análisis. / Le vamos a hacer un análisis.

5 Observa los nombres de las partes del cuerpo y escribe el número que le corresponde a cada parte.

◯ la cabeza
◯ el brazo
◯ el hombro
◯ el codo
◯ la mano
◯ el dedo
◯ la tripa
◯ la pierna
◯ la rodilla
◯ el tobillo
◯ el pie
◯ la espalda

◯ la frente
◯ la oreja
◯ el ojo
◯ la nariz
◯ la boca
◯ el diente
◯ el cuello

6 Ordena el diálogo entre Susana y el médico.

a ○ ¿Tiene usted mucho estrés?
b ○ Buenos días. ¿Qué le ocurre?
c ○ Hay que tomarse las cosas con calma. El estrés es muy perjudicial para la salud. Tiene que trabajar menos y estar más tranquila.
d ○ No sé qué tengo..., pero siempre estoy agotada y a menudo tengo dolor de espalda, dolor de cabeza... Me duele todo.
e ○ Bueno..., últimamente sí.
f ○ Sí, sí, lo sé...
g ○ De acuerdo. Muchas gracias, doctor.
h ○ Le vamos a hacer un análisis de sangre. Puede tener un poco de anemia.

COMUNICACIÓN

Preguntar por el estado físico y la salud

formal	informal
¿Qué le pasa?	¿Qué te pasa?
¿Qué le ocurre?	¿Qué te ocurre?
¿Cómo se encuentra?	¿Cómo te encuentras?
¿Se encuentra bien / mal?	¿Te encuentras bien / mal?

Hablar de síntomas

- Me duelen los pies.
- Tengo dolor de espalda.
- Estoy estresado/-a.
- Tengo frío.

Voy a pedir cita con el médico porque <u>me duelen los oídos</u>.
<u>Tengo dolor de cabeza</u>, voy a descansar un poco.
No sé qué me pasa, <u>estoy cansado</u> y <u>tengo frío</u>.

7 Relaciona las siguientes expresiones. Puede haber más de una opción.

1 encontrarse	a cita
2 ir	b un análisis
3 doler	c bien
4 tener	d la cabeza
5 estar	e cansada
6 hacer	f cara
7 pedir	g al médico
8 tener mala	h estrés

8 En parejas, vais a clasificar las partes del cuerpo y los síntomas en la tabla, podéis consultar el diccionario.

<s>cabeza</s> el pie anemia el brazo oídos espalda agujetas toser mala cara marearse la mano estrés mareado/-a fiebre las muelas estornudar nauseas tos estómago diarrea mocos cansado/-a los pies estresado/-a la cabeza los oídos la nariz congestionada

Tengo...	Tengo dolor de...	Me duele...	Me duelen...	Estoy...	Verbos de síntomas
	cabeza				

Tienes que cuidarte

●AVANZAMOS

9 Escucha estos diálogos y señala a qué médico especialista ha acudido cada paciente.

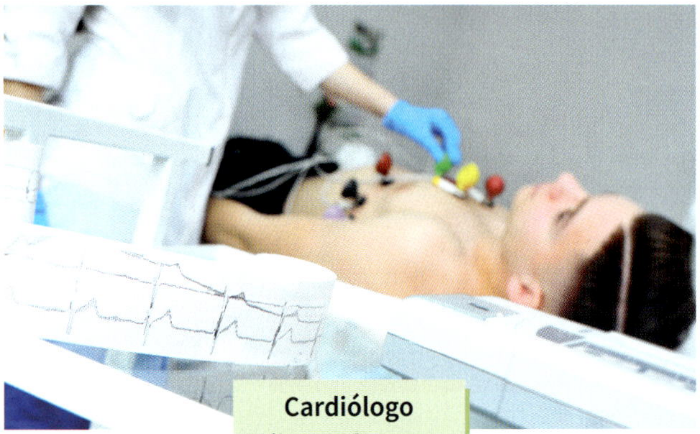

Cardiólogo
Diálogo n.º _____

Otorrinolaringólogo
Diálogo n.º _____

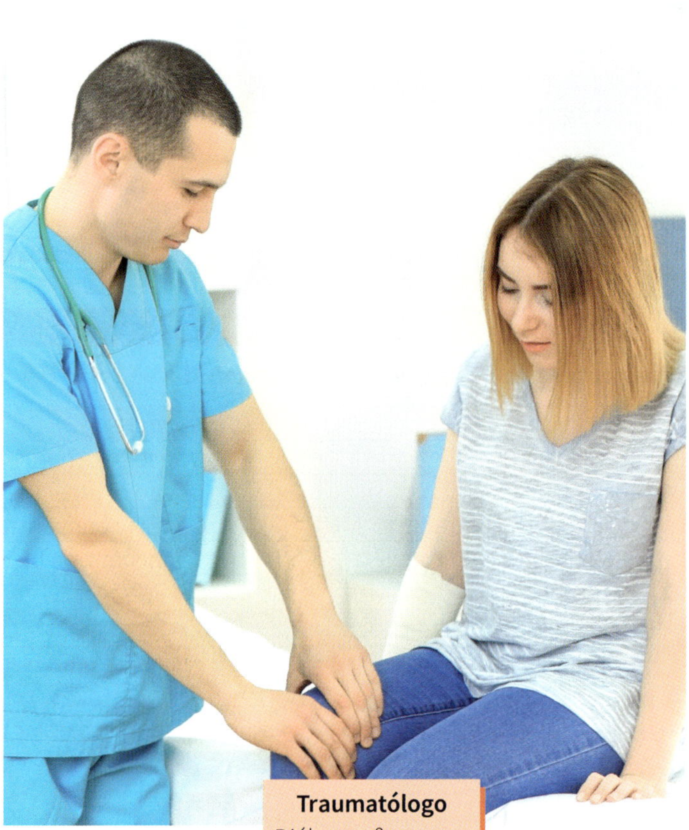

Traumatólogo
Diálogo n.º _____

10 Imagina que tienes que reaccionar en los siguientes casos. Justifícate como en el modelo.

1 ¿No puedes llegar antes de las nueve?
2 Tienes mala cara.
3 ¿Por qué no haces ejercicio dos o tres veces por semana?
4 No hay que tener estrés por los exámenes.

- ¿Por qué no comes más pescado?
- Es que no me gusta.

COMUNICACIÓN

Justificarse

- ¿Y por qué no vas al médico?
- **Es que** no tengo tiempo.

COMUNICACIÓN

Expresar obligación, dar consejos y sugerencias

- **De forma personal.** Dirigido a una persona concreta.

  Tener que / **Deber** + infinitivo

  Tiene que hacer deporte todos los días.
  Tienes fiebre, **debes llamar** al médico.

- **De forma impersonal.** Dirigido a todas las personas.
  Hay que + infinitivo

  Para una vida sana **hay que dormir** entre 7 y 8 horas al día.
  Hay que cuidar la alimentación y no tomar azúcar.

11 Un médico puede aconsejar diferentes remedios. Relaciona las imágenes con las siguientes expresiones.

○ hacer ejercicio
○ ponerse una crema
○ tomar unas pastillas
○ dormir mucho
○ dejar de tomar café
○ hacer una dieta
○ beber mucha agua
○ hacerse unos análisis

12 En parejas. Imaginad que estáis en la consulta del médico y preparad la situación.

EL PACIENTE

Piensa en la enfermedad por la que vas a la consulta:
- síntomas
- tus hábitos
- duración
- …

EL MÉDICO

Busca el remedio y las recomendaciones:
- medicaciones
- consultas
- pruebas médicas
- …

13 Julia tiene problemas de estrés. Lee cómo es su día a día. ¿Qué hábitos crees que tiene que mantener y cuáles tiene que cambiar? Coméntalo con tu compañero.

- Vive sola
- Se acuesta entre la 1:00 y las 2:00 de la mañana y se levanta a las 6:30.
- Desayuna de pie, un café, mientras ve las redes sociales.
- Come en la oficina, delante del ordenador.
- Cena delante de la televisión.
- Come cinco o seis piezas de fruta al día. Le encanta la pasta, la carne y el chocolate.
- Los jueves, después del trabajo, queda con sus amigos para tomar unas copas.
- Los fines de semana limpia la casa, hace la compra y por la tarde le gusta estirarse en el sofá para ver la televisión, navegar en internet y descansar.

■ *Yo creo que Julia tiene que adoptar un perro, para no vivir sola. No es bueno vivir solo.*
● *¿Por qué? Yo vivo solo y estoy muy bien, no tengo problemas de salud. Yo creo que Julia debe acostarse antes, porque duerme pocas horas y tiene que dormir más…*

14 ¿Eres una persona con estrés? Explica a tu compañero cómo es tu día a día: él te va a dar consejos sobre los hábitos que cree que tienes que hacer y los que tienes que cambiar.

■ *Pues normalmente duermo entre ocho y nueve horas. Los fines de semana duermo más.*
● *Hmmm…, creo que duermes muchas horas. ¿A qué hora te acuestas?*
■ *A las diez o diez y media, y me levanto a las ocho…*
● *No debes dormir más de ocho horas. Si te levantas a las ocho, tienes que acostarte a las doce…*

Tienes que cuidarte

15 Lee el siguiente artículo sobre el optimismo y la salud y responde a las preguntas. Después comenta con tu compañero si estás de acuerdo con el artículo y qué otras cosas crees que nos ayudan a ser más felices.

El optimismo es salud

Muchos médicos coinciden en que las personas optimistas, las que tienen una actitud positiva ante la vida, tienen menos riesgo de sufrir enfermedades como la depresión, el insomnio y trastornos alimentarios como la anorexia o la bulimia. El optimismo refuerza el sistema inmunológico, por eso las personas que son más felices tienen menos posibilidades de tener enfermedades.

Pero la felicidad no es algo que aparece sin más; es necesario "trabajarla", hacer cosas que la aumenten. Por ejemplo, hacer deporte de forma regular aumenta la producción de serotonina y oxitocina, las hormonas de la felicidad. También es muy importante rodearse de lo que la psiquiatra Marián Rojas Estapé llama "personas vitamina": "Una persona vitamina es la que disfruta de tus cosas buenas incluso más que tú". Así la describe esta doctora en su libro *Encuentra tu persona vitamina*. Son personas optimistas que saben encontrar el lado bueno de las cosas, tienen sentido del humor, son empáticas y saben escuchar con atención cuando comparten su tiempo con otra persona. Estar cerca de personas vitamina mejora el estado de ánimo y la salud.

1 ¿Qué parte del cuerpo se fortalece con el optimismo?
2 ¿Qué relación hay entre la felicidad y el deporte?
3 ¿Cuáles son las cuatro características de una "persona vitamina"?

●AMPLIAMOS

16 Lee estos dichos populares sobre la salud. ¿Qué significan? ¿Hay alguno similar en tu lengua?

> Con la salud no se juega

> La salud es un tesoro que vale más que el oro

> Tres cosas hay en la vida: salud, dinero y amor

17 ¿Te gustan los chistes? Lee los siguientes chistes sobre médicos y señala a cuál de ellos corresponden las informaciones del cuadro.

A
- ■ ¡Hombre, Pedro! ¿Qué tal?
- ● Pues ahora vengo del médico.
- ■ ¿Y qué te ha dicho?
- ● Dice que no puedo jugar al fútbol.
- ■ ¿Por qué? ¿Estás enfermo?
- ● No, es que dice que juego muy mal.

B
- ■ ¿Qué tal fue la operación de oído?
- ● Sí.

C
- ■ Doctor, hace dos semanas que no como, no duermo y no bebo agua. ¿Qué creo que tengo?
- ● Pues usted tiene hambre, sueño y sed.

D
- ■ Doctor, hace unos días que me duele mucho esta pierna.
- ● Eso es normal a su edad…
- ■ Ah, pues la otra pierna tiene la misma edad y no me duele.

E
- ■ Doctor, creo que tengo amnesia. Cuando alguien me dice algo, al minuto se me olvida.
- ● ¿Desde cuándo tiene ese problema?
- ■ ¿Qué problema?

INFORMACIONES
1 ○ Es sordo.
2 ○ Tiene problemas de memoria.
3 ○ No es un buen jugador de fútbol.
4 ○ No le ocurre nada.
5 ○ Tiene un problema con una parte de su cuerpo.

18 ¿Te gusta contar chistes? Traduce tu chiste favorito al español y cuéntaselo a tus compañeros.

Autoevaluación

1 Voy a ir al médico porque _____ espalda y no puedo estar mucho tiempo de pie.
   a tengo dolor de
   b duele
   c me duele

2 ■ ¿Tienes _____?
   ● Sí, 38,5°.
   a tos
   b fiebre
   c dolor

3 Ramón tiene _____ y fiebre; el médico le ha dicho que es gripe.
   a tos
   b mareado
   c estrés

4 Hoy he hecho una excursión por la montaña y ahora _____ los pies.
   a tengo dolor de
   b me duelen
   c doler

5 Mi prima Laura trabaja mucho y _____ mucho estrés.
   a está
   b hay
   c tiene

6 Para poder ver bien necesitas abrir _____.
   a los oídos
   b los ojos
   c los pies

7 Los futbolistas tocan el balón con _____.
   a la nariz
   b la rodilla
   c los pies

8 No oigo bien porque me duelen _____.
   a los codos
   b los oídos
   c los dedos

9 ■ ¿Qué le pasa, señora?
   ● Pues que me duele _____ y tengo diarrea.
   a el estómago
   b el brazo
   c el tobillo

10 No sé qué me pasa, no _____, estoy mareada.
   a me encuentro bien
   b me encuentro mal
   c estoy mal

11 Últimamente tengo mucho trabajo y duermo poco, estoy muy _____.
   a mareada
   b estresada
   c resfriada

12 ¿Tienes un pañuelo? Es que tengo la nariz congestionada y tengo muchos _____.
   a anemias
   b mareos
   c mocos

13 No puedo caminar, _____.
   a me duele la cara
   b tengo los pies
   c estoy muy cansada

14 ■ Buenos días. _____
   ● No lo sé, doctor, me duele la espalda, la cabeza y estoy cansada.
   a ¿Qué ocurre?
   b ¿Qué te pasa?
   c ¿Qué le ocurre?

15 El médico me ha hecho un análisis para saber si tengo _____.
   a tos
   b anemia
   c nauseas

16 ■ Tienes _____, ¿te encuentras bien?
   ● No, me duele mucho la cabeza.
   a mala cara
   b cara mala
   c mal la cara

17 _____ acostarse todos los días a la misma hora para evitar el insomnio.
   a Tienes que
   b Hay que
   c Debes

18 Si te encuentras mal, _____ pedir cita con el médico.
   a hay que
   b tienes
   c debes

19 Tú y Miguel _____ ir a la farmacia a comprar estos medicamentos.
   a tenéis que
   b hay que
   c debemos

20 ■ ¿Qué te pasa? ¿Por qué no comes?
   ● _____ me duele el estómago.
   a Es que
   b Estoy que
   c Me encuentro que

Repaso

● ESCUCHAR

1 Clara explica el peor viaje de su vida. Escucha la conversación y contesta a las preguntas.

1 ¿En qué lugares de México ha estado Clara?
- Zacatecas
- Querétaro
- Mérida
- Cancún
- Monterrey
- Guadalajara
- Morelia
- Puebla
- Veracruz

2 ¿Por qué perdió el vuelo a Cancún?
   a El avión llegó con retraso a Ciudad de México.
   b Tuvo que esperar tres horas para el control de pasaportes.
   c Clara se perdió en el aeropuerto.

3 ¿Qué problema tuvo en Cancún?
   a No pudo llegar.
   b Llegó tres horas tarde.
   c Su maleta llegó una semana después.

2 ¿Cómo crees que continuó el viaje de Clara? Escribe el final de la historia.

3 Escucha y comprueba cómo terminó el viaje de Clara a México. ¿Coincide con tu final? Coméntalo con tu compañero.

El final es similar al mío. Pero yo he escrito que Clara tuvo que ir al hospital…

● HABLAR

4 Lee el texto sobre los colores y la personalidad. ¿Estás de acuerdo? Coméntalo con tus compañeros.

LOS COLORES TE DEFINEN

Según algunos estudios de psicología, parece haber una relación entre nuestro carácter y los colores que elegimos. El blanco, por ejemplo, lo prefieren las personas independientes y organizadas. Los optimistas, divertidos y un poco celosos, prefieren el amarillo. El naranja lo suelen elegir las personas extrovertidas y sociables, mientras que de rojo se viste una personalidad segura, que prefiere actuar antes que pensar. El rosa refleja un carácter dulce y delicado y el violeta es para las personas perfeccionistas y con instinto humanitario. Los simpáticos y sinceros se sienten atraídos por el azul. El verde predomina en las personas leales y tranquilas. El marrón, aunque es un color poco seleccionado, parece relacionarse con los que saben ser buenos amigos. El gris es el favorito de la gente tranquila y de confianza. Y, el negro, el color de la elegancia, parece que lo eligen las personas controladoras, con intuición artística.

- *Yo no estoy de acuerdo, porque a mí me gusta el verde, pero no soy tranquila, soy muy nerviosa. Y soy extrovertida, pero no me gusta el naranja…*
- *Pues a mí me encanta el blanco y soy independiente y organizada; también me gusta el negro…*

5 Vais a trabajar en parejas: cada uno tiene que desarrollar su papel.

Argentina

Colombia

Alumno A

* Tu compañero quiere viajar a Argentina. Busca, en internet, información sobre el clima para dársela a tu compañero.
  En el norte…
  La mejor época para viajar es…
  La temperatura en verano es…
  …

* Quieres viajar a Colombia y tu compañero tiene información sobre el clima. Prepara las preguntas para formulárselas.
  ¿Cómo es el clima de Colombia?
  ¿Qué tiempo hace en el norte?
  …

Alumno B

* Tu compañero quiere viajar a Colombia. Busca, en internet, información sobre el clima para dársela a tu compañero.
  En el norte…
  La mejor época para viajar es…
  La temperatura en verano es…
  …

* Quieres viajar a Argentina y tu compañero tiene información sobre el clima. Prepara las preguntas para formulárselas.
  ¿Cómo es el clima de Argentina?
  ¿Qué tiempo hace en el norte?
  …

6 Medicina tradicional frente a medicina alternativa. ¿Cuál es la mejor? Vamos a hacer un debate toda la clase. Pero antes tenéis que leer las afirmaciones y decidir si estáis de acuerdo o no, y si queréis añadir más afirmaciones.

MEDICINA TRADICIONAL O CONVENCIONAL
- La solución para las enfermedades son siempre los medicamentos.
- No tratan la relación entre el cuerpo y la mente (los pensamientos, las emociones…).
- Se basa en la ciencia y las investigaciones científicas.
…

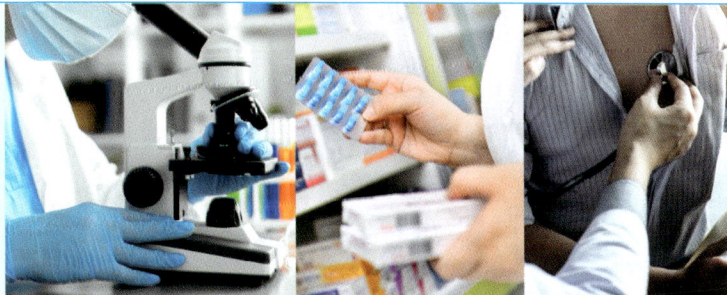

MEDICINA ALTERNATIVA (HOMEOPATÍA, MEDICINA CHINA…)
- Con las enfermedades importantes no funciona.
- No tiene efectos secundarios.
- Sus remedios son placebos.
…

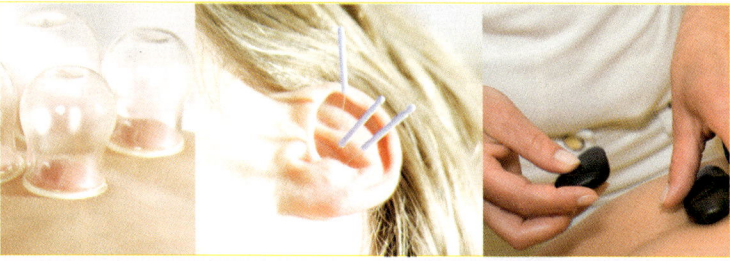

● LEER

7 Lee el texto, contesta a las preguntas y coméntalas con tu compañero.

LA MODA RÁPIDA CONTAMINA EL PLANETA

La *fast fashion* o moda rápida tiene un impacto muy negativo en el medioambiente. La industria de la moda es la segunda industria más contaminante del mundo, después de la industria del petróleo. Además, para ahorrar dinero y tener más beneficios, las grandes cadenas de moda tienen sus fábricas en países donde los costes son más baratos, con salarios más bajos y peores condiciones de trabajo. Esto implica también que la ropa tiene que viajar miles de kilómetros hasta llegar a los consumidores.

Esta industria es también el segundo consumidor más grande de agua en el mundo. Mucha gente no es consciente de que se necesitan casi 2700 litros de agua para producir una camisa de algodón, que una familia occidental tira cerca de 30 kilos de ropa al año, y que cada segundo, se quema o se tira un camión de ropa en el planeta.

Existen algunas medidas que pueden ayudar a limitar el impacto ambiental de la moda:
- Comprar menos ropa y de más calidad, y evitar las grandes cadenas de ropa que cambian tendencias cada semana como una estrategia de *marketing* para provocar la necesidad de consumir más.
- Reciclar la ropa que ya no usamos.
- Elegir tiendas de ropa de segunda mano, que cada vez tienen más aceptación entre los que buscan un precio más económico.
- Usar materiales con un consumo de agua bajo, como el lino y las fibras recicladas.
- Elegir ropa fabricada en países con una legislación más estricta para los fabricantes, como la UE, EE. UU., Canadá…

Pero, sin duda, la medida más urgente es crear la conciencia en la gente de la necesidad de frenar el impacto negativo que tiene para el planeta la moda rápida.

1. ¿Cuáles son las informaciones del texto que más te han sorprendido?
2. Ordena de más a menos importante, según tu opinión, las soluciones que aparecen en el texto para frenar el impacto de la moda rápida en el medioambiente.
3. ¿Qué otras medidas crees que pueden ser buenas?

A mí lo que más me ha sorprendido son los 2700 litros de agua que se necesitan para fabricar una camisa de algodón…

● ESCRIBIR

8 Imagina que has estado de vacaciones y estas son las fotos del viaje. Escribe un diario de cómo han sido estas vacaciones. Debes hablar de:

- dónde has estado
- con quién has ido
- cosas que has hecho
- cosas que has comido
- lo que más te ha gustado y lo que menos

Fecha: _____
Ya se han terminado las vacaciones y estoy de vuelta en casa. Ha sido un viaje increíble…

¿QUÉ SABES HACER?

Señala todas las actividades que ya sabes hacer. Si no recuerdas alguna, vuelve a la unidad de referencia y repásala.

COMPRENSIÓN ESCRITA

¿Qué puedes comprender cuando lees?

- ○ Comprendo textos cortos y sencillos en un blog (Unidad 9).
- ○ Soy capaz de comprender la información e interpretar los símbolos de un mapa del tiempo (Unidad 10).
- ○ Puedo identificar el titular de una noticia de periódico y el formato de un anuncio (Unidad 11).
- ○ Soy capaz de leer un texto sencillo y contárselo a mi compañero (Unidad 11).
- ○ Puedo entender chistes en español (Unidad 12).

COMPRENSIÓN AUDITIVA

¿Qué puedes entender?

- ○ Entiendo conversaciones sencillas sobre viajes (Unidad 9).
- ○ Comprendo diálogos breves sobre reclamaciones en un aeropuerto (Unidad 10).
- ○ Entiendo información concreta de unas conversaciones (Unidad 11).
- ○ Identifico en diálogos breves términos relacionados con la salud y las enfermedades (Unidad 12).

EXPRESIÓN ORAL

¿Qué puedes expresar?

- ○ Soy capaz de expresar nociones básicas sobre movimiento y dirección (Unidad 9).
- ○ Puedo hablar de manera básica sobre el tiempo (Unidad 10).
- ○ Soy capaz de describir la ropa (Unidad 10).
- ○ Puedo referirme de manera sencilla a acciones pasadas recientes o a lo que he hecho hoy (Unidad 11).
- ○ Puedo expresar el contraste entre lo que hice ayer y lo que he hecho hoy (Unidad 11).
- ○ Soy capaz de expresar obligación, dar un consejo o sugerir algo sobre un tema sencillo, por ejemplo, relacionado con la salud (Unidad 12).
- ○ Puedo expresar cómo me encuentro y decir qué me duele de manera sencilla (Unidad 12).

INTERACCIÓN ORAL

¿Cómo puedes interactuar con los demás?

- ○ Puedo preguntar a otro sobre cosas que hizo en el pasado (Unidad 9).
- ○ Soy capaz de pedir y dar información sobre el tiempo que hace en un lugar (Unidad 10).
- ○ Puedo preguntar de manera básica por prendas de ropa (Unidad 10).
- ○ Soy capaz de expresar y preguntar por lo que ha hecho otra persona (Unidad 11).
- ○ Puedo decir cómo estoy e interesarme y preguntar por la salud de otros (Unidad 12).

EXPRESIÓN ESCRITA

¿Qué puedes escribir?

- ○ Puedo escribir un texto breve para contar algo sobre un viaje (Unidad 9).
- ○ Puedo describir el clima de mi región (Unidad 10).
- ○ Soy capaz de resumir en uno o dos párrafos la vida de alguien (Unidad 11).
- ○ Soy capaz de traducir un chiste al español (Unidad 12).

Soy capaz de utilizar y comprender vocabulario sobre los siguientes temas:

- ○ Viajes y dirección (Unidad 9).
- ○ Colores (Unidad 10).
- ○ Prendas de ropa (Unidad 10).
- ○ Tiempo atmosférico y clima (Unidad 10).
- ○ Actividades a lo largo de la vida (Unidad 11).
- ○ Anuncios publicitarios (Unidad 11).
- ○ Partes del cuerpo (Unidad 12).
- ○ Enfermedades y médicos (Unidad 12).
- ○ Expresiones relacionadas con la salud (Unidad 12).

13
Antes todo era diferente

● EMPEZAMOS

1 Lee el texto y relaciona los dibujos con los párrafos A, B, C y D.

El antes y ahora de Manuel y Sonia

Manuel y Sonia son una pareja de españoles que ahora viven en Bruselas, la capital de Bélgica. No tienen hijos y los dos trabajan fuera de casa. Siempre están muy ocupados, sobre todo Sonia, y con poco tiempo libre. Pero antes su vida no era así, todo era diferente.

A Ahora pasan poco tiempo juntos. Sonia está todo el día fuera de casa y tiene que viajar mucho por motivos de trabajo, por eso, suele estar muy cansada. Ya no viven al lado del mar y echan de menos salir a navegar los fines de semana.

B Antes vivían en España, en un pueblo de la costa mediterránea llamado Nerja. Manuel daba clases de español para extranjeros en una academia y Sonia estudiaba Secretariado Internacional y, durante los veranos, trabajaba de camarera en un bar de la playa.

C Ahora viven en Bruselas. Manuel todavía da clases de español, en el Instituto Cervantes; a veces, también hace traducciones para una editorial. Sonia aprobó un examen para la Unión Europea y trabaja como secretaria de un eurodiputado español.

D Antes tenían más tiempo libre. Manuel iba al gimnasio tres días por semana, era muy deportista. Los dos leían mucho y salían con sus amigos. Casi todos los fines de semana hacían excursiones y salían a navegar al mar.

① ○

② ○

③ ○

④ ○

2 Lee de nuevo el texto y responde a las preguntas en tu cuaderno.

1 ¿Dónde viven Manuel y Sonia?
2 ¿Dónde vivían antes?
3 ¿A qué se dedica Manuel ahora?
4 ¿Qué hacía Sonia antes?
5 ¿Cómo era la vida de Manuel antes?
6 ¿Cómo es la vida de Sonia ahora?

3 En el texto de la actividad 1 aparece un nuevo tiempo verbal: el pretérito imperfecto. Relaciona los verbos que aparecen en pretérito imperfecto con su correspondiente infinitivo.

1 ser — era
2 vivir
3 dar
4 estudiar
5 trabajar
6 tener
7 ir
8 leer
9 salir
10 hacer

4 Fíjate en los ejemplos del uso de *ya no* y *todavía*. Vuelve a leer el texto y señala otras cosas que todavía hacen o ya no hacen Manuel y Sonia.

ANTES	AHORA
Manuel y Sonia vivían al lado del mar, pero…	ya no viven junto al mar.
Manuel enseñaba español y…	todavía da clases de español.

●AVANZAMOS

5 Completa el texto con los verbos en imperfecto. Después, comenta con tus compañeros cómo era la vida en tu país en los años 70.

Ser joven en los años 70

En los 70 la actividad de ocio más popular entre los jóvenes (1) (ser) _____ ir a la discoteca para bailar al son de la música de Abba, Bee Gees o Queen. Los chicos (2) (llevar) _____ el pelo largo y pantalones de campana y las chicas que (3) (querer) _____ ir a la moda (4) (ponerse) _____ faldas cortas y botas altas. Los colores que (5) (estar) _____ de moda (6) (ser) _____ los tonos fuertes como el fucsia, el naranja o el verde limón. Una familia (7) (componerse) _____ de muchos hijos, como mínimo tres, y los hermanos mayores (8) (soler) _____ cuidar de sus hermanos pequeños.

6 Haz en tu cuaderno una lista de cosas que hacías habitualmente el año pasado y después escribe si todavía las haces o ya no.

El año pasado jugaba al tenis, ahora ya no tengo tiempo / ahora todavía juego al tenis.

GRAMÁTICA

Pretérito imperfecto de indicativo

Verbos regulares

	estudiar (-ar)	tener (-er)	vivir (-ir)
(yo)	estudi**aba**	ten**ía**	viv**ía**
(tú)	estudi**abas**	ten**ías**	viv**ías**
(él, ella, usted)	estudi**aba**	ten**ía**	viv**ía**
(nosotros/-as)	estudi**ábamos**	ten**íamos**	viv**íamos**
(vosotros/-as)	estudi**abais**	ten**íais**	viv**íais**
(ellos/-as, ustedes)	estudi**aban**	ten**ían**	viv**ían**

Verbos irregulares*

ser	ver	ir
era	veía	iba
eras	veías	ibas
era	veía	iba
éramos	veíamos	íbamos
erais	veíais	ibais
eran	veían	iban

*Solo estos tres verbos son irregulares en pretérito imperfecto.

USOS

Usamos el pretérito imperfecto para:
- Comparar el pasado con el presente:
  *Antes **vivían** en España, pero ahora viven en Bruselas.*
  *Cuando era niña, **no me gustaba** el pescado, pero ahora me encanta.*
- Hablar de acciones habituales en el pasado. En muchas ocasiones con expresiones temporales como:
  a menudo, habitualmente, todos los fines de semana, normalmente, siempre…:
  *Casi todos los fines de semana, Manuel y Sonia **salían** con sus amigos y **navegaban** en su barco.*
  - **solía** + infinitivo:
  *Cuando vivía en Madrid, los domingos **solía ir** al Rastro.*
  *En la universidad, **solíamos hacer** fiestas todos los fines de semana.*
- Hacer descripciones en el pasado:
  *Cuando **era** joven, Sonia **tenía** el pelo rizado y largo, y **vestía** de manera informal.*

7 Patricia y Belén recuerdan cómo eran sus habitaciones de niñas. Lee lo que cuenta Patricia y, con ayuda del dibujo, imagina lo que dice Belén.

> Cuando era pequeña, me encantaba jugar en mi habitación: tenía una caja muy grande, donde guardaba todos mis juguetes. También había una alfombra con dibujos de muñecas. Mi hermano pequeño y yo siempre saltábamos sobre mi cama. Era muy divertido.

8 Escucha ahora a Belén y compara con lo que tú has imaginado.

9 ¿Qué verbo se usa: *ser* o *estar*?

Es / Está
- trabajando todo el día
- cansada siempre
- secretaria
- en la oficina
- muy ocupada
- española
- deportista
- alta y delgada
- inteligente
- simpática
- preocupada

10 Pregunta a tu compañero sobre sus recuerdos.

¿Cómo era(n)…?

- tu colegio
- el coche de tus padres
- tu juguete favorito
- tu artista preferido
- tu ropa
- tus vecinos
- tu mascota / animal doméstico
- el jardín de tu casa

Mi colegio estaba fuera de la ciudad, en el campo. Era un colegio muy grande…

GRAMÁTICA

Ser y estar

Observa estos usos de los verbos *ser* y *estar*. Pueden ayudarte para hablar de tus recuerdos.

ser	estar
• *Ser* + nacionalidad. Manuel **es** español.	• Ubicación: *estar en*. Bruselas **está en** Bélgica.
• *Ser* + profesión. Sonia **es** secretaria.	• *Estar* + gerundio. **Estoy** aprendiendo español.
• Identificación. Mi coche **es** ese, el azul.	• *Estar bien / mal*. Este ejercicio no **está** bien.
• Característica: *ser* + adjetivo. **Es** deportista / rubio / alto / simpático…	• Estado: *estar* + adjetivo. **Está** ocupado / roto / abierto / cansado…

11 Pepe habla con su madre sobre su hijo. Escucha la conversación y señala si las afirmaciones son verdaderas (V) o falsas (F).

1. ◯ Pepe está preocupado por la alimentación de su hijo.
2. ◯ La madre cree que el niño tiene que hacer deporte en un gimnasio.
3. ◯ Cuando la madre de Pepe era pequeña, cuidaba su alimentación.
4. ◯ De niña jugaba mucho y era muy activa.
5. ◯ No se peleaba con otros niños.
6. ◯ Tenía móvil, pero no lo usaba.
7. ◯ Le gustaba estudiar y sacaba buenas notas.
8. ◯ En aquella época los padres siempre defendían a los profesores.

12 ¿Tu infancia fue parecida a la de la madre de Pepe? Coméntalo con tu compañero.

Mi infancia fue muy diferente. Cuando yo era pequeña, ya había móviles: recuerdo que mis padres me dejaban jugar con su móvil y ver dibujos animados. Los niños solíamos jugar en el parque, pero no en la calle. Y no podía volver sola del colegio…

13 Comenta con tus compañeros cuál es tu opinión sobre las afirmaciones que hace la madre de Pepe en la actividad 11.

1. Ahora los padres protegen demasiado a los hijos.
2. Antes los niños eran más libres y estaban menos controlados.
3. Antes los niños no tenían problemas de sobrepeso.

■ *Para mí, los padres sobreprotegen a los niños, no les dan la oportunidad de equivocarse, y es muy importante para aprender…*
● *Es verdad, pero es que antes la vida era más fácil, no había tantos peligros en las ciudades y los padres estaban más tranquilos…*

COMUNICACIÓN

Expresar opinión

Para mí,…
(Yo) Creo que…
(Yo) Pienso que…
(Yo) Opino que…
Sí, pero…
Es verdad, pero…

■ *Yo creo que ahora los niños son más libres que antes.*
● *Sí, pero ahora hay más peligros que antes.*

14 Escribe cómo pasabas el verano de pequeño. Después, el profesor va a recoger las historias y las va a entregar a otro compañero. Tienes que adivinar de quién es la historia.

13 AMPLIAMOS

15 Lee el texto y contesta a las preguntas.

Los Reyes Magos

Nacimiento

Regalos navideños

Tradiciones navideñas: el día de los Reyes Magos

Muchos países y pueblos han mantenido las tradiciones de Navidad a través del tiempo. Las costumbres navideñas forman parte de nosotros y, por tanto, de nuestra cultura. En España, por ejemplo, el 6 de enero se celebra el día de los Reyes Magos. Los Reyes Magos de Oriente, Melchor, Gaspar y Baltasar, traen regalos y juguetes a los niños en la noche del 5 al 6 de enero. Ese día de Reyes trae recuerdos muy entrañables, no solo en España.

Carolina Gómez. 26 años. España.
Para mí, el día de los Reyes Magos era muy feliz. Durante todo el año, esperaba con ilusión los juguetes que me traían los Magos de Oriente. A veces no era lo que yo pedía, pero siempre tenía regalos. Recuerdo que siempre dejaba a los Reyes dulces navideños y un poquito de anís, ¡seguro que estaban cansados!, y me acostaba pronto. Estaba nerviosa y casi no podía dormir. Por la mañana, me levantaba muy temprano para ver mis regalos. ¡Nunca olvidaré la ilusión que sentía al ver las cajas y los paquetes!

Roberto López. 30 años. Perú.
Aunque en Perú solemos dar los regalos el día de Navidad, en algunas regiones, el 6 de enero se celebra la Bajada de Reyes. Mi familia se reunía todos los años en casa de mis abuelitos y cada uno ayudábamos a guardar las figuritas del Nacimiento*. Los niños, de uno en uno, bajábamos las figuras y las guardábamos en una caja. Mi abuelito siempre ponía algunos papeles con regalos escondidos debajo de las figuras: golosinas, juguetes, etc. Después, comíamos y bailábamos juntos. Era muy divertido.

* El Nacimiento es una tradición navideña muy popular en los países hispanos. Se trata de figuritas que representan a los personajes relacionados con el nacimiento de Jesús. También se le llama "belén".

1. ¿Cómo se llaman los tres Reyes Magos?
2. ¿Por qué los Reyes Magos son tan importantes para los niños?
3. En la Bajada de Reyes, en Perú, ¿los niños reciben regalos?

16 ¿Existe alguna tradición similar en tu país en la que los niños reciben regalos? ¿Cómo es? Explícaselo a tus compañeros.

En Japón, los regalos de Navidad los lleva Hoteiosho. Es un monje que tiene un ojo detrás de la cabeza para vigilar a los niños…

Autoevaluación

1 ■ ¿Recuerdas tu primera moto?
● Sí, _____ roja.
a estaba   b había   c era

2 En los 70 los jóvenes _____ a la discoteca y _____ pantalones de campana.
a iban / llevaban
b eran / tenían
c bailaban / habían

3 Antes _____ los fines de semana al pueblo porque sus padres _____ una casa allí.
a salían / había
b iban / tenían
c estaban / eran

4 Cuando Belén _____ en Bogotá, _____ profesora en la universidad.
a vivía / era
b trabajaba / estaba
c estaba / trabajaba

5 Antes Luis y Raquel _____ una casa en el centro. La casa _____ muy grande.
a tenían / era
b vivían / estaba
c estaban / había

6 Cuando mi hermano _____ joven, _____ un grupo de música con tres amigos.
a estaba / tenía
b era / había
c era / tenía

7 A mí antes _____ pescar; _____ todos los sábados con mi padre, pero ya no me gusta.
a me molestaba / acompañaba
b me encantaba / iba
c necesitaba / estaba

8 Mi primera profesora _____ Eva, _____ muy buena y _____ mucha paciencia.
a se llamaba / era / tenía
b era / era / estaba
c estaba / sabía / daba

9 De niños, los Reyes Magos _____ siempre un poco de carbón, y mi hermano _____ porque no _____.
a nos traían / lloraba / le gustaba
b llevaban / se enfadaba / tenía
c venían / se reía / quería

10 Mi primer juguete fue un muñeco amarillo que _____ pilas y _____ cuando le _____ algo.
a estaban / andaba / cantabas
b tenía / se reía / decías
c había / caminaba / gustaba

11 Yo _____ muy tímida cuando _____ a la universidad.
a estaba / estaba
b era / estaba
c era / iba

12 Su padre _____ en Canadá, pero _____ inglés.
a era / estaba
b era / sabía
c vivía / era

13 Alejandro _____ ingeniero, pero en Berlín _____ de camarero un restaurante del centro.
a estaba / era
b era / trabajaba
c estudiaba / estaba

14 Antes _____ en una oficina, pero ahora _____ no soy secretaria, tengo mi propia empresa.
a trabajaba / ya
b era / ya
c estaba / todavía

15 Su abuelo _____ una persona muy inteligente y agradable. _____ mucho el cine y el teatro.
a estaba / Iba
b parecía / Salía
c era / Le gustaba

16 Cuando _____ en Madrid, _____ un apartamento muy cerca de la Puerta del Sol.
a estaba / era
b vivía / tenía
c era / estaba

17 Mis padres _____ una casa en un pueblo que _____ al lado del mar.
a había / eran
b estaban / tenían
c tenían / estaba

18 Cuando _____ en la universidad, _____ muy buenas notas; _____ muy buen estudiante.
a estudiaba / tenía / era
b estaba / había / estaba
c iba / estaba / tenía

19 Antes, Eva y su marido _____ en la misma empresa, pero _____ mucho y ya no están juntos.
a trabajaban / discutían
b vivían / se querían
c iban / se enfadaban

20 Yo _____ quince años cuando nos conocimos.
a tenía
b era
c hacía

14 Apaguen sus móviles, por favor

● EMPEZAMOS

1 Lee los anuncios y marca a cuál de ellos corresponde la siguiente información.

	Anuncio A	Anuncio B
1 Puedes llamar cuando necesitas cualquier información.		
2 Es una ONG que ayuda a niños con necesidades.		
3 Puedes hacerte socio.		
4 Hay que pagar para obtener información.		

2 En la actividad anterior los verbos que están en MAYÚSCULAS se corresponden con un nuevo tiempo verbal: el imperativo. ¿Cuáles se corresponden con la forma de "usted" y cuáles, con la forma de "tú"?

3 Relaciona los mensajes con el lugar o la situación en la que se pueden leer o escuchar.

1 **Coloquen** el respaldo de su asiento y su mesa en posición vertical, **abróchense** el cinturón de seguridad y **apaguen** todos los dispositivos electrónicos.
2 Tiene dolor de garganta: **no hable** mucho y **no beba** bebidas frías.
3 **Recoged** vuestra habitación y **haced** la cama antes de jugar con la consola.
4 Si quieres un consejo, **no bebas** alcohol, **no tomes** azúcar y **no comas** entre horas. Seguro que pierdes unos kilos.
5 Por favor, **siéntese** y **no moleste**, que no puedo ver la película.
6 **No juguéis** y **no habléis** en clase.
7 Si tienes estrés por el proyecto, **duerme** más, **haz** ejercicio y **sal** un poco con tus amigos.
8 **No molesten** al conductor.

a En una conversación entre dos compañeros de trabajo.
b En la consulta del médico.
c En un avión.
d En un autobús.
e En una conversación entre dos amigos.
f Unos padres con sus hijos.
g En un cine.
h En un aula.

4 Transforma las frases de la actividad anterior del plural al singular y del singular al plural.

1 Coloque el respaldo de su asiento y su mesa en posición vertical, abróchese el cinturón de seguridad y apague todos los dispositivos electrónicos.

GRAMÁTICA

Imperativo

Lo usamos para dar consejos, instrucciones y, también, órdenes.

Imperativo afirmativo
Verbos regulares

	llamar	beber	escribir
(tú)	llama	bebe	escribe
(vosotros/-as)	llamad	bebed	escribid
(usted)	llame	beba	escriba
(ustedes)	llamen	beban	escriban

> **Encontrar (o > ue)**
> encu**e**ntra → enc**o**ntrad
> encu**e**ntre → encu**e**ntren
> Los verbos irregulares del tipo **e > ie**, **o > ue**, **e > i**, no tienen cambio vocálico en la forma *vosotros*. Se conjugan así, entre otros: pr**o**bar, s**e**ntarse, c**e**rrar, enc**e**nder, d**o**rmir, p**e**dir…

Para la forma *vosotros* cambia la **-r** del infinitivo por **-d**: llama**r** > llama**d**, bebe**r** > bebe**d**, escribi**r** > escribi**d**.

Verbos irregulares

	hacer	tener	poner	ir	decir	salir	venir
(tú)	haz	ten	pon	ve	di	sal	ven
(vosotros/-as)	haced	tened	poned	id	decid	salid	venid
(usted)	haga	tenga	ponga	vaya	diga	salga	venga
(ustedes)	hagan	tengan	pongan	vayan	digan	salgan	vengan

Imperativo negativo
Verbos regulares

	llamar	beber	escribir
(tú)	no llames	no bebas	no escribas
(vosotros/-as)	no llaméis	no bebáis	no escribáis
(usted)	no llame	no beba	no escriba
(ustedes)	no llamen	no beban	no escriban

Verbos irregulares

	hacer	tener	poner	ir	decir	salir	venir
(tú)	no hagas	no tengas	no pongas	no vayas	no digas	no salgas	no vengas
(vosotros/-as)	no hagáis	no tengáis	no pongáis	no vayáis	no digáis	no salgáis	no vengáis
(usted)	no haga	no tenga	no ponga	no vaya	no diga	no salga	no venga
(ustedes)	no hagan	no tengan	no pongan	no vayan	no digan	no salgan	no vengan

5 Lee y escucha la siguiente conversación telefónica. Después, practica con tu compañero. Uno pide información y el otro responde. Puedes preguntar por los teléfonos de los siguientes lugares.

- El Hospital Central
- El gimnasio California
- La pizzería Roma
- La empresa CODASA

- ■ Información telefónica, buenos días. ¿En qué puedo ayudarle?
- ● Buenos días. Quería el teléfono del restaurante San Marco, en la calle Betis, en Sevilla.
- ■ Un momento, por favor. Tome nota. El teléfono solicitado es: 954 280 310.

6 Lee de nuevo la conversación telefónica anterior y fíjate en la forma de pretérito imperfecto *quería*. ¿A cuál de los siguientes usos crees que corresponde?

1 Descripción en el pasado.
2 Expresión educada para pedir o solicitar algo.
3 Expresión de acciones habituales en el pasado.

● AVANZAMOS

7 Completa el artículo con los verbos en imperativo afirmativo o negativo.

Cómo superar con éxito una entrevista en línea

Cada vez más empresas optan por tener a gran parte de sus trabajadores en forma remota y otras empresas ya han nacido con toda su plantilla en línea. Por eso en la actualidad las entrevistas de trabajo en línea son cada más numerosas. A continuación, te ofrecemos algunos consejos para tener éxito en este tipo de entrevistas.

1. (Vestir) _____ igual que para una entrevista presencial; eso te dará seguridad.
2. (Buscar) _____ un lugar tranquilo, bien iluminado y con un fondo blanco o de colores claros. Evita los símbolos religiosos y las banderas.
3. (Utilizar) _____ una buena cámara; la calidad de la imagen es importante.
4. (Colocar) _____ la cámara a la altura de los ojos para poder tener un buen contacto visual con el entrevistador.
5. (Comprobar) _____, antes de la entrevista, que toda la parte técnica funciona.
6. (Usar) _____ auriculares para no perder ningún detalle de la conversación.
7. No (conectarse) _____ con el tiempo justo; mejor unos minutos antes, sin cámara y sin audio, y espera al entrevistador.
8. No (mirarse) _____ en la pantalla para ver cómo estás; debes mantener la mirada siempre en la cámara.

Y recuerda que las entrevistas en línea tienen la ventaja de que el entrevistador no puede ver lo que hay fuera de la cámara, por lo que puedes tener notas sobre la mesa con datos importantes que no quieres olvidar.

8 En parejas, elegid los tres consejos de la actividad anterior que os parecen más importantes para una entrevista de trabajo en línea. Después, añadid un consejo más.

- *Yo creo que los tres más importantes son el 3, el 5 y el 7, porque la parte técnica es lo más importante en este tipo de entrevistas…*
- *Sí, es verdad, y también la puntualidad, como en las entrevistas presenciales; pero yo creo que también es muy importante el 2, porque si el lugar que eliges no es correcto…*

9 Selecciona un dibujo y usa un imperativo para dar una orden a un compañero de la clase. Él hará lo mismo a otro compañero y, así, sucesivamente.

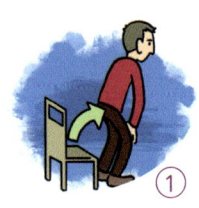    

① ② ③ ④ ⑤

Ponte de pie / Levántate

⑥ ⑦ ⑧ ⑨ ⑩

10 Escucha a las siguientes personas pidiendo permiso para hacer algo y señala si le dan permiso para hacer lo que piden, o no se lo dan.

	Le dan permiso	No le dan permiso
1		
2		
3		
4		

COMUNICACIÓN

Pedir y dar permiso

Para pedir y dar permiso usamos:
- **poder** + infinitivo
  - ¿Puedo coger tu lápiz un momento?
  - Sí, sí, cógelo / Sí, sí, puedes cogerlo.
  - No, no lo cojas, que lo necesito.
- **te importa si** + presente de indicativo
  - ¿Te importa si cojo tu lápiz un momento?
  - Sí, sí, cógelo.
  - No, no lo cojas, que lo estoy usando yo.

11 En parejas. Si eres A, mira las imágenes y formula preguntas a tu compañero. Si eres B, dale permiso y di por qué.

Alumno A - Pregunta	Alumno B - Respuesta
1 [cerrar] *¿Puedo cerrar la puerta?*	[hacer frío] *Sí, sí, ciérrala, hace frío.*
2 [abrir]	[tener calor]
3 [usar]	[no ir al trabajo]
4 [llevarse]	[tener muchos paraguas]
5 [probar]	[estar buena]
6 [poner música]	[gustar música]

GRAMÁTICA

La posición del pronombre

Imperativo afirmativo
- imperativo + pronombre
  Leván**ta**te de la silla.
  Vísta**se** con ropa adecuada.

Imperativo negativo
- pronombre + imperativo
  No **te** levantes, todavía no hemos terminado la reunión.
  Cuidado, no **se** siente aquí, la silla está mojada.

Poder + infinitivo
- Pronombre + **poder** + infinitivo
  Te puedes levantar.
- **Poder** + infinitivo+pronombre
  Puedes levantar**te**.

12 Escucha los diálogos. ¿A qué situación corresponde cada uno? Escribe el número de conversación en cada caso.

- A Está apagado o fuera de cobertura.
- B No tiene batería.
- C No queda saldo.
- D Salta el buzón de voz.
- E Hay un mensaje de texto.

Apaguen sus móviles, por favor

13 El mensaje del buzón de voz nos puede dar una idea de cómo es la persona que lo ha grabado. Piensa y escribe en un papel el tuyo, sin tu nombre. El profesor va a recoger los papeles y va a leer en voz alta los mensajes; tenéis que decidir a quién pertenece cada uno.

●AMPLIAMOS

14 Lee el siguiente artículo sobre cómo utilizar el teléfono móvil de forma adecuada. ¿Haces todo lo que se recomienda? Coméntalo con tu compañero.

Utilizar el teléfono móvil de forma adecuada

Aunque en algunos lugares públicos hay señales en las que se pide silenciar o apagar el móvil, como en los hospitales o en algunos transportes públicos, no hay unas reglas generales para su utilización. Sin embargo, sí existe un código no escrito que la mayoría de las personas conoce y respeta:

1 Si espera una llamada o un mensaje y está con otras personas, puede mirar la pantalla de vez en cuando, pero intente no hacerlo constantemente.

2 Cuando conteste una llamada, si está acompañado, sea breve e intente terminar la conversación lo antes posible.

3 En lugares cerrados como teatros, cines y otros espectáculos, ceremonias, conferencias… tenga el móvil apagado. Si lo necesita, envíe un mensaje de texto o salga al exterior para realizar su llamada.

4 Si necesita terminar una conversación que se alarga demasiado, utilice una excusa discreta como, por ejemplo, "Perdón, tengo una llamada importante que hacer. Le tengo que dejar". Es importante no cortar la conversación de manera brusca.

5 Cuando envíe mensajes de texto, no utilice muchas abreviaturas al escribir el texto (excepto si va dirigido a una persona joven familiarizada con ese lenguaje).

6 Si llama a alguien con el móvil y no le contesta la llamada, espere un poco antes de volver a llamar. El destinatario de la llamada puede no encontrarse en un buen momento para aceptar la llamada. Seguro que se pone en contacto con usted más tarde.

7 Si está acompañado y recibe una llamada importante o hace una llamada urgente, evite hacer llamadas a otras personas. No puede tener a otra u otras personas esperando (para comenzar una reunión, para empezar a comer…).

8 Cuando tiene una conversación telefónica en un lugar público, controle su tono de voz. Si hay mucho ruido ambiental, deje la conversación para otro momento.

15 En el artículo anterior hay 8 consejos: ¿podrías relacionar los siguientes títulos con cada uno de ellos?

a ○ Tenga el móvil apagado.
b ○ Controle el tiempo.
c ○ Controle el tono de voz.
d ○ No repita las llamadas.
e ○ No mire la pantalla el móvil.
f ○ Termine una conversación.
g ○ No tenga a la gente esperando.
h ○ No utilice abreviaturas.

16 En el artículo de la actividad 14, ¿con qué forma se dirige al lector: *tú* o *usted*?

Autoevaluación

1 ■ Buenas tardes, ¿puedo entrar?
● Sí, sí, _____ .
a pasad, pasad
b pasen, pasen
c pase, pase

2 Si quieres estar en forma, no _____ y no _____ alcohol.
a fuma / toma
b fumes / tomes
c fume / tome

3 Si bebes, no _____ .
a conduzca   b conduce   c conduzcas

4 ■ Tengo frío. ¿_____ encender la calefacción?
● No, no _____ . Vamos a cerrar las ventanas.
a Puede / la enciendes
b Puedes / enciéndela
c Puedo / la enciendas

5 ¡_____, ya son las ocho y tienes que ir a clase!
a Te despierta   b Despiértate   c Despiértese

6 ■ Hace mucho calor. ¿_____ abrir la ventana?
● Sí, claro, _____ .
a Puedo / ábrala
b Puedes / la abres
c Puede / la abra

7 ■ Necesito un bolígrafo rojo. ¿Puedo coger este?
● No, no _____, no funciona.
a cógelo   b lo cojas   c lo cojáis

8 Si le duele la garganta, _____ miel con limón.
a no tomad   b tome   c toma

9 ¿Te duele la cabeza? Pues _____ y _____ un rato.
a acuéstese / duerma
b se acuesta / duermes
c acuéstate / duerme

10 Para lavar la ropa blanca, _____ el programa 3 y _____ la temperatura a 30 grados.
a selecciona / pon
b seleccione / pones
c seleccionas / ponga

11 Si queréis mejorar vuestro español _____ música, _____ películas en español y _____ en chats hispanos.
a escuchad / ved / participad
b escucha / ve / participa
c escuchen / vean / participen

12 ■ ¿Puedo encender la tele?
● No, no _____ : estoy trabajando y me molesta.
a la enciendas
b enciéndela
c la enciendes

13 ■ ¿Puedo comerme esta fruta?
● Sí, _____, la he comprado para ti.
a te la comes
b cómetela
c cómala

14 Señores, _____ y _____ las últimas novedades en telefonía móvil.
a entrad y ved
b entre y vea
c entren y vean

15 Niños, primero _____ los deberes y después _____ las manos para cenar.
a hacéis / os lava
b haced / lavaos
c os hacéis / lavad

16 Vosotros _____ a comprar el pan y tú, Alberto, _____ la mesa.
a id / pon
b vayáis / poned
c vais / ponga

17 ¿Estáis preparados? Vamos a hacer el saludo al sol: _____ el cuerpo en el suelo bocabajo, _____ las manos en el suelo y _____ la cabeza y los hombros.
a estiren / apoyen / levanten
b estira / apoya / levanta
c estirad / apoyad / levantad

18 Para un buen descanso, _____ el móvil en silencio una hora antes de acostarte y _____ fuera de la habitación para dormir.
a poned / dejad
b pon / déjalo
c pongan / lo dejáis

19 Buenos días, _____ información sobre su oferta de móviles.
a puedo   b quería   c pido

20 Desde este lugar es muy difícil hablar por teléfono porque _____ .
a no tiene batería
b no hay buena cobertura
c hay un mensaje de texto

15 Y entonces le conté mis recuerdos

● EMPEZAMOS

1 Lee la historia que cuenta Paco en su blog y completa las frases.

El blog de Paco

Inicio | Familias | Foro | Nosotros

Los recuerdos

Cuando era pequeño, no me gustaban las tostadas, pero mi madre siempre me las daba en el desayuno.
En aquella época veraneábamos en la playa, en un chalé que no tenía otras casas alrededor.
Cada vez que llegaba el momento del desayuno, yo salía al jardín con mis dos tostadas. Como mi madre estaba dentro de casa y no me veía, yo aprovechaba para tirar las tostadas fuera del jardín; hasta que un día mi madre salió mientras yo las estaba tirando. Entonces, dio la vuelta a la casa y descubrió una torre de tostadas al otro lado del jardín.
¡Nunca más volví a desayunar solo!

1. La madre de Paco siempre preparaba _____ para desayunar.
2. Paco pasaba los veranos en _____.
3. Cuando Paco salía al jardín, su madre _____ dentro de casa.
4. Pero un día su madre _____ al jardín y lo descubrió.

2 Lee el anuncio del perfume y responde a las preguntas.

1. ¿Qué anuncia?
2. ¿Cómo se llama la marca?
3. ¿Cuál es su estrategia de promoción?

3 Lee de nuevo el anuncio y escribe a qué o a quién se refieren cada uno de los pronombres señalados.

1 **Te lo** regala.

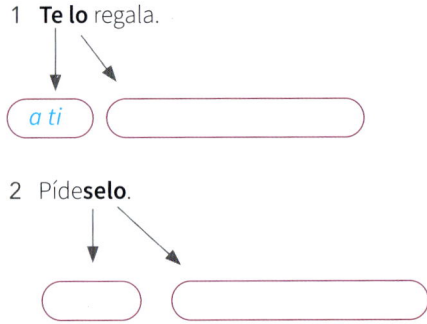

(a ti) ( )

2 Píde**selo**.

( ) ( )

¿Conoces nuestro nuevo perfume de jazmín?

Agua fresca te lo regala

Recorta este anuncio y pídeselo a tu vendedor habitual.

Agua fresca

●AVANZAMOS

4 Lee los anuncios y vuelve a escribir en tu cuaderno los textos utilizando los pronombres correspondientes.

GRAMÁTICA

Pronombres personales de objeto directo e indirecto

	Objeto directo	Objeto indirecto
(a mí)	me	me
(a ti)	te	te
(a él / ella / usted)	**lo** (masc.) / **la** (fem.)	le (→ **se**)*
(a nosotros/-as)	nos	nos
(a vosotros/-as)	os	os
(a ellos/-as / ustedes)	**los** (masc.) / **las** (fem.)	les (→ **se**)*

* le / les + lo(s) / la(s) → se + lo(s) / la(s) (le lo doy → se lo doy)

Colocación de los pronombres

- Objeto indirecto (OI) + objeto directo (OD) + verbo forma personal:
  *Lucía **me lo** compra.* (el libro)
  *Eva **te las** ha regalado.* (las gafas)
- Imperativo+OI+OD:
  *Píde**selo** cuando puedas.* (el libro a Juan)
- Infinitivo+OI+OD:
  *Son para regalár**selas**.* (las flores a Miguel)
- OI + OD + perífrasis verbal = perífrasis verbal+OI+OD:
  ***Te lo** tengo que comprar.* (el libro a ti)
  *Tengo que comprár**telo**.* (el libro a ti)
  ***Se la** estoy preparando.* (la cena a ella)
  *Estoy preparándo**sela**.* (la cena a ella)

5 Completa los diálogos con los pronombres adecuados.

1. ■ ¿A quién le vas a regalar la gorra?
   ● _____ voy a regalar a Samanta.
2. ■ ¡Qué jersey tan bonito!
   ● _____ ha regalado Leo por mi cumpleaños.
3. ■ ¿Has traído los apuntes de matemáticas?
   ● No, _____ he dejado en mi casa.
4. ■ ¿Ya sabéis los resultados?
   ● Sí, _____ dijo ayer la profesora.
5. ■ ¿Qué hiciste con el diccionario?
   ● _____ he dado a tu hermano.
6. ■ Daniel, ¿has devuelto el libro a Iván?
   ● Sí, ayer _____ di.
7. ■ Ayer le pedí el coche a mi padre.
   ● ¿Y _____ dejó?
8. ■ ¿Qué vas a hacer con tu bicicleta vieja?
   ● _____ voy a dar a mi primo.

6 Observa la imagen y compra alguna cosa para un compañero de clase. ¿A quién se la regalas y por qué?

 7 Escucha el principio de tres historias de amor. ¿Cómo crees que continúa cada una? Escribe el número correspondiente.

a ⚪ ... decidió hablar con ella sobre su país.   b ⚪ ... la invitó al cine.   c ⚪ ... sintieron que eran más que amigos.

8 Ahora escucha la historia completa y comprueba tus respuestas.

GRAMÁTICA

Pretérito indefinido / Pretérito imperfecto

Para narrar y describir en el pasado, cuando contamos anécdotas y momentos de nuestra vida, usamos el pretérito indefinido y el pretérito imperfecto.

Pretérito indefinido	Pretérito imperfecto
• Acción / Narración El domingo **fuimos** a la playa y **comimos** en el chiringuito.	• Descripción del contexto Las circunstancias en las que suceden las acciones. **Era** una bonita mañana de verano. Como **era** pronto, la playa **estaba** muy tranquila y casi no **había** gente.
• Estar + gerundio Una acción en proceso en un periodo de tiempo cerrado. Los dos años en Madrid **estuvimos viviendo** con mis suegros. El domingo **estuve durmiendo** toda la mañana.	• Estar + gerundio Una acción en proceso que es la circunstancia de otra acción. **Estábamos viendo** la tele en casa cuando empezó la tormenta. Salimos pronto de casa y fuimos a buscar a Miguel que **estaba desayunando** en la terraza con sus padres. **Estaba trabajando** con mi madre y me llamaron de una multinacional para ofrecerme un puesto de directivo.
• Acciones en orden cronológico Primero **fuimos** al cine y después **cenamos** con unos amigos en el Paspallás. Cuando terminó la universidad, **empezó** a trabajar con su padre y dos años después **creó** su propia empresa.	• Simultaneidad de acciones Con pretérito imperfecto. Mientras **paseaba**, **hablaba** por teléfono con mi madre. Con pretérito imperfecto + pretérito indefinido. Mientras **paseaba**, **me encontré** con mi madre.

Contraste pretérito indefinido / pretérito imperfecto

- ■ *Era* una bonita mañana de verano. Como *era* pronto, la playa *estaba* muy tranquila y casi no *había* gente, por eso, *decidimos* ir a pasear un rato.
- ● Sí, entonces *salimos* de casa, *desayunamos* en el bar de abajo y *fuimos* a buscar a Miguel, que *estaba* desayunando en la terraza con sus padres.

9 Completa la información de las tres historias de amor anteriores.

1. Klaus conoció a María en el bar donde ella _____.
2. Cuando Klaus conoció a María, él _____ español en una academia.
3. Paco y Raquel se veían a veces cuando _____ a fiestas de amigos comunes.
4. Cuando Paco y Raquel se enamoraron, hacía muchos años que _____.
5. Jaime y Sayako se conocieron porque _____ en la misma empresa.
6. Jaime decidió hablar con Sayako porque _____ la cultura japonesa.

LÉXICO

Conectores para unir la información de un relato

- **porque:** expresa la causa.
  Nos fuimos pronto **porque** teníamos que levantarnos temprano.
- **por eso / entonces / así que:** expresan la consecuencia.
  Tenía mucho trabajo, **por eso** no pude ir a la fiesta.
  No pude ir a clase, **entonces**, le pedí los apuntes a Víctor.
- **cuando / mientras:** expresan acciones y situaciones que son simultáneas.
  Cuando estudiaba en la universidad, vivía en un piso compartido.
  Rafa no se fue ni un día de vacaciones **mientras** su padre estuvo enfermo.
- **pero / sin embargo**: introducen una idea que se opone a la anterior.
  Le encantaba estudiar Medicina, **sin embargo**, se mareaba cuando veía sangre.
- **entonces:** indica tiempo (en ese / aquel momento).
  Cuando era niña, sacaba buenas notas; **entonces** yo era muy buena estudiante.
- **al final:** indica la conclusión, el cierre, de un relato.
  Tuvimos muchos problemas y **al final** no fuimos a París.
- **de repente:** expresa que algo ocurre de forma inesperada.
  Estaba durmiendo y, **de repente,** sonó el teléfono.

10 Y tú, ¿recuerdas en qué circunstancias conociste a tu mejor amigo/-a o a tu primera pareja? Cuéntaselo a tu compañero.

Cuando conocí a Tom, yo vivía en otra ciudad y, a veces, iba a a tomar algo a una cafetería que estaba cerca de mi trabajo. Un día estaba con una amiga tomando un café y entonces se acercó un chico y nos preguntó…

11 Escribe esta anécdota de la imagen de la derecha que contó una actriz española en un programa de televisión. Tienes que conjugar los verbos entre paréntesis en pretérito indefinido o pretérito imperfecto y completar los cuadros numerados con letras con el conector correspondiente.

así que   sin embargo   y (x4)
pero (x2)   entonces (x2)
por eso   pero al final

12 Piensa en una anécdota tuya o de alguien que conozcas. Escríbela y, después, cuéntasela a tu compañero.

Hace dos años fui de vacaciones con unos amigos a Buenos Aires. Un día estábamos en el Ateneo, una librería increíble que antes era un teatro, y vimos…

Y entonces le conté mis recuerdos

●AMPLIAMOS

13 Janita es una estudiante noruega que acaba de recibir unas fotos de su familia.
Lee lo que nos cuenta en su blog y responde a las preguntas.

MI BLOG

La semana pasada fui a la oficina de Correos para recoger un paquete. Había mucha gente y tuve que hacer cola. Esperé más de media hora y por fin me dieron mi paquete. Eran fotos, muchas fotos. Mi madre me las envió para recordarme de dónde soy, porque sabe que echo de menos mi tierra y el mar... No hay mar en Madrid, porque la ciudad está en el centro del país y yo he vivido toda mi vida en la costa de Noruega. Necesito tener el mar cerca; mi padre es pescador y yo también trabajé en un barco de pesca, de los 17 a los 26 años. Ayudaba en las labores de congelación del pescado; no siempre era fácil, pero me gustaba mi trabajo.

Tomé esta foto en mis últimas vacaciones de Pascua. Ese día, mis padres, mi hermana y yo nos levantamos muy pronto y fuimos a pie a las montañas que hay alrededor de mi ciudad. Subimos hasta la más elevada; desde allí se veía todo tan limpio y tan claro..., por eso hice esta foto. Ese día no había mucha nieve, pero normalmente hay más de medio metro en esa época del año.

Para mí, el aire del mar y de las montañas es mejor que cualquier perfume, y cuando veo esta foto, siento una sensación de aire fresco en mi cara.

Janita Arhaug

1 ¿Por qué hizo cola cuando fue a la oficina de Correos?
2 ¿Qué hacía Janita cuando trabajaba con su padre?
3 ¿Qué hizo Janita el día que hizo la foto?
4 ¿Qué crees que echa de menos Janita?

14 Clasifica los verbos en pretérito indefinido y en pretérito imperfecto del texto anterior.

Acción / narración - ¿Qué?

Circunstancia / descripción - ¿Cómo?

15 Relaciona las siguientes palabras.

1 recoger	a de menos
2 hacer	b cola
3 echar	c a pie
4 tomar	d un paquete
5 ir	e a una montaña
6 subir	f una foto

16 ¿Cómo se dicen en tu lengua las expresiones de la actividad anterior? Coméntalo con tu compañero.

En italiano "hacer cola" se dice "in coda", pero no usamos el verbo "hacer", decimos "sono in coda"...

Autoevaluación

1 ■ ¿Dónde está el paraguas?
● _____ llevó ayer Elvira porque llovía.
a Se   b Se lo   c Lo se

2 ■ ¿Este café es para mí?
● Sí, pero no _____ tomes, que ya está frío. Voy a preparar otro.
a le   b te lo   c te

3 ■ ¿Para quién son estas flores?
● Para _____ a Juan; mañana es su cumpleaños.
a se las regalar   b las regalo   c regalárselas

4 ■ ¿Has tenido tiempo de preparar la cena?
● No, acabo de llegar ahora mismo: _____ y después _____.
a voy a ducharme / la preparo
b me voy a duchar / preparo
c voy a duchar / prepárola

5 ■ ¿Ya has terminado el informe?
● No, _____ ahora y después _____ al departamento de traducción; esta tarde está listo.
a lo estoy preparando / tengo que enviárselo
b estoy preparándolo / tengo que enviar
c estoy preparando / tengo que enviarlo

6 ■ He comprado estos bombones para los niños.
● Pues no _____ ahora, que después no comen.
a se los dan   b se los des   c dáselos

7 ■ ¿Me dejas el coche esta noche?
● Sí, _____ ; yo no _____.
a cógelo / lo voy a usar
b lo coges / voy a usarlo
c cójalo / voy a usar

8 Ayer _____ a la playa, pero no me _____ porque el agua _____ muy fría.
a iba / bañé / era
b estuve / bañaba / estuvo
c fui / bañé / estaba

9 Un día, cuando _____ andando a la universidad, me _____ un billete de 100 €, pero no lo _____.
a iba / encontré / cogí
b fui / encontraba / cogía
c estaba / encontraba / cojo

10 Ayer _____ a la universidad; después _____ con unos compañeros y por la tarde _____ en la biblioteca.
a iba / comimos / estaba estudiando
b estuve / comía / estudiaba
c fui / comí / estuve estudiando

11 El domingo, cuando _____ el cumpleaños de mi padre, _____ a la puerta y _____ una mujer con un ramo de flores enorme.
a estábamos celebrando / llamaron / apareció
b estuvimos celebrando / llamaban / aparecía
c celebramos / llamó / aparece

12 Cuando _____ 18 años, él me _____ un ramo con 18 rosas rojas: _____ precioso.
a cumplía / regalaba / era
b cumplí / regaló / era
c cumplía / regaló / fue

13 ■ ¿Recuerdas algún momento en el que pasaste mucho miedo?
● Sí, una vez, cuando tenía 7 años, _____ con mis padres en unos grandes almacenes y _____ mucha gente; de repente, me _____ y empecé a gritar: "¡mamá, mamá!".
a estuve / era / perdía
b estaba / había / perdí
c era / había / perdía

14 El sábado no _____ de excursión porque _____ todo el día.
a íbamos / estaba lloviendo
b estuvimos / llovía
c fuimos / estuvo lloviendo

15 Cuando me _____, _____ a la puerta; _____ de la ducha, pero cuando abrí la puerta, no _____ nadie.
a estuve duchando / llamaban / salía / hubo
b duchaba / llamaron / salía / estuvo
c estaba duchando / llamaron / salí / había

16 Yo nunca cocinaba _____ vivía con mis padres.
a así que   b sin embargo   c cuando

17 No tengo dinero; _____ no puedo ir con vosotros a París.
a así que   b mientras   c porque

18 Ana y Álex no me han invitado a la fiesta, _____ no voy a ir.
a por eso   b porque   c pero

19 El examen era fácil, _____ estaba muy cansado y creo que he suspendido.
a entonces   b pero   c porque

20 Después de tanto estudiar, _____ no se ha presentado al examen.
a al final
b entonces
c por eso

16 ¿Qué nos traerá el futuro?

● EMPEZAMOS

1 Lee la historia de Laura y señala si las informaciones son verdaderas (V) o falsas (F).

1. ◯ Ronald es inglés y quiere hacer un intercambio para practicar el español.
2. ◯ Laura hablará con Ronald por primera vez el próximo viernes.
3. ◯ Laura ha quedado con Ronald delante del Museo de Arte el viernes.
4. ◯ Laura no ha visto nunca a Ronald.
5. ◯ Ronald irá a la cita con una bufanda.
6. ◯ A Laura le parece romántico conocer a alguien haciendo un intercambio.
7. ◯ Carlos no habla inglés.
8. ◯ Carlos le dará su teléfono a Ronald para hacer también un intercambio.

2 ¿Qué crees que es una cita a ciegas?

1. Una cita en una habitación sin luz.
2. El primer encuentro de dos personas que no se conocen.
3. Una reunión de trabajo.

3 ¿Cómo se dice en tu lengua "una cita a ciegas"? Coméntalo con tus compañeros.

- *En francés, "una cita a ciegas" se dice "rendez-vous arrangé".*
- *En japonés se dice "Gokon", pero no es una cita para dos personas: se reúnen dos grupos, uno de chicos y otro de chicas. Esta cita la suele organizar una persona de cada grupo que ya se conocían.*

4 En el texto de la actividad 1 aparece el tiempo del futuro imperfecto de indicativo. ¿Qué formas corresponden a estos infinitivos?

1 verse   *nos veremos*
2 reconocer _____
3 llevar _____
4 dar _____

● AVANZAMOS

5 Estas son las predicciones de un futurólogo para tres personas diferentes, pero no están ordenadas. Escucha los tres casos y señala a cuál de ellos corresponde cada dibujo.

Predicción A
○ ○ ○

Predicción B
○ ○ ○

 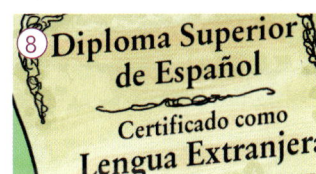  

Predicción C
○ ○ ○

GRAMÁTICA

Futuro imperfecto de indicativo

Para hablar de acciones futuras y hacer predicciones, podemos usar el futuro.

Verbos regulares

(yo)		é
(tú)		ás
(él, ella, usted)	trabajar	á
(nosotros/-as)	ver	emos
(vosotros/-as)	escribir	éis
(ellos/-as, ustedes)		án

La terminación es igual para las tres conjugaciones.
Escribiré a Juan un correo.

Verbos irregulares

decir: **dir**é   querer: **querr**é
haber: **habr**é   saber: **sabr**é
hacer: **har**é   salir: **saldr**é
poner: **pondr**é   tener: **tendr**é
poder: **podr**é   venir: **vendr**é

6 Completa las predicciones anteriores del futurólogo con los siguientes verbos en futuro.

> te casarás • terminarás • dejarás • tendrás
> estudiarás • te graduarás • trabajarás • llegarás • viajarás
> entrarás • hablarán • vivirás • aprobarás

1 _____ tus estudios universitarios y _____ .
2 _____ a ser directora de Recursos Humanos.
3 _____ mucho a Hispanoamérica.
4 _____ tu trabajo como jefa de Pediatría.
5 _____ en una organización que ayuda a los pobres.
6 _____ como voluntaria en África.
7 _____ español y _____ el examen oficial.
8 _____ con tu profesora y _____ en Madrid.
9 _____ tres niños que _____ inglés y español.

7 Escribe cómo crees que será tu vida dentro de diez años en estos ámbitos. Coméntalo con tu compañero.

1 La familia   *Estaré casado y tendré dos hijos.*
2 El trabajo
3 Los estudios
4 Los amigos
5 La casa
6 Las vacaciones

■ *Yo creo que dentro de diez años estaré casado y tendré dos hijos.*
● *Pues yo creo que no tendré hijos; no me gustan los niños, porque…*

8 ¿Cómo crees que serán estas cosas en el futuro, cuáles desaparecerán, cuáles cambiarán y cuáles continuarán igual? Escríbelo en tu cuaderno y, después, coméntalo con tu compañero.

La comida · Los libros en papel · Las botellas de agua · Los coches · Los lápices · Las clases de idiomas · Los móviles

■ *Yo creo que la comida será diferente: no comeremos animales, porque en el mar habrá muy pocos peces y desaparecerán las granjas de carne para reducir la contaminación. Creo que tomaremos más suplementos de vitaminas, omega3…*
● *¿Sí? No sé… Creo que no será posible alimentar a todo el planeta sin carne ni pescado.*

9 ¿Qué titulares te gustaría leer el en periódico de mañana? Escríbelos y después coméntalos con tus compañeros.

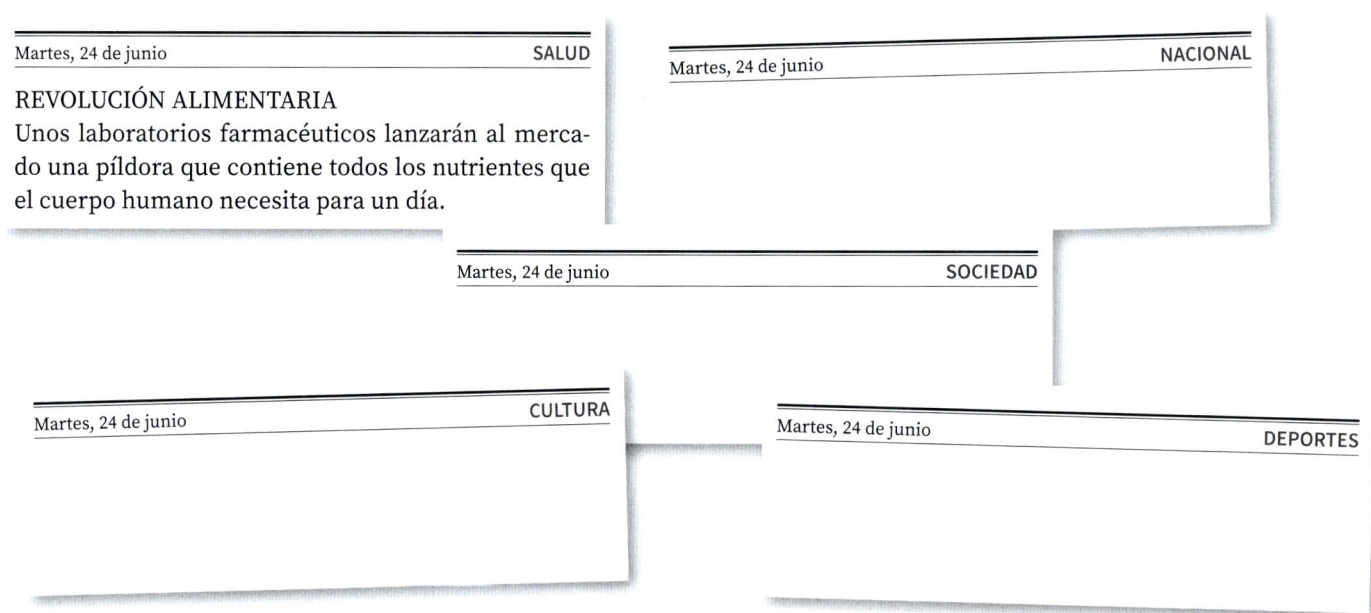

Martes, 24 de junio — SALUD
REVOLUCIÓN ALIMENTARIA
Unos laboratorios farmacéuticos lanzarán al mercado una píldora que contiene todos los nutrientes que el cuerpo humano necesita para un día.

Martes, 24 de junio — NACIONAL

Martes, 24 de junio — SOCIEDAD

Martes, 24 de junio — CULTURA

Martes, 24 de junio — DEPORTES

■ *El titular que me gustaría leer mañana en la sección de salud es: Podremos sustituir los alimentos por píldoras.*
● *¿Sí? Pues yo creo que eso es imposible, que no sucederá nunca, porque a los países ricos no les interesa…*

10 ¿Qué aspectos de tu español te gustaría mejorar?

Me gustaría utilizar mejor los pronombres.

COMUNICACIÓN

Expresar deseos

Para expresar deseos, podemos utilizar la estructura **me gustaría** + infinitivo
Me gustaría mejorar mi español.

11 Lee estas opiniones de algunos estudiantes de español sobre cómo aprenden mejor. ¿Estás de acuerdo con ellos?

BRIAN: Si te comunicas con hablantes nativos, aprenderás más rápido y mejor.

CLÉMENCE: Ahora puedo hablar mejor, pero me gustaría tener más vocabulario. Es más fácil hablar si sabes más palabras.

BIRGIT: Yo he aprendido mucho con la televisión; ahora me siento más segura cuando hablo. Si quieres hablar mejor y tener más vocabulario, sigue alguna serie española. Al principio es difícil, pero poco a poco vas entendiendo más.

COMUNICACIÓN

Expresar acuerdo

Estoy de acuerdo.
Tienes razón.
A mí me pasa lo mismo.

Expresar desacuerdo

(Yo) No estoy de acuerdo.
(Yo) No lo veo así.

Yo estoy de acuerdo con Brian: tengo amigos españoles y chateo con ellos muy a menudo.

12 Lee estas frases que aparecen en las opiniones de la actividad anterior y contesta a las preguntas.

BRIAN: Si te comunicas con hablantes nativos, aprenderás más rápido y mejor.

CLÉMENCE: Es más fácil hablar si sabes más palabras.

BIRGIT: Si quieres hablar mejor y tener más vocabulario, sigue alguna serie española.

1 Estas frases expresan:
   a hipótesis poco probables que dependen de una condición.
   b hipótesis imposibles que dependen de una condición.
   c hipótesis muy probables que dependen de una condición.

2 Subraya en las frases anteriores la parte que expresa una condición.

3 En este tipo de hipótesis, ¿qué tiempos verbales usamos para expresar la condición y qué tiempos podemos usar para expresar la consecuencia o para dar un consejo?
   Expresar una condición: _____
   Expresar una consecuencia: _____
   Dar un consejo:

COMUNICACIÓN

Expresar condiciones

Para expresar hipótesis muy probables que dependen de una condición, podemos usar estas estructuras:
- **Si** + presente, presente / futuro:
  Si *estudias* mucho, **mejoras / mejorarás** tu español.
- **Si** + presente, imperativo:
  Si *llegas* antes de las doce, **llámame** al móvil.

Con el imperativo, podemos dar instrucciones, sugerencias o consejos:
  Si *quieres aprender más*, **estudia** todos los días.

13 Relaciona las frases de la columna de la izquierda con las de la derecha. Puede haber más de una opción.

1. Si te quedas todo el día en la playa,
2. Si empiezas a hacer deporte,
3. Si duermes menos de siete horas,
4. Te llamaré esta noche
5. Ven a verme
6. Si no te gustan los pantalones,
7. Tendrás hambre por la tarde
8. Llegaremos a tiempo
9. Si quieres visitar el centro,
10. Si vas al supermercado,

a. si salimos ahora.
b. si puedo.
c. puedes cambiarlos.
d. coge el autobús.
e. te sentirás mejor.
f. compra un poco de queso.
g. te quemarás con el sol.
h. tu cerebro no funcionará bien.
i. si no te comes todo.
j. si necesitas ayuda.

14 Completa las siguientes frases con presente, futuro o imperativo.

1. Si (levantarse, nosotros) _____ temprano, (ir, nosotros) _____ a correr al parque.
2. Si (estudiar, tú) _____ un poco más cada día, (aprobar, tú) _____ el examen.
3. Si (querer, vosotros) _____ venir al cine, (comprar, vosotros) _____ las entradas antes de las ocho.
4. Si mañana (hacer) _____ sol, (ir, nosotros) _____ a la playa.

●AMPLIAMOS

15 Después de leer el siguiente correo electrónico, comenta con tus compañeros tus impresiones sobre tu progreso en español, así como tus expectativas sobre el resto del curso.

Estimado/-a estudiante:

En estos momentos, estás leyendo la última unidad del primer bloque de ELEXPRÉS: la unidad 16. Creemos que ya has alcanzado un nivel inicial de español (niveles A1 y A2 del *Marco Común Europeo de referencia*) y que te vas sintiendo más seguro a la hora de comunicarte, cuando te expresas, escuchas, hablas con otras personas, cuando escribes o cuando lees. Por eso, es un buen momento para pensar en todo lo que has aprendido y en lo que vas a seguir aprendiendo.

Sabemos que, con la ayuda de tu profesor(a) y de otros muchos recursos (diccionarios, internet, diferentes medios de comunicación...) has podido trabajar mucho y has descubierto muchos aspectos nuevos de la lengua y la cultura de los países donde se habla español.

Queremos decirte que todavía te esperan las unidades del segundo bloque, con muchos contenidos y muchos materiales para seguir aprendiendo, y más oportunidades para mejorar tu español. ¡Mucho ánimo! ¡Lo estás haciendo muy bien!

Un saludo de las autoras de *ELEXPRÉS*,
Alicia y Raquel

Autoevaluación

1. Después de terminar la universidad _____ a trabajar y _____ un piso para independizarme.
   a empezará / buscará
   b empezaré / buscaré
   c tendré / comprará

2. Creo que en el futuro no _____ ordenadores.
   a habrá   b serán   c estarán

3. El cambio climático no se _____, porque las grandes potencias nunca _____ de acuerdo.
   a aumentarán / lograrán
   b detendrá / se pondrán
   c frenará / firmarán

4. Los niños del futuro no _____ con libros: la enseñanza _____ a través de la realidad virtual.
   a aprenderán / será
   b estudiarán / habrá
   c tendrán / estará

5. En el año 2100 _____ un idioma universal y todos los habitantes del planeta lo _____.
   a habrá / hablarán
   b se creará / dirán
   c existiré / producirán

6. En el futuro la mayor parte de la población _____ vegetariana.
   a comerá   b estará   c será

7. Una tarotista me dijo que pronto _____ a la mujer de mi vida y _____ cuatro hijos.
   a veré / habremos
   b conoceré / tendremos
   c encontraré / conseguiremos

8. En un futuro próximo no se _____ los coches en las ciudades, solo se _____ el transporte público.
   a permitirán / usará
   b existirán / irá
   c prohibirán / podrá ir

9. En el futuro, los edificios _____ un huerto en el tejado y los vecinos _____ cultivar sus verduras.
   a habrán / tendrán
   b tendrán / podrán
   c estarán / cogerán

10. Tu horóscopo dice que _____ a una importante mujer de negocios y _____ mucho dinero.
    a estarás / tendrás
    b serás / recogerás
    c conocerás / ganarás

11. Los autobuses del futuro no _____ conductor y _____ muy poco combustible.
    a tendrán / ahorrarán
    b necesitarán / consumirán
    c habrá / gastarán

12. El próximo año _____ Japón; me parece un país muy interesante.
    a me gustaría visitar
    b me gusta visitar
    c gustaría

13. ■ ¿Cuál es tu mayor deseo?
    ● Pues _____ vivir en Nueva York unos años.
    a me gustará   b me gusta   c me gustaría

14. Si todos los meses _____ un poco de dinero, en Navidad _____ de vacaciones a Chile.
    a ganarás / irás
    b guardas / vayas
    c ahorras / podrás ir

15. _____ si _____ a Madrid la próxima semana y nos vemos.
    a Llamarás / llegas
    b Dime / estás
    c Llámame / vienes

16. Si _____ a Madrid, te _____.
    a voy / llamaré   b irás / veré   c visitas / diré

17. _____ con la consola si _____ los deberes.
    a Puedes jugar / harás
    b Jugarás / terminas
    c Juega / acabarás

18. Si _____ un poco todos los días, _____ el examen.
    a trabajarás / superas
    b lees / aprueba
    c estudias / aprobarás

19. ■ Tengo problemas para recordar los verbos irregulares.
    ● _____: hay muchos y es muy difícil recordarlos todos.
    a Yo no lo veo así
    b A mí me pasa lo mismo
    c No estoy de acuerdo

20. ■ En el futuro, en las fábricas solo trabajarán robots.
    ● _____: las personas siempre van a ser necesarias.
    a Estoy de acuerdo
    b Tienes razón
    c Yo no lo veo así

Repaso 13-16

● LEER

1 Lee el artículo sobre la nueva era digital y señala si son verdaderas (V) o falsas (F) las afirmaciones.

La nueva era digital

Según el físico y futurólogo Michio Kaku, en los próximos veinticinco años experimentaremos grandes cambios. Este investigador proclama que estamos en el final de la tercera era tecnológica que nos ha traído avances como los ordenadores, internet y los satélites, y dará paso a la cuarta era, en la que los protagonistas serán, el big data, la inteligencia artificial, la nanotecnología y la biotecnología. Estas son algunas de las predicciones de Kaku:

1. Se podrán introducir unas cápsulas en el cuerpo humano que ayudarán a detectar de forma precoz algunas enfermedades como el cáncer y la diabetes.
2. Las radiografías se harán a través de unas lentes especiales que también las mostrarán. Ya no serán necesarios los actuales aparatos de rayos X.
3. Nos conectaremos a internet a través de unas lentes de contacto y con un movimiento de ojos podremos acceder, por ejemplo, a una clase con un profesor robot o a la biografía de la persona con la que estamos hablando. Ya no necesitaremos memorizar nada.
4. Habrá una revolución en el mundo del arte, los artistas y diseñadores solo necesitarán una impresora 3D para crear una imagen en su cerebro y pasarla directamente a la impresora que la hará realidad.
5. Los robots no podrán sustituir al hombre en todos los trabajos. Las profesiones con más futuro serán aquellas relacionadas con las habilidades manuales y en las que sea necesario la creatividad, la interacción humana, la capacidad de improvisación y toma de decisiones ante determinadas situaciones. Por ejemplo, seguirán existiendo profesores humanos como mentores, porque los robots no pueden dar ayuda ni consejos personalizados.
6. La realidad virtual será el nuevo espacio para la educación, las reuniones de trabajo, las conferencias, los museos e incluso los *tours* turísticos.
7. Los coches serán autónomos y los conductores podrán decirles, a través del flujo sanguíneo de la parte frontal del cerebro, a dónde quieren que los lleve o dónde aparcar.

	V	F
1 Hemos empezado una nueva era tecnológica.	○	○
2 La inteligencia artificial forma parte de la tercera era tecnológica.	○	○
3 Se podrá introducir tecnología digital dentro del cuerpo humano para prevenir enfermedades.	○	○
4 Usaremos unas lentes de contacto con conexión directa a internet.	○	○
5 Seguirá siendo necesario usar la memoria para recordar datos.	○	○
6 Habrá profesiones que no podrán ser ejercidas por robots.	○	○
7 Conduciremos dando órdenes a los coches desde nuestro cerebro.	○	○

● ESCRIBIR

2 En parejas, escribid un decálogo de consejos, dirigido a adolescentes, para prevenir el mal uso de las nuevas tecnologías. Después, presentad vuestro decálogo al resto de la clase.

1 Establece un horario para consultar las redes sociales y respétalo.
2 …

ESCUCHAR

3 Relaciona las imágenes de los modelos de móviles con el año en que salieron al mercado.

a ◯ 1984 b ◯ 1999 c ◯ 2007 d ◯ 2011 e ◯ 2014 f ◯ 2022

① Samsung Galaxy S2 (Android)
② BlackBerry 850 (Teléfono con teclado)
③ Huawei Mate (Teléfono plegable)
④ Motorola Dynatac (Duración de la batería: 60 minutos)
⑤ Nokia 2760 (Teléfono con tapa)
⑥ iPhone 6 (Teléfono con huella digital)

 4 Laura explica todos los móviles que ha tenido. Escucha y contesta a las preguntas.

1. ¿Cómo consiguió su primer teléfono móvil?
2. ¿Cuál fue la novedad que incorporó Blackberry en el mundo de los móviles?
3. ¿Qué móvil tuvo con tapa?
4. ¿Cuál fue su primer móvil que incorporaba la huella digital?
5. ¿Por qué se cambió a Huawei?

HABLAR

5 En parejas, vais a comentar qué móviles habéis tenido vosotros.

- *Mi primer móvil fue un Samsung, el Samsung Galaxy S6; era de mi hermano. Yo tenía 12 años y mis padres no querían que yo tuviera móvil, pero mi hermano les convenció.*
- *Yo tenía 10 años cuando me compraron mi primer móvil; también era un Samsung…*

6 En parejas, decidid cuáles han sido para vosotros los cambios más importantes de los últimos diez años en los siguientes ámbitos. Después, presentad al resto de compañeros vuestras conclusiones.

| La medicina | La educación | El medioambiente | La tecnología |

- *Yo creo que, en relación con la tecnología, el cambio más importante ha sido el desarrollo de las impresoras 3D, con las que prácticamente se puede reproducir todo.*
- *Sí, es verdad: parece increíble que se puedan reproducir piernas o brazos ortopédicos, de forma tan sencilla… También me parece importante el desarrollo de la inteligencia artificial…*

7 Lee las siguientes predicciones para el año 2050 y comenta con tu compañero si estás o no de acuerdo y las posibles consecuencias de cada una.

1. Los robots formarán parte de la sociedad como los seres humanos, conviviendo y relacionándose.

2. Podremos conectar nuestro cerebro a ordenadores y vivir en un mundo simulado.

3. Desaparecerán los libros de texto, todo se estudiará usando la realidad virtual.

4. Se podrán recrear especies de animales que actualmente están extinguidas y se volverán a incorporar en su ámbito natural.

- *Yo no estoy de acuerdo con la 1: yo creo que los robots evolucionarán mucho, pero nunca formarán parte de la sociedad.*
- *Pues yo sí que creo que en el futuro los robots serán muy parecidos a los seres humanos y tendrán sentimientos. Pero los seres humanos no desaparecerán. ¿Has visto la película* Bigbug*? A mí me encantó, es una comedia muy divertida que trata sobre cómo nos puede dominar la tecnología.*

8 Recuerda que esta es la última unidad de la primera parte del curso. Compara lo que antes sabías y hacías en español con lo que sabes y haces ahora. ¿Qué te gustaría conseguir al final del curso? Coméntalo con tu compañero.

ANTES…	AHORA…	EN EL FUTURO, ME GUSTARÍA…
No conocía mucho sobre la cultura de los países donde se habla español.	*Conozco y entiendo muchas cosas de su cultura.*	*Viajar a otros países donde se habla español, como Argentina o Chile.*

¿QUÉ SABES HACER?

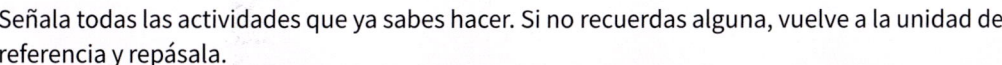

Señala todas las actividades que ya sabes hacer. Si no recuerdas alguna, vuelve a la unidad de referencia y repásala.

COMPRENSIÓN ESCRITA

¿Qué puedes comprender cuando lees?

○ Soy capaz de leer y entender un texto descriptivo-narrativo sencillo y contestar a preguntas sobre él (Unidad 13).
○ Soy capaz de comprender un artículo informativo sencillo (Unidad 14).
○ Puedo identificar el formato de un anuncio (Unidades 14 y 15).
○ Soy capaz de comprender un blog sobre experiencias personales (Unidad 15).
○ Puedo identificar el titular de una noticia (Unidad 16).

COMPRENSIÓN AUDITIVA

¿Qué puedes entender?

○ Soy capaz de entender de manera general el relato de un recuerdo breve sobre el pasado (Unidades 13 y 15).
○ Identifico y entiendo algunas expresiones que se utilizan en las conversaciones telefónicas (Unidad 14).
○ Soy capaz de identificar las circunstancias que rodean una anécdota o un relato en el pasado (Unidad 15).
○ Reconozco expresiones relacionadas con el futuro cuando escucho un texto, por ejemplo, sobre predicciones (Unidad 16).

EXPRESIÓN ORAL

¿Qué puedes expresar?

○ Soy capaz de hablar sobre una tradición de mi país (Unidad 13).
○ Puedo hablar de manera básica sobre acciones habituales que realizaba en el pasado (Unidad 13).
○ Soy capaz de hablar sobre mis recuerdos (Unidades 13 y 15).
○ Puedo recomendar y dar órdenes sencillas (Unidad 14).
○ Puedo expresar el contraste entre lo que hacía habitualmente y lo que hice en un momento concreto del pasado (Unidad 15).
○ Puedo hablar de acciones futuras y hacer predicciones sobre le futuro (Unidad 16).
○ Puedo expresar deseos con expresiones sencillas como *me gustaría*… (Unidad 16).
○ Soy capaz de expresar condiciones de manera sencilla (Unidad 16).

INTERACCIÓN ORAL

¿Cómo puedes interactuar con los demás?

○ Puedo preguntar a otra persona de forma sencilla sobre sus recuerdos y comentarle los míos (Unidad 13).
○ Soy capaz de expresar mi opinión (Unidad 13).
○ Puedo pedir y dar permiso con instrucciones breves y fáciles (Unidad 14).
○ Puedo mantener un diálogo sencillo con otra persona sobre anécdotas personales (Unidad 15).
○ Soy capaz de expresar acuerdo y desacuerdo (Unidad 16).
○ Puedo preguntar y expresar mis impresiones y expectativas generales sobre el curso (Unidad 16).

EXPRESIÓN ESCRITA

¿Qué puedes escribir?

○ Soy capaz de escribir un texto breve para contar cómo era de pequeño y lo que hacía (Unidad 13).
○ Puedo escribir un breve texto para grabarlo después en mi buzón de voz (Unidad 14).
○ Soy capaz de escribir una anécdota de mi pasado, con expresiones como *porque, por eso, cuando*… (Unidad 15).
○ Puedo elaborar el titular para una noticia de periódico (Unidad 16).

Soy capaz de utilizar y comprender vocabulario sobre los siguientes temas:

○ Momentos de la vida de una persona (Unidades 13 y 15).
○ Recuerdos infantiles (Unidades 13 y 15).
○ Expresiones relacionadas con el teléfono (Unidad 14).
○ Anécdotas (Unidad 15).
○ Opiniones y expectativas sobre el aprendizaje de un idioma (Unidad 16).

17
Nos vamos de fiesta

●EMPEZAMOS

1 ¿Conoces estas fiestas? Escucha una conversación entre tres amigos y señala en el mapa dónde se celebra cada una.

1 Las Fallas
2 El Carnaval
3 La Feria de Abril
4 La Tomatina

2 Vuelve a escuchar la conversación y responde a las preguntas.

1 ¿Dónde se alojaron Sonia y Manuel en Valencia?
2 ¿Crees que a Sonia le gustan las Fallas? ¿Por qué?
3 ¿Cómo se lo pasó Laura en Cádiz?
4 ¿Por qué no quiere ir Laura a la Feria de Abril?

3 Lee la transcripción de la conversación de la actividad 1 en la página 233 y clasifica los verbos en presente de indicativo.

Regulares	
Irregulares	*hace*

GRAMÁTICA

Presente de indicativo

Para hablar sobre hábitos utilizamos el presente de indicativo:

Verbos regulares en -ar / -er / -ir

	lanzar	comer	vivir
(yo)	lanzo	como	vivo
(tú)	lanzas	comes	vives
(él, ella, usted)	lanza	come	vive
(nosotros/-as)	lanzamos	comemos	vivimos
(vosotros/-as)	lanzáis	coméis	vivís
(ellos/-as, ustedes)	lanzan	comen	viven

Verbos irregulares

	ir	ser	decir	tener	oír	venir
(yo)	voy	soy	digo	tengo	oigo	vengo
(tú)	vas	eres	dices	tienes	oyes	vienes
(él, ella, usted)	va	es	dice	tiene	oye	viene
(nosotros/-as)	vamos	somos	decimos	tenemos	oímos	venimos
(vosotros/-as)	vais	sois	decís	tenéis	oís	venís
(ellos/-as, ustedes)	van	son	dicen	tienen	oyen	vienen

Verbos irregulares con cambio vocálico

	querer (e>ie)	poder (o>ue)	pedir (e>i)
(yo)	quiero	puedo	pido
(tú)	quieres	puedes	pides
(él, ella, usted)	quiere	puede	pide
(nosotros-/as)	queremos	podemos	pedimos
(vosotros/-as)	queréis	podéis	pedís
(ellos/-as, ustedes)	quieren	pueden	piden

> **Otros verbos con la misma irregularidad:**
>
> **e>ie:** comenzar, divertirse, empezar, encender, fregar, mentir, perder, sentarse, sentir, divertirse...
>
> **o>ue:** contar, doler, encontrar, llover, morir, mostrar, mover, probar, soler, acostarse, volver...
>
> **e>i:** corregir, despedir, servir, seguir, vestirse...

Solo la 1.ª persona del singular es irregular

caerse: me caigo	**hacer:** hago	**salir:** salgo	**valer:** valgo	**dar:** doy
estar: estoy	**poner:** pongo	**traer:** traigo	**saber:** sé	**ver:** veo

Otros verbos irregulares

c>cz: conducir: conduzco; conocer: conozco; obedecer: obedezco; producir: produzco; traducir: traduzco
g>j: coger: cojo; dirigir: dirijo; elegir: elijo; corregir: corrijo
i >y: construir: construyo; destruir: destruyo

*Mañana **van** a Valencia para ver las Fallas.*
*Normalmente **hago** los deberes por la noche.*
*¿Qué **dices**? No **oigo** nada.*
*Me **divierto** cuando **estoy** de vacaciones en la playa.*
*Mi profesora siempre me **corrige** cuando **digo** algo incorrecto.*
*Normalmente **duermo** ocho horas todos los días.*
*Nuestras clases **empiezan** a las ocho.*

17

4 Completa la información que falta en el texto.

> se celebra se queman se lanzan
> se viste se bailan se puede

Fiestas

En Valencia, durante las Fallas, **(1)** _____ grandes figuras satíricas de políticos, artistas, etc., hechas de papel. También **(2)** _____ ir a la playa y comer paella, un plato típico de esa zona.

En Cádiz **(3)** _____ el Carnaval con una fiesta muy especial porque hay chirigotas, que son grupos de gente que va disfrazada y canta canciones humorísticas.

En la Feria de Abril, **(4)** _____ sevillanas y la gente **(5)** _____ con un traje típico.

Jóvenes de todo el mundo van a Buñol para participar en la Tomatina, una batalla en la que **(6)** _____ toneladas de tomates.

GRAMÁTICA

Se

Cuando queremos generalizar o no sabemos quién es el sujeto usamos **se** + **3.ª persona singular / plural**.

*En España **se come** mucho pan.*
***Se comen** muy buenas tapas en ese bar.*
*En Valencia **se celebran** las Fallas.*

● AVANZAMOS

5 Escucha y completa la ficha de una fiesta. Luego, compara tus notas con las de tu compañero y corrige tu ficha.

Nombre de la fiesta: _____
Fecha: _____
Lugar: _____
Actos religiosos: _____
Lo más típico: _____
Requisitos: _____

6 En la siguiente actividad vas a describir lo que hace Francisco, un corredor de los Sanfermines. Pero primero, relaciona estas palabras que vas a usar después: ¿qué combinaciones son posibles?

1 poner
2 sonar
3 quitar
4 encender
5 hacer
6 apagar

a el despertador
b la radio
c la televisión
d la mesa
e gimnasia

7 Durante una semana entera Francisco corre en los encierros de las fiestas de San Fermín. Elige una escena. Descríbela, pero sin decir cuál es. Tu compañero tiene que adivinarla.

8 Lee la información sobre el Día de Muertos en México: ¿se celebra igual en tu país o ciudad? Coméntalo con tus compañeros. Después, subraya los cuantificadores que encuentres en el texto.

El Día de Muertos

En México los días 1 y 2 de noviembre se celebra el Día de muertos. Es una de las tradiciones más importantes del país, cuyo origen está en las culturas indígenas, y con ella se conmemora y se honra a los seres queridos que ya no están.

Los mexicanos tienen muchas tradiciones para esta celebración, en la mayoría de mercados y en muchas tiendas se venden calaveras de azúcar y chocolate. En todas las casas se colocan altares con las fotos de los familiares muertos y se ponen velas; unas flores; el Pan de muerto, un pan tradicional dulce de origen azteca; y la comida y bebida favorita de los familiares fallecidos. Todo esto se hace para invitar a los muertos que, según la tradición, regresan por una noche al mundo de los vivos. El 2 de noviembre, muchas personas van a los cementerios para llevar flores, velas y regalos a las tumbas.

El Día de Muertos actualmente se ha convertido en una importante atracción turística y cada año hay más personas que visitan las ciudades y pueblos mexicanos para asistir a los diferentes eventos que se organizan, como el desfile de carrozas y calaveras gigantes que tiene lugar en Ciudad de México. En algunos lugares del país las familias abren las puertas de sus casas para que la gente pueda entrar y ver los altares.

LÉXICO

Cuantificadores

- *(Casi) Todo el mundo*
- *Todo/-a/-os/-as* + sustantivo
- *La mayoría de (del)* + la / los / las + sustantivo
- *Mucho/-a/-os/-as* + sustantivo
- *(Casi) La mitad de (del)* + la / los / las + sustantivo
- *Algún/-una/-unos/-unas* + sustantivo
- *Poco/-a/-os/-as* + sustantivo
- *(Casi) Ningún/-una* + sustantivo
- *(Casi) Nadie*

En España **casi todo el mundo** come mucho pan.
La mayoría de la gente celebra la Navidad con su familia.
Muchas personas suelen ir de vacaciones a la playa.
Todas las casas tienen altares.
La mitad de los niños son menores de 6 años.
Hay **algunos** estudiantes que hablan cuatro idiomas.

- En la India, el Día de Muertos se llama Mahalaya, y es diferente de México. Se celebra en una fecha diferente cada año, entre agosto y septiembre, depende de la luna. Y dura quince días…
- ¡¿Quince días?! No lo sabía, en Alemania es solo un día, el 1 de noviembre. ¿Y qué hacéis para celebrarlo?
- Pues toda la gente reza por los muertos y les pide deseos…

9 Selecciona cinco fiestas o días festivos y escribe cómo se celebran en tu país. Después, coméntalo con tu compañero.

1 El último día del año
2 El Día de San Valentín
3 El Día de la Fiesta Nacional
4 La Semana Santa
5 El Día del Padre / de la Madre
6 El Día del Libro
7 El Día del Trabajo
8 El Día de Muertos

En Italia, la mayoría de la gente celebra el último día del año en la calle, con amigos. En casi todas las casas cenan lentejas para empezar el año nuevo con buena suerte…

10 Elige una de estas fiestas u otra fiesta del mundo hispano que te interese. Con ayuda de internet, elabora una ficha como la de la actividad 5 y preséntasela a tu compañero.

- El carnaval porteño (Argentina)
- La tamaliza de la Candelaria (México)
- Fiesta Tapati de Rapa Nui (Isla de Pascua, Chile)
- Los Diablos Danzantes de Yare (Venezuela)

11 Elige una fiesta típica de tu país o ciudad a la que sueles ir y cuenta a tus compañeros cuándo es, qué se celebra, lo que haces cuando vas…

> Por la mañana… • Después… • Por la tarde… • Luego… • Por la noche… • A las diez de la noche…

En Suecia hay una fiesta muy importante, la Midsommar, para celebrar la llegada del verano. Son dos días: viernes y sábado. El viernes por la mañana voy a casa de mis padres para desayunar. Después, mi hermano y yo nos vestimos con el traje tradicional sueco. La mayoría de la gente hace una barbacoa y…

●AMPLIAMOS

12 Fíjate en las fechas y ordena los párrafos de este texto sobre cómo se celebra la Navidad en España.

Navidad en España

○ **A** Al día siguiente, el día de Reyes, es típico tomar, para desayunar o después de comer, roscón de Reyes, un tipo de dulce con forma de anillo, decorado con trozos de frutas y que esconde una pequeña sorpresa entre la masa.

○ **B** En muchos hogares es el momento de preparar la casa para la Navidad y colocar el belén (figuritas que representan los personajes relacionados con el nacimiento de Jesús), el árbol de Navidad o, simplemente, adornar la casa con luces y cintas de colores.

○ **C** El día **28 de diciembre** es el Día de los Inocentes, que recuerda la matanza de niños cometida por el rey Herodes en Judea. En España, ese día, los medios de comunicación suelen transmitir alguna noticia falsa y la gente hace bromas.

○ **D** La noche del **24 de diciembre** es conocida como Nochebuena y es el día que los cristianos celebran el nacimiento de Jesús. Toda la familia suele reunirse para cenar algo especial, cantar villancicos acompañados de panderetas y zambombas, beber cava y comer turrón, mazapán y otros dulces navideños. Al día siguiente es Navidad y la familia vuelve a reunirse para comer.

○ **E** La noche del **5 de enero**, los Reyes Magos llegan a España y traen regalos a los niños que se han portado bien durante el año, y carbón a los que se han portado mal.

○ **F** La Navidad, en España, empieza extraoficialmente el día **22 de diciembre** con el Sorteo Extraordinario de la Lotería. Durante cinco horas, la televisión y la radio retransmiten el sorteo y todo el mundo está pendiente de los niños del Colegio San Ildefonso de Madrid, que son quienes cantan los números ganadores. El primer premio es conocido como "el gordo".

○ **G** El último día del año, el **31 de diciembre**, se celebra la Nochevieja. Después de cenar con la familia o un grupo de amigos, a medianoche, millones de españoles comen las doce uvas mientras en televisión un reloj, normalmente el de la Puerta del Sol de Madrid, da las doce campanadas. La noche continúa con una fiesta hasta altas horas de la mañana.

13 Lee las siguientes definiciones y busca las palabras a las que se refieren en el texto anterior.

1. Vino espumoso que se toma en celebraciones
2. Dulces típicos de Navidad
3. Primer premio de la lotería de Navidad
4. Canciones que se cantan en Navidad
5. Última noche del año
6. La celebración de la noche del 24 de diciembre
7. Recuerda la matanza de niños cometida por el rey Herodes

14 Contesta a estas preguntas relacionadas con el texto de la actividad 12. Comenta las respuestas con tu compañero.

1. ¿Cómo decoran los españoles sus casas durante la Navidad?
2. ¿Qué día suelen mentir los medios de comunicación?
3. ¿Qué hacen los españoles en Nochebuena y en Nochevieja?

15 ¿Se celebra la Navidad en tu país o existe otra tradición parecida? Haz una lista de las costumbres, los días festivos, las comidas típicas, las costumbres… Compárala con la de tu compañero y, luego, con las costumbres españolas. ¿Hay muchas diferencias? ¿Cuáles?

Autoevaluación

1 Este año la Feria de Abril de Sevilla _____ el día 15 de abril.
 a se empieza
 b empiezan
 c empieza

2 Las sevillanas son un tipo de _____ típico del sur de España.
 a comida
 b baile
 c traje

3 Las Fallas _____ su origen en las hogueras que hacían los carpinteros en el siglo XVI.
 a tienen
 b es
 c empiezan

4 La Feria de Abril celebra el inicio _____.
 a del verano
 b de la primavera
 c del invierno

5 Cádiz está en el _____ de España y es famosa por su _____.
 a norte / vino
 b oeste / paella
 c sur / carnaval

6 La fiesta de Buñol se llama _____.
 a Catarsis del tomatazo
 b Tomatazo
 c Tomatina

7 En la fiesta de Buñol la gente _____ miles de tomates.
 a lanza
 b come
 c planta

8 En las fiestas de San Fermín, _____ correr mucha gente joven.
 a tienen que
 b suele
 c suelen

9 Nochebuena _____ el 24 de diciembre con toda la familia.
 a celebra
 b se celebran
 c se celebra

10 Los niños _____ muchos regalos a los Reyes Magos.
 a piden
 b toman
 c pueden

11 Cuando tengo vacaciones, _____ y _____ tarde.
 a me acuesto / me levanto
 b acuesto / levanto
 c duermo / despierto

12 Poner y quitar la televisión significa _____.
 a colocarla y limpiarla
 b encenderla y apagarla
 c abrirla y cerrarla

13 Llevar el mantel y las servilletas es _____.
 a arreglar la mesa
 b llenar la mesa
 c poner la mesa

14 Estoy cansado. No me apetece _____ gimnasia.
 a hacer
 b encender
 c quitar

15 Normalmente no _____ la radio, ni _____ la tele. _____ leer el periódico.
 a oye / se ve / Prefiere
 b oigo / veo / Prefiero
 c oigo / veo / Me prefiero

16 La Navidad, tal como la _____ hoy, _____ una creación del siglo XIX.
 a conocí / somos
 b conocemos / es
 c conoce / se

17 En España, los regalos de Navidad los traen _____.
 a los Reyes de España
 b San Nicolás
 c los Reyes Magos

18 En Navidad, muchos españoles brindan con _____.
 a cava
 b sangría
 c cerveza

19 En Nochevieja, muchos españoles toman doce _____.
 a cucharadas de lentejas
 b copas de cava
 c uvas

20 Un villancico es _____.
 a un dulce navideño
 b una canción navideña
 c una bebida

18 Vamos a recordar el pasado

● EMPEZAMOS

1 ¿Conoces a Alejandro Sanz? Lee el siguiente texto y responde a las preguntas.

Alejandro Sanz

Es un cantautor y compositor español. Ha vendido más de 25 millones de discos en todo el mundo y ha ganado 24 Grammys Latinos y 4 Grammys estadounidenses. También ha realizado colaboraciones con diversos artistas nacionales e internacionales (Jarabe de Palo, Shakira, Alicia Keys, Marc Anthony...). En 1997 su álbum *Más* vendió más de cinco millones de copias gracias a su famosa canción "Corazón partío"*.

Actuó en la ceremonia inaugural de los Juegos Olímpicos de Tokio 2020, interpretando junto con otros tres artistas de fama internacional la canción *Imagine* de John Lennon.

En 2021 publicó *Sanz*, un álbum con sonidos de música negra, soniquetes caribeños, pop, arreglos electrónicos y música de orquesta, pero también, volviendo a sus orígenes, con guitarras, palmas y el pulso rítmico del flamenco. Este álbum se suma a su ya larga colección de discos, que han incluido versiones en italiano y portugués, además de canciones en inglés.

*partío: forma coloquial de partido, roto.

1 ¿Quién es Alejandro Sanz?
2 ¿Por qué es famoso?
3 ¿Con qué álbum tuvo más éxito?
4 ¿Qué hizo en los Juegos Olímpicos de Tokio?
5 ¿En qué idiomas, además del español, ha cantado Alejandro Sanz?

2 Vuelve a leer el texto anterior y completa la tabla señalando cuándo suceden las acciones. Después, completa las frases con el nombre del tiempo verbal adecuado.

	en 1997	en 2021	en su vida
1 Ha vendido más de 25 millones de discos.			
2 Su álbum *Más* vendió 5 millones de copias.			
3 Ha colaborado con diversos artistas.			
4 Publicó su disco *Sanz*.			

a Para hablar de acciones pasadas en un periodo de tiempo no terminado usamos _____.
b Para hablar de acciones pasadas en un periodo de tiempo terminado usamos _____.

GRAMÁTICA

Tiempos de pasado de indicativo

Pretérito perfecto

Para referirnos a acciones pasadas dentro de periodos de tiempo no finalizados que incluye el tiempo presente.

	presente de *haber*	participio pasado
(yo)	he	
(tú)	has	
(él, ella, usted)	ha	+ regal**ado**
(nosotros/-as)	hemos	perd**ido**
(vosotros/-as)	habéis	part**ido**
(ellos/-as, ustedes)	han	

Expresiones temporales:

- **hoy, hace un rato, últimamente**
- **esta(s)** + mañana / semana / vacaciones
- **este / estos** + mes / año / días / fin de semana
- **ya / todavía no**
- **nunca / alguna vez** (cuando se refiere a la vida de una persona que está viva)

*Esta semana no **hemos tenido** clase de música.*
*Todavía no **he terminado** el informe, necesito más tiempo.*
*¿**Has estado** alguna vez en Argentina?*
*Mi abuela nunca **ha viajado** en avión, le da mucho miedo.*

Participios irregulares

hacer: **hecho**	volver: **vuelto**	abrir: **abierto**
escribir: **escrito**	romper: **roto**	morir: **muerto**
decir: **dicho**	poner: **puesto**	ver: **visto**

Pretérito indefinido

Para referirnos a acciones pasadas dentro de periodos de tiempo ya finalizados.

	regalar	nacer	vivir
(yo)	regal**é**	nac**í**	viv**í**
(tú)	regal**aste**	nac**iste**	viv**iste**
(él, ella, usted)	regal**ó**	nac**ió**	viv**ió**
(nosotros/-as)	regal**amos**	nac**imos**	viv**imos**
(vosotros/-as)	regal**asteis**	nac**isteis**	viv**isteis**
(ellos/-as, ustedes)	regal**aron**	nac**ieron**	viv**ieron**

Verbos irregulares

dar	poner	venir	querer	saber	ir / ser	estar
di	puse	vine	quise	supe	fui	estuve
diste	pusiste	viniste	quisiste	supiste	fuiste	estuviste
dio	puso	vino	quiso	supo	fue	estuvo
dimos	pusimos	vinimos	quisimos	supimos	fuimos	estuvimos
disteis	pusisteis	vinisteis	quisisteis	supisteis	fuisteis	estuvisteis
dieron	pusieron	vinieron	quisieron	supieron	fueron	estuvieron

Expresiones temporales:

- **ayer, anoche, antes de ayer**
- **el / la / los / las** + semana / mes / año / siglo + **pasado/-a**
- **hace** 1 / 2 / 3… días / semana / mes / año / mucho tiempo
- **en** + (fecha)
- **alguna vez / nunca** (cuando se refiere a la vida de una persona que está muerta)

*La semana pasada **revisamos** el presente de indicativo.*
*En enero **viajamos** a Madrid por trabajo.*
*Picasso nunca **visitó** Sudamérica.*

3 ¿Quieres conocer algo más personal de Alejandro Sanz? Completa estos datos con los verbos en el tiempo adecuado. Recuerda que para hablar del pasado podemos utilizar el pretérito indefinido o el pretérito perfecto.

Su nombre completo es Alejandro Sánchez Pizarro y (1) (**nacer**) _____ en Madrid el 18 de diciembre de 1968. Su primer juguete (2) (**ser**) _____ uno de piezas pequeñas para construir castillos. A los siete años, sus padres le (3) (**regalar**) _____ una guitarra.

Cuando Alejandro empezó a ganar dinero, (4) (**comprar**) _____ un coche de lujo a su padre y (5) (**montar**) _____ una peluquería para su madre. Siente pasión por la lectura: entre sus autores favoritos están Gustavo Adolfo Bécquer, Pablo Neruda y Gabriel García Márquez. Y sus ciudades españolas favoritas son Madrid y Sevilla.

Alejandro (6) (**casarse**) _____ en el año 2000 con la modelo mexicana Jaydy Mitchel y al año siguiente (7) (**nacer**) _____ su hija Manuela. La pareja (8) (**separarse**) _____ en 2005. Actualmente, Alejandro Sanz es padre de dos hijos más: Alexander y Dylan.

Alejandro Sanz (9) (**conseguir**) _____ vender más de veinticinco millones de discos a lo largo de su carrera y (10) (**superar**) _____ la marca de "Número 1" en ventas de discos, en manos de Julio Iglesias. Sin duda, Alejandro Sanz es el cantante español no solo de los 90, sino también del siglo XXI.

Si quieres saber más sobre Alejandro Sanz, puedes consultar su página oficial www.alejandrosanz.com

4 Ahora escucha y comprueba.

5 ¿Con cuáles de los siguientes marcadores temporales sería posible relacionar estas dos afirmaciones según el texto de la actividad 3?

> todavía no • esta semana • hace muchos años
> en estos últimos días • ya • en 1997

1 Alejandro Sanz empezó a ganar dinero.
2 Alejandro Sanz ha superado las ventas de discos de Julio Iglesias.

● AVANZAMOS

6 Este es un cuestionario para conocer quién es el más aventurero de la clase. Escribe dos preguntas más. Después, házselas a tus compañeros y decide a quién le das el premio.

Premio al más aventurero

1 Viajar con muy poco dinero.
2 Nadar con delfines.
3 Tirarse en paracaídas.
4 Dormir en la selva.
5 Comer gusanos.
6 Vivir cuatro experiencias nuevas este mes.
7 Recorrer un país sin mapa ni GPS.
8 Bucear en el fondo del mar.
9 _____
10 _____

- ¿Has viajado alguna vez con muy poco dinero?
- Sí, el año pasado, viajé por Australia durante tres meses, con muy poco dinero y trabajé lavando platos en bares a cambio de comida. ¿Y tú?
- Yo no, nunca he viajado con poco dinero; no sé…, no me parece seguro.

7 Completa las frases con información sobre ti y coméntalas con tu compañero. ¿Coincidís en algo?

1 Nací en el año _____.
2 Ayer comí _____.
3 Esta semana he ido a _____.
4 El domingo me levanté a las _____.
5 Anoche me acosté a las _____.
6 Nunca he estado en _____.
7 Todavía no he probado _____.
8 En mi último cumpleaños me regalaron _____.
9 El año pasado estuve de vacaciones en _____.

8 Escribe al principio de cada texto el nombre del personaje al que corresponde la información y transforma los infinitivos al tiempo verbal del pasado correspondiente.

 Jorge Drexler
 Jorge Luis Borges

 Picasso
 Enrique Iglesias
 Monserrat Caballé

A _____
- (Debutar) _____ fuera de España en 1956 con *La Bohème*, en el Teatro Municipal de Basilea.
- (Componer) _____ junto a Freddie Mercury el tema *Barcelona*, la canción oficial de los Juegos Olímpicos de Barcelona 92.

B _____
- (Ser) _____ director de la Biblioteca Nacional de Argentina.
- En 1944 (publicar) _____ *Ficciones*, uno de sus libros más famosos.

C _____
- En 1999 (publicar) _____ *Bailamos*, un sencillo con el que vendió 3 millones de copias.
- (Participar) _____ como actor en alguna película y series estadounidenses.

D _____
- (Nacer) _____ en Málaga, pero en 1904 (trasladarse) _____ a vivir a París.
- Henri Matisse y él (ser) _____ grandes rivales durante muchos años.

E _____
- (Nacer) _____ en Uruguay en 1964.
- (Componer) _____ canciones para artistas como Ketama, Pablo Milanés, y Shakira entre otros.
- (Ganar) _____ varios premios a lo largo de su carrera, entre ellos un Óscar y un Goya a la Mejor Canción Original.

9 Elige uno de estos momentos del que tengas un recuerdo especial y coméntalo con tu compañero.

1. Un concierto, espectáculo o teatro al que fuiste.
2. Una vez que cantaste en público.
3. Un autógrafo que conseguiste de un famoso.
4. La vez que coincidiste con un famoso en un lugar público.
5. Otro recuerdo especial relacionado con el mundo de la música o el arte.

> ■ *Yo recuerdo cuando conocí a Leonardo di Caprio en Nueva York…*
> ● *¿A Leonardo di Caprio? ¿Cómo fue?*
> ■ *Pues salí con unos amigos a cenar y fuimos al Tribeca Grill, que está en Manhattan, y en un momento de la cena, fui al baño y al salir, vi a Leonardo di Caprio lavándose las manos. Me quedé muy impactado. Y entonces…*

10 Lee las siguientes afirmaciones y comenta con tu compañero tu opinión sobre ellas.

1. El rap y el trap no son música, son poesía acompañada de alguna nota musical o golpe de percusión.
2. La música favorece el desarrollo cognitivo y emocional del bebé desde que está en el vientre de la madre.
3. La musicoterapia es una pseudociencia y no puede curar enfermedades.
4. Los Beatles han sido el mejor grupo de la historia.

> ■ *Yo no estoy de acuerdo con la 3: yo creo que la terapia con música puede ayudar a curar enfermedades. Sobre todo psicológicas…*
> ● *Pues yo creo que no: la música puede relajar, pero nada más…*

COMUNICACIÓN

Opinar y expresar acuerdo y desacuerdo

Solemos introducir nuestra opinión con expresiones como estas:

- En mi opinión,…
- Para mí,…
- Yo creo que…
- (No) Estoy de acuerdo…

En mi opinión, el rap es poesía cantada.

11 ¿Cuáles, de los siguientes tipos de música son, en tu opinión, los mejores? Coméntalo con tus compañeros.

música disco   rap   hip-hop   rock   música pop   salsa   flamenco   música electrónica   soul   jazz   música clásica

Para mí, la mejor música es el rock. Y los mejores cantantes de la historia son los de rock, porque…

Vamos a recordar el pasado

AMPLIAMOS

12 Busca en YouTube la canción de Alejandro Sanz *Yo no quiero suerte*. Escúchala y contesta a las preguntas.

1. La canción habla de:
   a la amistad entre dos personas.
   b una relación de amor.
2. ¿Qué dice el estribillo de la canción?

13 Este es un fragmento de la canción de la actividad anterior. Léelo y responde a las preguntas.

> Hay quien la ve venir,
> hay quien la espera y quien se juega el porvenir,
> se quedan como inertes
> creyendo que **está bien fiarse de la suerte**.
> Yo creo en el valor de atreverse a vivir,
> de no decirle no a ir quemando rueda.
> Lo bueno de sentir es hacerlo hasta que puedas.

1. ¿A quién se refiere el pronombre «la» que aparece en las dos primeras frases?
2. ¿Cuál es tu opinión sobre lo que dice la frase destacada en negrita? Coméntalo con tu compañero.
   - *Yo creo que no existe la suerte, ni buena ni mala.*
   - *Pues yo sí, yo creo que todos tenemos momentos de buena suerte y otros de mala suerte. A veces puedes hacer bien las cosas, pero tienes mala suerte y no consigues lo que quieres…*

14 Shakira es una cantante colombiana reconocida en todo el mundo. Su estilo fresco y su voz han hecho de ella una de las cantantes latinas más internacionales. Lee y ordena el siguiente texto para saber más sobre ella.

Shakira

○ **A** El 3 de abril de 2006 Shakira recibió una mención honorífica en una ceremonia de la Organización de las Naciones Unidas por la creación de la fundación llamada 'Pies Descalzos', que se encarga de ayudar y proteger a los niños que sufren de violencia familiar en Colombia.

○ **B** En el 2020 la revista *Rolling Stone* situó su álbum *¿Dónde están los ladrones?* entre los 500 mejores de todos los tiempos. Este mismo año, su canción "Suerte" se posiciona en el número 1 de iTunes USA, 19 años después de su lanzamiento.

○ **C** A sus dieciocho años, el éxito de su siguiente disco, *Pies descalzos,* cambió por completo su existencia, ya que supuso su lanzamiento internacional. Desde entonces, los aeropuertos y los hoteles de todo el mundo han sido su segundo hogar. Emilio Estefan, conocido cazatalentos de la música latina, ubicado en Miami, fue el productor ejecutivo de su álbum *¿Dónde están los ladrones?*, y la propia Shakira actuó como productora artística.

○ **D** En el año 2000, su disco *Shakira MTV Unplugged* ganó el premio Grammy como Mejor Álbum de Pop Latino, y sirvió de plataforma para su debut en inglés. En el año 2005, Shakira se lanzó a la aventura de grabar un mismo disco en español (*Fijación oral*) y en inglés (*Oral fixation*).

○ **E** En 1991, con tan solo trece años, firmó su primer contrato con la compañía discográfica Sony Music, y de allí salieron sus dos primeros discos: *Magia,* ese mismo año, y *Peligro,* dos años más tarde, en 1993.

○ **F** Con 40 años se convirtió en la primera artista sudamericana en posicionar cuatro canciones en español en la lista *Billboard Hot 100*, la principal lista musical de los EE. UU.

○ **G** Shakira Isabel Mebarak Ripoll nació el 2 de febrero de 1977 en la ciudad de Barranquilla (Colombia), de madre colombiana y padre de ascendencia libanesa. Con ocho años compuso su primera canción y empezó su trayectoria musical, acompañada por sus padres, en programas de televisión y radio. Durante tres años consecutivos, ganó un concurso regional en el canal de televisión colombiano Telecaribe.

○ **H** Durante el Mundial de Fútbol de Sudáfrica 2010 Shakira se convirtió en la intérprete de la canción oficial del evento, la llamada "Waka Waka" (*This Time For Africa*).

15 ¿Crees que esta información sobre Shakira es verdadera (V) o falsa (F)? Coméntalo con tus compañeros. Después, puedes comprobar si la información es correcta en internet.

	V	F
1 Firmó su primer contrato a los 17 años de edad.		
2 El Papa Juan Pablo II la recibió en 1998.		
3 Tituló uno de sus discos *¿Dónde están los ladrones?*, porque le entraron a robar en su mansión de Miami.		
4 Su nombre significa "llena de gracia" en árabe.		
5 En el 2022, su canción *Monotonía* junto al cantante puertorriqueño Ozuna, logró situarse en el Top 10 de la lista Airplay de Billboard.		

Autoevaluación

1 Esta mañana _____ mucho más que ayer.
  a he trabajado
  b trabajaba
  c estaba trabajando

2 El mes pasado unos amigos y yo _____ al concierto de Shakira.
  a fuimos
  b hemos ido
  c íbamos

3 Alejandro Sanz _____ en 1968.
  a nació
  b ha nacido
  c nací

4 "José todavía no ha llegado" significa _____:
  a José ya está aquí
  b José no está aquí
  c José ha llegado ahora mismo

5 El participio del verbo *componer* es _____:
  a componido
  b compuesto
  c componiendo

6 El participio del verbo *leer* es _____:
  a leído
  b listo
  c leyendo

7 La 1.ª persona (yo) del pretérito indefinido del verbo *saber* es _____:
  a sabía
  b he sabido
  c supe

8 Ayer mis compañeros me _____ que mañana no hay clase.
  a dijeron
  b han dicho
  c decían

9 Nosotros no _____ entradas para el concierto de la semana pasada.
  a consigamos
  b conseguíamos
  c conseguimos

10 Últimamente no _____ mucha música en español.
  a he escuchado
  b escuché
  c había escuchado

11 El sábado por la tarde no _____ ir al cine.
  a podamos
  b pudimos
  c podemos

12 No _____ nunca a un concierto de música clásica y este sábado va a ser la primera vez.
  a fui
  b he ido
  c iba

13 Todavía no _____ en España, pero quiero ir este año.
  a estuve
  b he estado
  c estaba

14 Alejandro Sanz es un famoso _____ español.
  a cantante
  b bailaor
  c guitarrista

15 Picasso _____ una gran parte de su vida en Francia.
  a ha vivido
  b vivía
  c vivió

16 ¿_____ alguna vez en Argentina?
  a Has estado
  b Vives
  c Vivías

17 En mi último cumpleaños me _____ un viaje a la Isla de Pascua.
  a regalaron
  b regalaban
  c han regalado

18 El nombre "Pies Descalzos" se refiere a _____:
  a una tienda de zapatos
  b un juego infantil
  c una fundación benéfica

19 Shakira es _____:
  a española
  b mexicana
  c colombiana

20 Ya _____ las actividades de esta Autoevaluación y las _____ muy bien.
  a terminé / he hecho
  b he terminado / he hecho
  c he terminado / hice

19 Recordar el pasado: los viajes

● EMPEZAMOS

1 ¿Conoces algún rascacielos? ¿Crees que son construcciones modernas? Lee este texto para descubrir la respuesta.

Rascacielos

Los primeros rascacielos aparecieron a finales del siglo XIX en ciudades con altos índices de población como Nueva York, Londres o Chicago, pero mucha gente no sabe que estos edificios ya <u>existían</u> hace miles de años.

Los rascacielos de Roma, en época del emperador Domiciano (s. I), <u>se llamaban</u> *insulae* –palabra latina que significa islas– porque <u>se levantaban</u> como islas en medio de un mar de casas bajas, y <u>podían</u> tener hasta seis pisos de altura.

Ya antes del Imperio romano, se habían construido rascacielos, los zigurats babilónicos –pirámides escalonadas, inspiradoras, probablemente, de la Torre de Babel–, aunque no con el sentido de edificios de vecinos y oficinas que hoy tienen para nosotros los rascacielos, y que ya <u>tenían</u> en Roma.

Los propietarios de las *insulae* romanas <u>eran</u> sociedades inmobiliarias que <u>cobraban</u> un alto alquiler a los inquilinos y que no <u>cuidaban</u> demasiado las medidas de seguridad del edificio.

2 Vuelve a leer el texto sobre los rascacielos y contesta a estas preguntas.

1 ¿Los rascacielos del Imperio romano son los más antiguos de la Historia?
2 ¿Por qué se denominaban *insulae a este* tipo de construcciones?
3 ¿Qué famoso edificio inspiraron los zigurats babilónicos?
4 ¿Quiénes eran los propietarios de los rascacielos romanos?
5 ¿Las *insulae* eran construcciones seguras?

3 La palabra "rascacielos" es igual en singular y en plural. ¿A cuáles de las siguientes palabras les sucede lo mismo? ¿Conoces otras palabras similares?

crisis | radios | franceses | paraguas | miércoles | pisos | tesis | exámenes | sábados

4 ¿A qué tiempo verbal corresponden las formas subrayadas en el texto de la actividad 1?

GRAMÁTICA

Pretérito imperfecto de indicativo

Verbos regulares

	cuidar	tener	vivir
(yo)	cuid**aba**	ten**ía**	viv**ía**
(tú)	cuid**abas**	ten**ías**	viv**ías**
(él, ella, usted)	cuid**aba**	ten**ía**	viv**ía**
(nosotros/-as)	cuid**ábamos**	ten**íamos**	viv**íamos**
(vosotros/-as)	cuid**abais**	ten**íais**	viv**íais**
(ellos/-as, ustedes)	cuid**aban**	ten**ían**	viv**ían**

Verbos irregulares

	ser	ver	ir
(yo)	era	veía	iba
(tú)	eras	veías	ibas
(él, ella, usted)	era	veía	iba
(nosotros/-as)	éramos	veíamos	íbamos
(vosotros/-as)	erais	veíais	ibais
(ellos/-as, ustedes)	eran	veían	iban

Usos

a Indicar el **contraste** entre antes y ahora: *Antes **viajaba** siempre por España y ahora salgo al extranjero.*
b Hacer **descripciones** en el pasado: *Los rascacielos en Roma **tenían** hasta seis pisos de altura.*
c Hablar de **acciones habituales** en el pasado: *Los propietarios **eran**, a menudo, sociedades inmobiliarias.*
d Expresar **simultaneidad** con otras acciones pasadas o en desarrollo: *El hombre que **viajaba** a mi lado sufrió un desmayo durante el vuelo.*
e Dar **explicaciones descriptivas** en el pasado: *Los rascacielos **se llamaban** "insulae" porque **parecían** islas.*
f Indicar **cortesía** en la expresión de deseos y peticiones: *Por favor, **quería** dos billetes para el vuelo de las cinco.*

5 Lee la siguiente frase y contesta a las preguntas.

Los romanos no fueron los primeros en construir rascacielos, porque los babilonios los habían construido antes.

1 Según el texto de la actividad 1, ¿la frase es verdadera o falsa?
2 ¿En qué parte de la frase se indica una acción anterior a otra en el pasado?
3 ¿Qué tiempo verbal se utiliza para indicar una acción anterior a otra en el pasado?

●AVANZAMOS

6 Escucha los comentarios de unas personas después de hacer un viaje y señala el tema de cada conversación.

○ a El aeropuerto de salida   ○ b La diferencia de precio   ○ c Las protestas de los trabajadores

7 Escucha de nuevo las conversaciones y completa las frases sobre los diálogos anteriores con los verbos en pretérito indefinido, imperfecto o pluscuamperfecto.

1 Alguien le había dicho que (ser) _____ una ciudad muy cara.
2 Cuando volvió a Barcelona, la huelga en los aeropuertos ya (terminar) _____.
3 (Salir, ellos) _____ desde el antiguo aeropuerto porque no habían terminado las obras del nuevo.

GRAMÁTICA

Pretérito pluscuamperfecto de indicativo

	imperfecto de *haber*	participio pasado
(yo)	había	
(tú)	habías	
(él, ella, usted)	había	+ cuid**ado** / ten**ido** / viv**ido**
(nosotros/-as)	habíamos	
(vosotros/-as)	habíais	
(ellos/-as, ustedes)	habían	

Para referirnos a acciones pasadas anteriores a otras acciones pasadas utilizamos el pretérito pluscuamperfecto de indicativo.

*Ese verano fui a Tokio. Ya **había estado** antes en Japón, pero no en la capital.*
*No pude asistir a la reunión de Barcelona porque cuando llegué a la estación, el tren ya **había salido**.*

8 Recuerda cosas que nunca habías hecho o visto antes de:

| Viajar al extranjero por primera vez | Aprender español | Ganar tu propio dinero |

Antes de viajar a México no había comido nunca enchiladas.

9 ¿Has vivido alguna vez estas situaciones durante un viaje? Coméntalo con tu compañero.

1. Bajé del avión y fui a recoger el equipaje, pero las maletas no habían llegado.
2. Pensé que el horario de los restaurantes era similar al de mi ciudad y cuando salí a cenar, en todos me dijeron que ya habían cerrado la cocina.
3. Siempre había soñado con visitar ese lugar y, cuando por fin lo hice, me decepcionó.
4. Había ahorrado durante mucho tiempo para hacer ese viaje al terminar la universidad, pero finalmente no pude hacerlo porque me ofrecieron un trabajo en una compañía muy importante y tuve que quedarme.
5. Había reservado una habitación con vistas a la playa en un hotel, pero cuando llegué me dieron una habitación oscura, sin vistas y poca ventilación.

- *A mí la 2 me pasó en Francia: estaba de vacaciones en un pueblo y el primer día no pude cenar porque a las diez de la noche todos los restaurantes habían cerrado la cocina. Me pareció increíble: en Atenas puedes cenar en los restaurantes hasta las once y media…*
- *Pues a mí me pasó al revés: yo normalmente ceno a las siete y una vez, de vacaciones en España, estaba en un pueblo de Toledo y cuando fui a cenar, los restaurantes no habían abierto la cocina…*

10 Raquel y Paco tienen dos niños pequeños. Escucha cómo pasaban sus vacaciones antes y cómo las pasan ahora, y toma nota en tu cuaderno.

| SALIR AL EXTRANJERO | LAS NAVIDADES |
| LOS FINES DE SEMANA |

11 ¿Y tú? ¿Cómo pasabas las vacaciones cuando eras pequeño? ¿Y ahora cómo las pasas? Coméntalo con tu compañero.

Yo iba con mis hermanos y con mis padres a un apartamento…

12 En pequeños grupos, comentad vuestros recuerdos de un viaje.

Un viaje a un lugar en el que...
- Todo era más caro o más barato que en mi país / ciudad.
- No hablaba el idioma, pero podía relacionarme con la gente y entenderla en su lengua.
- Iba unos días de vacaciones y me quedé a vivir unos meses.
- Las costumbres eran muy diferentes a las mías.
- La calidad de vida era mejor que en mi ciudad / país.

Para mí el país más barato que he visitado ha sido Turquía. Fui hace unos años, en un viaje organizado. Recuerdo que era muy barato comer en los restaurantes, y también la ropa; en general, todo era más barato. También había muchos mercados y mercadillos donde…

13 Lee el siguiente texto sobre los cambios en la forma de viajar de los españoles en los últimos años. ¿Te identificas con ellos? ¿Crees que es similar en tu país? Coméntalo con tu compañero.

Cambios en la forma de viajar de los españoles

Las vacaciones son, sin duda, el momento elegido por los españoles para realizar la mayoría de sus viajes. Disfrutar y conocer nuevos destinos sigue siendo la meta, pero con algunos cambios. Ya no es suficiente con viajar y visitar lugares que nos encantaron o conocer otros nuevos. Ahora el objetivo es vivir una experiencia más personal, reconfortante y única, que nos ayude a desconectar y poder evadirnos de la realidad por unos días. Este nuevo objetivo viene acompañado de algunos cambios en la forma, la compañía, los destinos, los alojamientos y las actividades.

* Mientras que hace años lo normal era viajar en compañía de la familia, los amigos, la pareja…, actualmente está aumentando la demanda de viajes en solitario y los alojamientos "solo para adultos", en los que muchas personas encuentran un trato más personalizado y sin la molestia de los ruidos de los niños.
* El teletrabajo ha permitido flexibilizar las fechas de las vacaciones, y si bien el mes de agosto sigue siendo el elegido por las familias con niños, el resto de españoles se empieza a inclinar por otras fechas menos turísticas y por el reparto de las vacaciones durante todo el año.
* En cuanto a los destinos elegidos, vuelve la tendencia del turismo nacional, un turismo de cercanía. Con un considerable aumento del turismo rural que llega en muchos lugares al 100 % de ocupación en las fechas de mayor demanda.
* El turismo sostenible empieza a ser algo cada vez más presente en la elección de los viajes de los españoles, así como en el consumo de productos locales y de temporada durante las vacaciones. Sin embargo, se observa un cambio en la tendencia del transporte, antes repartido entre el tren, el avión y el coche; parece ser que actualmente preferimos movernos en coche porque ofrece más autonomía.

- *Yo nunca había ido de vacaciones solo. Cuando era pequeño, viajaba con mi familia; después, con mis amigos y con mi novia. Pero el año pasado, mi novia y yo nos separamos, y me fui de vacaciones solo; la verdad es que fue una experiencia fantástica. Yo creo que en todo el mundo cada vez hay más turistas que viajan solos…*
- *Sí, en Alemania es normal viajar solo, sobre todo los jóvenes; muchos hacen un viaje al extranjero antes de empezar la Universidad…*

14 Lee el siguiente blog y elige la opción correcta: pretérito indefinido o pretérito pluscuamperfecto.

Han pasado más de seis años desde que empecé a escribir este blog y en todo este tiempo no (1) **había disfrutado / disfruté** de unas vacaciones "de verdad" hasta que hace tres meses fuimos a México.

Decidimos ir a Cancún. Nuestra única ambición durante los días que pasamos en este paraíso caribeño era descansar junto al mar. Desconectar de todos y de todo, un capricho que sinceramente (2) **nos había sentado / nos sentó** de maravilla.

La primera experiencia no fue muy buena. Llegamos a Cancún de noche y muy cansados. Hacía mucho calor, más de 30 grados a esas horas, a pesar de que nos encontrábamos en abril. El transporte que (3) **habíamos contratado / contratamos** previamente desde España no estaba allí, así que tuvimos que buscar un taxi. Llegamos al hotel agotados y nos fuimos a dormir directamente, pero cuando nos (4) **habíamos levantado / levantamos** y vimos dónde estábamos, nos llevamos una sorpresa muy agradable. Antes de hacer este viaje, la idea de pasar una semana en un *resort* con pulserita de todo incluido y hacer colas para desayunar o bañarnos en la piscina no nos gustaba mucho, pero hablamos con unos amigos que el año pasado (5) **habían pasado / pasaron** las vacaciones en Cancún. Nos hablaron muy bien de un hotel que, según ellos, era espectacular. Así que por eso (6) **habíamos decidido / decidimos** pasar nuestras vacaciones allí. El hotel tenía una playa maravillosa, era tranquilo, había muy buenos restaurantes alrededor y también tenía instalaciones para niños. ¡Pasamos unas vacaciones inolvidables! ¡Seguro que volvemos!

15 ¿Cómo fueron tus últimas vacaciones? Escribe tu experiencia para publicarla en un blog.

• AMPLIAMOS

16 Un viaje en autobús y el encuentro de un teléfono móvil son el punto de partida de esta curiosa historia del escritor español Juan José Millás. Lee el texto y contesta a las preguntas.

EL MÓVIL. El tipo que desayunaba a mi lado, en el bar, olvidó un teléfono móvil debajo de la barra. Corrí tras de él, pero cuando alcancé la calle, había desaparecido. Di un par de vueltas con el aparato en la mano por los alrededores y finalmente lo guardé en el bolsillo y me metí en el autobús. A la altura de la calle Cartagena comenzó a sonar. Como la gente me miraba, lo saqué con naturalidad y atendí la llamada. Una voz de mujer, al otro lado, preguntó: "¿Dónde estás?". "En el autobús", dije. "¿En el autobús? ¿Y qué haces en el autobús?". "Voy a la oficina". La mujer se echó a llorar porque parecía que le había dicho algo horrible, y colgó.

Guardé el aparato en el bolsillo de la chaqueta y perdí la mirada en el vacío. A la altura de María de Molina* con Velázquez* volvió a sonar. Era de nuevo la mujer. Aún lloraba. "Seguirás en el autobús, ¿no?", dijo con voz incrédula. "Sí", respondí. Una mujer tosió a mi lado. "¿Con quién estás?", preguntó angustiada. "Con nadie", dije. "¿Y esa tos?". "Es de una pasajera del autobús". Tras unos segundos añadió con voz firme: "Me voy a suicidar; si no me das alguna esperanza, me mato ahora mismo". Miré a mi alrededor: todo el mundo estaba pendiente de mí, así que no sabía qué hacer. "Te quiero", dije, y colgué.

Dos calles más allá sonó otra vez: "¿Eres tú el que anda jugando con mi móvil?", preguntó una voz masculina. "Sí", dije tragando saliva. "¿Me lo vas a devolver?". "No", respondí. Al poco tiempo lo dejaron sin línea, pero yo lo llevo siempre en el bolsillo por si ella vuelve a telefonear.

*Nombres de calles de Madrid.

(Texto adaptado de *Cuentos a la intemperie*, 1997)

1 ¿Por qué no devolvió el móvil a su dueño?
2 ¿Qué hizo el hombre después de la primera llamada?
3 ¿Por qué piensa la mujer que él viaja acompañado en el autobús?
4 ¿Quién hace la tercera llamada?
5 ¿Por qué lleva siempre el móvil en el bolsillo?

17 Vuelve a leer el texto y subraya las palabras que no conoces. ¿Puedes deducirlas por el contexto? Después, busca las siguientes expresiones en el diccionario.

1 (línea 1) tipo (el)
2 (línea 2) barra (la)
3 (línea 5) A la altura de (estar)
4 (línea 9) echarse a (+ infinitivo)
5 (línea 13) incrédulo/-a (ser)
6 (línea 14) angustiado/-a (estar)
7 (línea 18) estar pendiente de
8 (línea 20) saliva (la)

18 Observa con atención el uso de los tiempos verbales de pasado en el texto. ¿Por qué se usa un tiempo verbal u otro en las siguientes frases?

1 El tipo que desayunaba a mi lado, en el bar, olvidó un teléfono móvil debajo de la barra.
2 La mujer se echó a llorar porque parecía que le había dicho algo horrible, y colgó.

19 Te proponemos un ejercicio de dramatización tras la lectura del texto de la actividad 16. Tenemos los siguientes personajes: un narrador, el protagonista en 1.ª persona, la mujer que recibe la llamada y el hombre que llama. Repartid los papeles y, en grupos de cuatro, representad la escena en clase.

Autoevaluación

1 Antes no _____ dinero para viajar; ahora no tenemos tiempo.
   a hemos tenido
   b teníamos
   c tuvimos

2 Por favor, ¿_____ decirme cuánto cuesta esto?
   a pudo
   b podrá
   c podía

3 Antes de ir a Venezuela, Pedro ya _____ dos veces en Latinoamérica.
   a había estado
   b estuvo
   c estaba

4 Cuando eran jóvenes, mis padres _____ a menudo de viaje.
   a eran
   b iban
   c irían

5 ¿Seguro que vosotros no _____ la película?
   a han visto
   b habían visto
   c habíais visto

6 Cuando _____ el tren, _____ a llover de repente.
   a hemos esperado / empezó
   b estábamos esperando / empezó
   c esperamos / empezaba

7 Llegamos a la estación cuando ya había salido el autobús, por eso _____.
   a pudimos cogerlo
   b no pudimos cogerlo
   c podíamos cogerlo

8 Desde el noveno piso se _____ toda la ciudad.
   a vio
   b veo
   c veía

9 No pudimos quedarnos en el hotel porque _____ completo.
   a estuvo
   b estaba
   c era

10 El profesor presentó _____ nueva.
   a unas tesis
   b una tesis
   c tesis

11 Antes del Imperio romano, ya se _____ rascacielos.
   a han construido
   b habían construido
   c construyen

12 Un rascacielos es _____.
   a una montaña que llega al cielo
   b un edificio muy alto
   c un museo de aviación

13 Llegó al hotel _____ porque no había dormido nada durante el viaje.
   a decepcionado
   b acompañado
   c agotado

14 En la época de los romanos _____ edificios que _____ hasta seis pisos.
   a habían / tenían
   b había / tenían
   c hubo / tuvieron

15 La expresión "estar pendiente de alguien" significa _____.
   a estar al lado de una persona
   b preocuparse por una persona
   c buscar a una persona

16 Cuando era niño, íbamos _____ viaje al extranjero todos los años.
   a a
   b en
   c de

17 En un bar, la barra es _____.
   a un recipiente grande que contiene cerveza.
   b el mostrador alargado donde se sirve a los clientes que están de pie.
   c la zona de mesas y sillas donde se sientan los clientes.

18 Estaba muy _____ porque no sabía si la operación iba a salir bien.
   a incrédula
   b aburrida
   c angustiada

19 Un incrédulo es aquel que _____.
   a no cree nada
   b cree todo lo que le dicen
   c no piensa

20 Cuando vi aquel accidente de tráfico, _____ a llorar.
   a me comencé
   b me eché
   c me echaba

20
¡Ojalá cuidemos nuestro planeta!

● EMPEZAMOS

1 Mira las imágenes. ¿Tienen algo en común? Relaciona las siguientes palabras con cada fotografía.

1 ○ vertidos tóxicos
2 ○ basura
3 ○ emisión de humos contaminantes
4 ○ deforestación
5 ○ pilas
6 ○ sequía

A

B

C

D

E

F

2 En grupos. Buscad otras palabras relacionadas con este tema.

3 Ahora, relaciona las imágenes con los siguientes deseos.

1 ○ Espero que la gente **utilice** siempre pilas recargables.
2 ○ ¡Ojalá **llueva** pronto!
3 ○ Espero que no **contaminemos** más las playas.
4 ○ ¡Ojalá todos **reciclemos** la basura!
5 ○ ¡Que los gobiernos **controlen** mejor la emisión de humos contaminantes!
6 ○ ¡Queremos que no **se corten** más árboles en nuestros bosques!

4 Observa este anuncio de una campaña institucional del Ministerio para la Transición Ecológica y el Reto Demográfico de España y contesta a las preguntas.

Este río es tu herencia

Has heredado una gran tierra, *cuídala*

Aprovecha cada gota de agua que has heredado. Déjala correr solo cuando la <u>necesites</u> para que <u>llegue</u> a todos, y a todos los lugares.

1 Las palabras *herencia* y *heredar* están relacionadas. ¿Qué significan?
2 ¿Cuál es, en tu opinión, el mensaje del anuncio?
3 En el texto del anuncio, ¿a qué infinitivos corresponden los verbos subrayados? Se trata de una nueva forma: el presente de subjuntivo. Puedes ver cómo se conjuga en la página siguiente.

COMUNICACIÓN

Expresar deseos

Para expresar deseos podemos utilizar:

¡Ojalá*
¡Que } + presente de subjuntivo!

* En Hispanoamérica se usa con más frecuencia **ojalá que** (*¡Ojalá que mañana llueva!*). En España se omite **que** en esta construcción.

■ *En los últimos meses hemos desarrollado un nuevo programa energético para aprovechar la fuerza del viento.* **¡Ojalá funcione!**
● *Pues mucha suerte, ¡que salga muy bien!*

Querer
Esperar } + infinitivo (mismo sujeto)

Querer
Esperar } + que + presente de subjuntivo (sujetos diferentes)

*Yo **quiero visitar** Roma en Semana Santa.*
*Yo **espero que tengáis** muy buenos resultados en el examen.*

● AVANZAMOS

5 Esta joven nos dice lo que quiere o espera para el futuro. ¿En qué frases utiliza presente de subjuntivo?

① *Quiero un planeta limpio.*
② *Espero que mis hijos no hereden ríos contaminados.*
③ *No quiero malgastar el agua.*
④ *¡Ojalá en el futuro la gente sea menos consumista y recicle más!*
⑤ *¡Que las futuras generaciones puedan vivir en un mundo mejor!*

6 Lee estos titulares de periódicos. ¿Qué significan las palabras y expresiones subrayadas? En parejas, escribid un definición para cada una de ellas.

Ⓐ <u>Construcción masiva</u> de hoteles en el Mediterráneo

Ⓑ ¿Ha comenzado la <u>guerra</u> por el agua?

Ⓒ <u>Reciclar</u> es dar vida

Ⓓ El futuro está en las <u>energías renovables</u>

Ⓔ <u>Ecología</u>: ¿política o realidad?

Ⓕ Aprender a cuidar el entorno: el <u>consumo racional</u>

Ⓖ Cada vez más <u>atascos</u> en las grandes ciudades

7 Con los titulares de la actividad anterior, formula deseos como los de la actividad 5.

¡Ojalá no construyan más hoteles en la costa mediterránea! ¡Están destruyendo el medioambiente!

GRAMÁTICA

Presente de subjuntivo

Verbos regulares

	contaminar	vender	consumir
(yo)	contamine	venda	consuma
(tú)	contamines	vendas	consumas
(él, ella, usted)	contamine	venda	consuma
(nosotros/-as)	contaminemos	vendamos	consumamos
(vosotros/-as)	contaminéis	vendáis	consumáis
(ellos/-as, ustedes)	contaminen	vendan	consuman

> La vocal característica del presente de subjuntivo es:
> -ar → e
> -er → a
> -ir → a

Las formas de tercera persona coinciden con las del imperativo de *usted*: *contamine, venda, consuma*.

> Si recuerdas las formas del presente de indicativo, aprender el presente de subjuntivo va a ser muy fácil.

Verbos irregulares

1 Los verbos con **cambio vocálico** en presente de indicativo mantienen las mismas irregularidades en presente de subjuntivo.

	poder o>ue	pensar e>ie	pedir e>i
(yo)	pueda	piense	pida
(tú)	puedas	pienses	pidas
(él, ella, usted)	pueda	piense	pida
(nosotros/-as)	podamos	pensemos	pidamos
(vosotros/-as)	podáis	penséis	pidáis
(ellos/-as, ustedes)	puedan	piensen	pidan

> ¡OJO!
> Los verbos con cambio **e>i** mantienen la irregularidad en las formas *nosotros* y *vosotros*.

2 Los verbos con **la primera persona de singular irregular** en presente de indicativo mantienen esa irregularidad en todas las formas del presente de subjuntivo.

hacer	tener	salir	poner	decir	venir	oír	conocer	producir
haga	tenga	salga	ponga	diga	venga	oiga	conozca	produzca
hagas	tengas	salgas	pongas	digas	vengas	oigas	conozcas	produzcas
haga	tenga	salga	ponga	diga	venga	oiga	conozca	produzca
hagamos	tengamos	salgamos	pongamos	digamos	vengamos	oigamos	conozcamos	produzcamos
hagáis	tengáis	salgáis	pongáis	digáis	vengáis	oigáis	conozcáis	produzcáis
hagan	tengan	salgan	pongan	digan	vengan	oigan	conozcan	produzcan

Verbos con otras irregularidades

empezar (z>c): empiece, empieces, empiece, empecemos, empecéis, empiecen.
aparcar (c>qu): aparque, aparques, aparque, aparquemos, aparquéis, aparquen.
llegar (g>gu): llegue, llegues, llegue, lleguemos, lleguéis, lleguen.
coger (g>j): coja, cojas, coja, cojamos, cojáis, cojan.
construir (i>y): construya, construyas, construya, construyamos, construyáis, construyan.

3 Verbos con **irregularidades específicas** en presente de subjuntivo.

	ir	ser	saber	dar	haber
(yo)	vaya	sea	sepa	dé	haya
(tú)	vayas	seas	sepas	des	hayas
(él, ella, usted)	vaya	sea	sepa	dé	haya
(nosotros/-as)	vayamos	seamos	sepamos	demos	hayamos
(vosotros/-as)	vayáis	seáis	sepáis	deis	hayáis
(ellos/-as, ustedes)	vayan	sean	sepan	den	hayan

8 ¿A quién le podemos expresar estos deseos? Relaciona los deseos con las situaciones. Algunos deseos pueden relacionarse con más de una situación.

1 ¡Que seáis muy felices!
2 ¡Que aproveche!
3 ¡Que vaya muy bien!
4 ¡Que cumplas muchos más!
5 ¡Que lo disfrutes!
6 ¡Que te mejores!
7 ¡Que descanses!
8 ¡Que te diviertas!

a A una persona que ha conseguido algo que hacía tiempo que quería.
b A una persona que va a una fiesta.
c A dos personas que se casan.
d A una persona que cumple años.
e A una persona que tiene una reunión muy importante.
f A una persona que está enferma o se encuentra mal.
g A una persona que está comiendo.
h A una persona que tiene un examen.
i A una persona que sale con sus amigos.
j A una persona que se va a dormir.

9 ¿Qué se dice en tu lengua en cada una de las situaciones de la actividad anterior? Coméntalo con tu compañero.

■ *En China, cuando una persona está comiendo, se dice "Qing man yong", que significa "por favor, come poco a poco", para que puedas disfrutar de la comida, porque si comes muy deprisa, no puedes disfrutar. Lo dicen sobre todo los camareros en los restaurantes.*

● *¡Qué bonito! Y es verdad… En Italia decimos "Buon Appetito"…*

10 ¿Cuáles crees que son, actualmente, los problemas medioambientales más importantes en tu país? ¿Qué deseas y esperas que haga el gobierno para solucionarlos? Coméntalo con tus compañeros.

- La gestión del reciclaje
- La tala indiscriminada de árboles
- Los incendios
- La escasez de agua
- La contaminación del aire
- La contaminación del agua
- Basura no biodegradable
- Agotamiento de las energías no renovables
- Extinción de especies de animales

Yo creo que en mi país los problemas más importantes con el medioambiente son la contaminación del aire en las grandes ciudades y la escasez de agua. Espero que el gobierno prohíba pronto la circulación de coches dentro de las ciudades. Y que los transportes públicos sean ecológicos…

11 Escucha la entrevista radiofónica a Juan Álvarez, representante del partido político "Por una Tierra verde" y señala la opción correcta.

	V	F
1 La gente es consciente de la explotación abusiva de los recursos naturales.	○	○
2 La quema de carburantes perjudica al medioambiente.	○	○
3 Las energías renovables no son un problema político.	○	○
4 De la energía solar se puede obtener otro tipo de energía.	○	○

12 ¿Qué cosas haces diariamente que son perjudiciales o beneficiosas para el medioambiente? Escríbelo y habla con tu compañero.

Perjudicial	*Tirar las pilas usadas en la basura.*
Beneficioso	*No usar suavizante en la lavadora.*

■ *¿Haces alguna cosa perjudicial para el medioambiente?*
● *Pues… sí: muchas veces tiro las pilas usadas a la basura…*

¡Ojalá cuidemos nuestro planeta!

●AMPLIAMOS

13 ¿Cómo se llaman estas energías renovables? Relaciona las dos columnas.
¿Qué otras energías renovables conoces? Coméntalo con tu compañero.

1	energía del viento	a	hidráulica
2	energía del sol	b	eólica
3	energía del agua	c	solar
4	energía del calor de la tierra	d	geotérmica

■ *A mí me parece que también es interesante como energía renovable la biomasa.*
● *¿La biomasa? No la conozco, ¿qué es?*
■ *Es la energía que se obtiene de los residuos orgánicos y que se puede transformar en combustibles como el biogás, el bioetanol o el biodiésel…*

14 La preocupación por la ecología y las fuentes de energía es una realidad de nuestros días. En foros científicos se debate sobre el futuro del medioambiente y las soluciones que se pueden adoptar para salvarlo. Lee el siguiente texto sobre energías renovables y completa las frases con la opción correcta según el texto.

Las energías renovables: el futuro del medioambiente

Debemos apostar por las energías renovables porque son las únicas capaces de evitar el constante y rápido deterioro de nuestro medioambiente.

En el viento, en el sol o en la fuerza del agua es posible encontrar los sustitutos adecuados para esas otras fuentes de energía con las que el hombre ha ido contaminando y destruyendo nuestros ecosistemas. Además, muchos de los recursos naturales de los que proceden esas fuentes de energía han sido tan explotados que se han agotado o están a punto de hacerlo.

Por todo ello, todos los gobiernos confían en las energías renovables y esperan que su desarrollo ayude a frenar fenómenos naturales con tantas repercusiones negativas sobre nuestro planeta y nuestras vidas como es, por ejemplo, el cambio climático.

"¡Ojalá los países inviertan cada vez más en energías renovables y se den cuenta de su necesidad!", ha dicho recientemente en Barcelona el portavoz de la organización Greenpeace. Y ese es el camino que debemos seguir.

Queremos una naturaleza no contaminada, queremos que esté limpia, para nosotros y para los futuros habitantes de esta tierra. No queremos que los ríos y los mares aparezcan llenos de basuras y de residuos industriales. Esperamos, sin duda, que vosotros, los jóvenes de todo el mundo, comprendáis la importancia de estas fuentes de energía inagotables y que aprendáis a valorarlas y a usarlas racionalmente.

(Fragmento de la conferencia sobre energías renovables en la Universidad Autónoma de Barcelona)

1 Hay que apostar por las energías renovables porque…
   a son mucho más baratas.
   b son ilimitadas y gratuitas.
   c cuidan el medioambiente.
2 Los gobiernos esperan que las energías renovables…
   a frenen el cambio climático.
   b favorezcan un uso responsable.
   c solucionen la crisis económica.

3 El deseo del portavoz de Greenpeace es que todos los países…
   a dediquen más dinero a desarrollar estas energías.
   b eliminen las energías no renovables.
   c hagan una fusión de energías renovables y no renovables.
4 Los autores del texto desean que los ríos y los mares…
   a no tengan industrias cerca.
   b no estén contaminados por las industrias.
   c sean de todos los jóvenes.

15 ¿A qué infinitivos corresponden las formas de presente de subjuntivo del texto anterior?

16 En parejas, imaginad que vais a participar en el próxima Cumbre Mundial del Clima. Escribid un breve discurso con vuestros deseos y soluciones para proteger el medioambiente. Después, leédselo a vuestros compañeros.

Autoevaluación

1 Los vertidos tóxicos son sustancias _____.
 a ecológicas
 b contaminantes
 c hidráulicas

2 Luis es hijo único y _____ la casa de sus padres.
 a ha heredado
 b ha llegado
 c ha vuelto

3 La ecología es _____.
 a el estudio de la economía
 b el estudio de las energías
 c el estudio de los seres vivos y su entorno

4 Es más ecológico usar pilas _____ que desechables.
 a renovables
 b recargables
 c utilizables

5 El consumo racional es _____.
 a el consumo moderado
 b el consumo humano
 c el consumo impulsivo

6 La energía eólica procede _____.
 a del viento
 b del mar
 c de la tierra

7 La 2.ª persona del plural del presente de subjuntivo del verbo *ser* es _____.
 a sed
 b sois
 c seáis

8 ¡Ojalá _____ a tiempo! El examen es a las nueve.
 a llegaste
 b llegas
 c llegues

9 Espero que _____ más verdura y menos carne. Es más ecológico.
 a consumimos
 b consumamos
 c consumemos

10 La 3.ª persona del plural del presente de subjuntivo del verbo *saber* es _____.
 a sepan
 b saben
 c sabían

11 No quiero que la gente _____ el agua.
 a malgasta
 b malgasten
 c malgaste

12 La 2.ª persona del plural del presente de subjuntivo de *pedir* es _____.
 a pedís
 b pedisteis
 c pidáis

13 Los gobiernos quieren _____.
 a potencien las energías renovables
 b potenciar las energías renovables
 c que potencian las energías renovables

14 La 2.ª persona del singular del presente de subjuntivo del verbo *oír* es _____.
 a oyes
 b oías
 c oigas

15 ¡Que todo _____ bien!
 a sale
 b saldrá
 c salga

16 Espero que en mi ciudad _____ más carriles para bicicletas.
 a construian
 b construyan
 c construyen

17 La 1.ª persona del singular del presente de subjuntivo del verbo *empezar* es _____.
 a empieze
 b empieza
 c empiece

18 En Hispanoamérica se dice: _____
 a ¡Ojalá que no haga tanto calor mañana!
 b ¡Ojalá no haga tanto calor mañana!
 c ¡Ojalá que no hace tanto calor mañana!

19 La 1.ª persona del singular del presente de subjuntivo del verbo *dar* es _____.
 a de
 b daré
 c dé

20 En esta unidad hemos presentado el presente de _____.
 a indicativo
 b subjuntivo
 c imperativo

Repaso 17-20

● LEER

1 Lee el texto con atención y escribe un pie de foto para cada una de estas imágenes.

Argentina

Del trópico de Capricornio al Polo Sur, Argentina se extiende de norte a sur a lo largo de unos 3300 km de variados paisajes. Un país de **enormes** contrastes que ofrece desde **inacabables** llanuras hasta la cumbre más alta del hemisferio sur, el Aconcagua, con 6959 m, en la cordillera de los Andes. Desde los desérticos altiplanos del noroeste, con valles y coloridas montañas, hasta la región de los lagos, bosques y glaciares de la Patagonia, sin olvidar la selva subtropical al nordeste, con fenómenos tan espectaculares como las cataratas del Iguazú, ni el **litoral** atlántico, que exhibe en la península Valdés una de las mayores concentraciones de **fauna** marina del planeta.

Pero tan extenso y bello entorno natural no podría tener mejor **contrapunto** que la fascinante capital bañada por el Río de la Plata: Buenos Aires. La que en su día fue puerta de entrada a la tierra de las oportunidades para miles de inmigrantes que huían del hambre y las guerras de la vieja Europa, es hoy una ciudad moderna de espíritu comercial que conserva el carácter de sus **encantadores** barrios y su propia **banda sonora**: el tango. Cuenta con una población de más de tres millones y, si le sumamos el **área metropolitana**, unos doce millones. Está dentro de las 30 metrópolis más grandes del mundo.

La cordillera de los Andes exhibe su grandeza en las provincias patagónicas. Bosques milenarios y silenciosos con especies vegetales **autóctonas** y las cumbres de las montañas son picos de **granito** y campos de hielo con glaciares como el conocido Perito Moreno. **Imponentes** mamíferos y aves marinas viven algunas temporadas en las costas patagónicas donde cumplen parte de su ciclo vital: colonias de lobos y elefantes marinos; las ballenas francas acuden a aparearse; y la mayor colonia de pingüinos anida en Punta Tombo. Y al sur, la Tierra del Fuego y la ciudad más **austral** del mundo, Ushuaia, una puerta abierta hacia la inmensa y misteriosa Antártida.

2 ¿Qué significan las palabras marcadas en negrita en el texto anterior? Relaciona las dos columnas.

1 enorme
2 inacabable
3 litoral
4 fauna
5 contrapunto
6 encantador
7 banda sonora
8 área metropolitana
9 autóctono
10 granito
11 imponente
12 austral

a originario de ese lugar
b mineral muy duro
c música de una película
d relativo al hemisferio sur
e muy grande, gigante
f que provoca miedo o respeto
g contraste
h que no tiene fin, interminable
i animales de una región
j poblaciones alrededor de una ciudad
k costa
l que causa buena impresión

3 Ponle un título a cada uno de los párrafos del texto.

● ESCUCHAR

4 Escucha la entrevista que le hacen a Sonia, que ha estado en Argentina de vacaciones, y señala si estas afirmaciones son verdaderas (V) o falsas (F).

1. Ya había estado antes en el hemisferio sur.
2. Estuvo en Argentina más de dos semanas.
3. No tiene un viaje organizado para ir otra vez a Argentina, pero le gustaría.
4. En Buenos Aires no tuvo guía ni visita organizada.
5. En la Patagonia se quedó en un hotel que estaba en el centro de una ciudad.
6. Las cataratas más altas tienen 80 metros.
7. En el Parque Nacional de Iguazú la flora y la fauna son muy ricas y variadas.
8. El Teatro Colón es famoso por sus espectáculos de tango.
9. Muchos argentinos tienen abuelos europeos.
10. El voseo está muy extendido en el español de Argentina.

5 Vuelve a escuchar la entrevista de Sonia y señala las imágenes que crees que pueden pertenecer a su viaje.

● ESCRIBIR

6 Escribe un resumen del viaje de Sonia.

7 Imagina que tienes un amigo argentino que vive en Buenos Aires. Vas a ir quince días: cinco días quieres dedicarlos a estar con tu amigo, pero el resto quieres visitar el país. Con ayuda de internet, y en tu cuaderno, escribe un correo a tu amigo explicándole cuándo quieres ir y lo que deseas hacer y visitar.

● HABLAR

8 Comenta con tus compañeros qué deseas hacer y visitar en Argentina. ¿Coincides con algún compañero?

9 Cuéntanos tu mejor viaje. Prepara una presentación sobre un lugar que hayas visitado recientemente. Busca información y fotos para realizar tu presentación. Tus compañeros te harán preguntas.

Puedes seguir este esquema:
- Localización, tamaño, número de habitantes...
- ¿Cuándo fuiste?
- ¿Con quién?
- ¿Por qué elegiste ese lugar? ¿Habías estado antes?
- ¿Qué hiciste?
- ¿Qué lugares visitaste: monumentos, museos, ciudades, barrios...?
- ¿Qué te gustó más?

¿QUÉ SABES HACER?

Señala todas las actividades que ya sabes hacer. Si no recuerdas alguna, vuelve a la unidad de referencia y repásala.

COMPRENSIÓN ESCRITA

¿Qué puedes comprender cuando lees?

○ Comprendo textos sobre temas relacionados con el ocio y el tiempo libre: fiestas (Unidad 17), música (Unidad 18), viajes (Unidad 19); medioambiente y ecología (Unidad 20).
○ Soy capaz de buscar datos concretos en textos más o menos extensos (Unidades 17 y 18).
○ Entiendo, en líneas generales, textos sobre la biografía de una persona en los que se utilizan los tiempos verbales del pasado (Unidad 18).
○ Soy capaz de deducir palabras por el contexto en el que están y, con ello, comprender el texto de forma global (Unidad 19).
○ Soy capaz de entender un anuncio publicitario y dar mi opinión sobre el mismo (Unidad 20).
○ Puedo extraer las ideas principales de un texto expositivo (Unidad 20).

COMPRENSIÓN AUDITIVA

¿Qué puedes entender?

○ Comprendo conversaciones de la vida cotidiana relacionadas con los viajes y las vacaciones (Unidades 17 y 19).
○ Soy capaz de extraer determinada información de una conversación, de una canción o de una entrevista en la radio (Unidades 18 y 20).

EXPRESIÓN ORAL

¿Qué puedes expresar?

○ Puedo describir y hablar sobre hechos, hábitos, experiencias cotidianas (Unidad 17) y experiencias pasadas (Unidad 19).
○ Soy capaz de ordenar una historia en el tiempo (Unidad 17).
○ Puedo expresar mis gustos sobre temas que me interesan (Unidad 18).
○ Puedo hablar sobre acciones pasadas anteriores a otras acciones (Unidad 19).
○ Soy capaz de formular deseos ante una situación dada (Unidad 20).
○ Sé preparar una breve presentación sobre un tema conocido, por ejemplo, el medioambiente (Unidad 20).

INTERACCIÓN ORAL

¿Cómo puedes interactuar con los demás?

○ Puedo hablar sobres fiestas y tradiciones de mi país (Unidad 17).
○ Puedo intercambiar información y contar mis experiencias (Unidades 17 y 19).
○ Puedo hablar y formular preguntas sobre una determinada información sobre el pasado reciente, lejano o periodos de tiempo terminados (Unidad 18).
○ Soy capaz de expresar mi opinión y argumentar un razonamiento (Unidades 18 y 20).
○ Puedo expresar deseos (Unidad 20).

EXPRESIÓN ESCRITA

¿Qué puedes escribir?

○ Puedo escribir un texto descriptivo sobre costumbres y tradiciones de un país (Unidad 17).
○ Soy capaz de escribir un texto descriptivo en pasado (Unidades 18 y 19).
○ Soy capaz de escribir un breve discurso (Unidad 20).

Soy capaz de utilizar y comprender vocabulario sobre los siguientes temas:

○ Partes del día (Unidad 17).
○ Fiestas y tradiciones (Unidad 17).
○ Música (Unidad 18).
○ Viajes y vacaciones (Unidad 19).
○ Ecología y medioambiente (Unidad 20).

21 Aprender lenguas

● EMPEZAMOS

1 ¿Qué sabes sobre el idioma español? Contesta a las preguntas señalando la opción correcta. Después, coméntalas con tu compañero. ¿Coincidís?

¿Qué sabes del español?

1 El español es lengua oficial en _____ países.
   a dieciocho
   b veinticinco
   c veintiún
2 El español es la _____ lengua materna más hablada en el mundo.
   a segunda
   b tercera
   c cuarta
3 En Estados Unidos hay _____ de personas que hablan español.
   a más de sesenta millones.
   b treinta millones.
   c menos de cuarenta millones

4 El español es lengua oficial en un país de _____.
   a Oceanía
   b África
   c Asia
5 ¿En qué lenguas está presente la letra *ñ*?
   a Solo en español.
   b En español y en catalán.
   c En español, en gallego, en senegalés y en muchas lenguas filipinas e indígenas de Latinoamérica.
6 El país donde hay más hablantes de español es _____.
   a México
   b España
   c Argentina

2 Lee el texto y comprueba las respuestas de la actividad anterior.

El espaÑol en el mundo

El español o castellano no es solo la lengua de España, sino la segunda lengua materna más hablada en el mundo, con cerca de 500 millones de hablantes. Un gran número de ellos están en el continente americano: Estados Unidos cuenta con más de 62 millones de personas que hablan español y es el idioma más aprendido en las universidades estadounidenses, y las predicciones auguran para el 2060 a Estados Unidos como el segundo país hispanohablante del mundo, después de México.

Es lengua oficial en veintiún países, casi todos en América, además de España y Guinea Ecuatorial. También es una de las lenguas oficiales en diferentes organismos internacionales: Mercosur, UE, ONU...

La letra ñ, considerada como símbolo del español en el mundo, es la única del alfabeto que se originó en España, en la Edad Media; no formó parte del diccionario de la Real Academia de la Lengua hasta 1803. Aunque muchos consideran que la ñ es exclusiva del español, es necesario aclarar que aparece también en otras lenguas de Filipinas, en lenguas indígenas de Latinoamérica, en el gallego y en el senegalés.

3 Lee estos dos anuncios y elige la escuela que te gusta más para aprender español. Coméntalo con tus compañeros y justifica tu elección.

Bienvenido a Babilonia y Olé, tu escuela de español en Madrid

¡Disfruta estudiando!
- Habla con otros nativos en nuestros intercambios semanales.
- No te quedes en casa, ven a conocer nuestros talleres de cultura española.

¡Te esperamos!

Calle Huertas 187 • 28014-Madrid • Tel.: 91 644 55 88
www.babiloniayole.com ①

ESPAÑOL EN LÍNEA

- Especialistas en la enseñanza de español en línea.
- Con más de 15 años de experiencia.
- Profesores nativos con amplia formación.
- No te muevas de casa.
- No pierdas ninguna reunión de trabajo.
- Elige el día y la hora que mejor se adapte a ti.
- Contacta con nosotros, organizamos tus clases según tus necesidades.

www.españolenlinea.com ②

Para mí, la mejor escuela es... porque...

4 ¿Es mejor estudiar una lengua en línea o de forma presencial? Vamos a hacer un debate en la clase, pero antes completa la tabla con las ventajas y las desventajas de cada una.

ESTUDIAR UNA LENGUA	
en línea	
ventajas	inconvenientes
Puedes estudiar en cualquier lugar.	Es más frío.
presencial	
ventajas	inconvenientes
Conocer mejor a otros estudiantes.	El horario es más rígido.

- Yo creo que es mejor estudiar en línea, porque puedes estudiar en cualquier lugar.
- Pues, para mí, lo mejor es estudiar de manera presencial, porque...

AVANZAMOS

5 Completa la tabla con los imperativos que aparecen en los anuncios de la actividad 3 y escribe su infinitivo.

Infinitivo	Imperativo afirmativo	Imperativo negativo
(1) disfrutar	(2) disfruta	no disfrutes
(3) _____	(4) _____	no hables
(5) _____	quédate	(6) _____
(7) _____	(8) _____	no vengas
(9) _____	muévete	(10) _____
(11) _____	pierde	(12) _____
(13) _____	(14) _____	no elijas
(15) _____	(16) _____	no contactes

6 Alguien un poco "travieso" no quiere que aprendamos español y ha elaborado el siguiente decálogo. Fíjate en los verbos: son formas del imperativo negativo. ¿Por qué no elaboras tú el "contradecálogo" para aprender idiomas?

DECÁLOGO PARA NO APRENDER ESPAÑOL

1. No hables con nadie en español.
2. No leas nunca libros en español.
3. No veas programas en español en la tele.
4. No vayas al cine a ver películas hispanas.
5. No consultes páginas web en español.
6. No oigas nunca programas en español en la radio.
7. No viajes nunca a países hispanos.
8. No escribas nunca en español.
9. No preguntes nunca a tu profesor(a).
10. No hagas nada en español.

GRAMÁTICA

Doble negación

No + verbo + { nadie / nunca / nada }

No hagas **nada** en español.
No escribas **nunca** en español.
No hables con **nadie**.

Aprender lenguas

7 Lee el comienzo del programa radiofónico "Aprende a comunicarte mejor". Después, escucha un fragmento de dicho programa y completa la tabla.

En nuestros días, es fundamental dominar el arte de la comunicación. Debemos saber lo que se puede y no se puede hacer para intervenir con éxito en una conversación.
En el programa de hoy te enseñaremos cómo no descubrir tus sentimientos y emociones ante tu interlocutor. Tus movimientos hablan por ti. No lo olvides.

Lo que no debes hacer	Por qué no debes hacerlo
No sonrías exageradamente.	*Puede parecer fingido y poco natural.*

8 ¿Qué no se debe hacer en una entrevista de trabajo? Escribe frases con consejos a un amigo que tiene una entrevista de trabajo mañana. Después, añade en tu cuaderno otros consejos que tú darías.

1 No llegar tarde.
   No llegues tarde.
2 No ir acompañado.
3 No ir mal vestido.
4 No mostrarse nervioso.
5 No interesarse demasiado por el salario.
6 No hacer muchas preguntas.

GRAMÁTICA

Imperativo negativo

Para dar órdenes y consejos en forma negativa, usamos el imperativo negativo. El imperativo negativo es fácil cuando ya conoces el presente de subjuntivo, porque tiene las mismas formas que este tiempo, tanto regulares como irregulares.

Verbos regulares

	hablar	leer	escribir
(tú)	no habl**es**	no le**as**	no escrib**as**
(vosotros/-as)	no habl**éis**	no le**áis**	no escrib**áis**
(usted)	no habl**e**	no le**a**	no escrib**a**
(ustedes)	no habl**en**	no le**an**	no escrib**an**

Verbos irregulares más frecuentes

hacer	tener	salir	poner	decir	venir	oír
no hagas	no tengas	no salgas	no pongas	no digas	no vengas	no oigas
no hagáis	no tengáis	no salgáis	no pongáis	no digáis	no vengáis	no oigáis
no haga	no tenga	no salga	no ponga	no diga	no venga	no oiga
no hagan	no tengan	no salgan	no pongan	no digan	no vengan	no oigan

traer	empezar	aparcar	llegar	coger	seguir	volver
no traigas	no empieces	no aparques	no llegues	no cojas	no sigas	no vuelvas
no traigáis	no empecéis	no aparquéis	no lleguéis	no cojáis	no sigáis	no volváis
no traiga	no empiece	no aparque	no llegue	no coja	no siga	no vuelva
no traigan	no empiecen	no aparquen	no lleguen	no cojan	no sigan	no vuelvan

pensar	pedir	ir	ser	conducir	dar	aparecer
no pienses	no pidas	no vayas	no seas	no conduzcas	no des	no aparezcas
no penséis	no pidáis	no vayáis	no seáis	no conduzcáis	no deis	no aparezcáis
no piense	no pida	no vaya	no sea	no conduzca	no dé	no aparezca
no piensen	no pidan	no vayan	no sean	no conduzcan	no den	no aparezcan

9 En parejas, da algunos consejos a tu compañero para aprender español.

> Si **vives** en un país donde se habla español
>
> - En casa, enciende siempre la radio.

> Si **no vives** en un país donde se habla español
>
> - Conéctate a menudo a internet y entra en páginas web en español.

GRAMÁTICA

Imperativo afirmativo

Para dar órdenes y consejos afirmativos, usamos el imperativo afirmativo.

Recuerda: En el imperativo afirmativo, las formas correspondientes a *usted / ustedes* usan el presente de subjuntivo:
- para *tú*: -ar>**a**; -er/-ir>**e**.
- para *vosotros*: quitar la -r al infinitivo y poner una -d.

Verbos regulares

	hablar	leer	escribir
(tú)	habl**a**	le**e**	escrib**e**
(vosotros/-as)	habl**ad**	le**ed**	escrib**id**
(usted)	habl**e**	le**a**	escrib**a**
(ustedes)	habl**en**	le**an**	escrib**an**

Escribid vuestro nombre en el examen.

Verbos irregulares más frecuentes

	hacer	tener	poner	ser	ir	decir	salir	venir	oír
(tú)	haz	ten	pon	sé	ve	di	sal	ven	oye
(vosotros/-as)	haced	tened	poned	sed	id	decid	salid	venid	oíd
(usted)	haga	tenga	ponga	sea	vaya	diga	salga	venga	oiga
(ustedes)	hagan	tengan	pongan	sean	vayan	digan	salgan	vengan	oigan

Ven aquí ahora mismo.

10 En grupos, hablad sobre la dificultad o facilidad de realizar estas actividades en español. Justificad vuestras opiniones.

ESCRIBIR

LEER

ESCUCHAR

HABLAR

COMUNICACIÓN

Opinar

Para dar la opinión, usamos estas expresiones:

Yo creo / pienso que...
En mi opinión,...
Para mí,...
Pues yo no lo creo.

> **Para mí**, lo más fácil es leer, porque puedo usar el diccionario y tengo mucho tiempo.

> **En mi opinión**, lo mejor es leer sin un diccionario e intentar comprender las palabras por el contexto.

Aprender lenguas

● AMPLIAMOS

11 Antes de leer el texto de la siguiente actividad, responde a estas preguntas.

1. ¿Qué es para ti la comunicación no verbal?
2. ¿Has escuchado alguna vez la frase: "Los españoles hacen muchos gestos cuando hablan"? ¿Crees que es cierta? ¿Por qué?
3. ¿Qué gestos faciales o movimientos corporales haces normalmente al hablar?

12 Lee el texto y explica con tus palabras los dichos populares españoles "La cara es el espejo del alma" y "Una imagen vale más que mil palabras".

UN GESTO VALE MÁS QUE MIL PALABRAS

La comunicación no verbal es inherente al hombre. En mayor o menor medida, además del lenguaje verbal, todos nos comunicamos mediante códigos de distancias interpersonales, gestos faciales y posturas o movimientos corporales. Nuestra cara y nuestro cuerpo también hablan. Así, un sabio refrán español dice: "La cara es el espejo del alma".

Los expertos de la comunicación estiman que, en una conversación, aproximadamente el 60% de la interacción y el intercambio de mensajes entre los interlocutores se produce de forma no verbal. "Una imagen vale más que mil palabras", dice otro dicho popular y, claro está, un gesto es una imagen.

Los movimientos corporales suelen aparecer combinados con gestos faciales durante la comunicación. Así, expresamos sorpresa abriendo los ojos y la boca más de lo habitual, y levantando los hombros. Muchos de los gestos faciales pueden hacerse sin necesidad de mover el cuerpo: por ejemplo, guiñar un ojo es un gesto claro de complicidad.

Dicen, por último, que las mujeres tienen una habilidad innata para descifrar el lenguaje no verbal: es el tópico de la "intuición femenina". Sin embargo, parece que la explicación es fisiológica y está en la mayor actividad en la mujer de su hemisferio cerebral derecho. En cualquier caso, parece claro que "un gesto vale más que mil palabras".

13 ¿Qué significan estos gestos en español? ¿Tienen el mismo significado en tu lengua? Coméntalo con tus compañeros.

14 ¿Qué gesto se usa en tu cultura o en tu país para comunicar los siguientes mensajes? ¿Crees que es igual en España? Coméntalo con tus compañeros.

1. La comida está muy buena.
2. Una persona está loca.
3. Algo vale mucho dinero.
4. En un lugar hay mucha gente.
5. No sé.
6. Estoy de acuerdo.

15 ¿Crees en la "intuición femenina? ¿Por qué?

Autoevaluación

1. En el mundo hay más de _____ millones de hispanohablantes.
   a. 40
   b. 1000
   c. 400

2. ¡María Fernanda, (tú) _____ la puerta, por favor!
   a. abra
   b. abre
   c. abran

3. ¡Cuidado, no lo _____!
   a. cojáis
   b. coger
   c. cogéis

4. ¡Tenga cuidado! No _____ por ahí.
   a. sale
   b. salga
   c. salgas

5. La 2.ª persona del plural del imperativo negativo del verbo *ir* es _____.
   a. no id
   b. no vais
   c. no vayáis

6. La forma *usted* del imperativo negativo del verbo *ser* es _____.
   a. no sé
   b. no se
   c. no sea

7. La 2.ª persona del singular del imperativo negativo del verbo *aparcar* es _____.
   a. no aparques
   b. no aparcáis
   c. no aparcas

8. ¡Victoria, no _____ la mano, es de mala educación!
   a. mover
   b. mueves
   c. muevas

9. La 2.ª persona del singular del imperativo afirmativo del verbo *tener* es _____.
   a. tiene
   b. tened
   c. ten

10. ¡A ver, niños, _____ esta pregunta!
    a. escribáis
    b. escribid
    c. escribir

11. Oye, no digas _____.
    a. nadie
    b. algo
    c. nada

12. _____ mi opinión, lo más fácil es leer.
    a. De
    b. A
    c. En

13. _____ mí, lo más difícil es comprender cuando me hablan.
    a. Por
    b. Para
    c. A

14. Un gesto de la cara se llama _____.
    a. caro
    b. careta
    c. facial

15. "La cara es el espejo del alma" significa _____.
    a. la cara no significa nada
    b. las expresiones de la cara expresan nuestras emociones
    c. la cara y el alma son espejos

16. "Una imagen _____ más que mil palabras".
    a. cuesta
    b. imagina
    c. vale

17. Guiñar un ojo puede significar _____.
    a. aburrimiento
    b. complicidad
    c. cansancio

18. Levantar los hombros y abrir los ojos y la boca significa _____.
    a. sorpresa
    b. cariño
    c. "adiós"

19. ¡No _____ el libro si no has aprendido el imperativo negativo!
    a. cerréis
    b. cierras
    c. cierres

20. ¿Qué tal la autoevaluación? ¡_____ tus aciertos y fallos!
    a. Cuentes
    b. Cuenta
    c. Cuentas

Aprender lenguas

22 Yo, en tu lugar, estudiaría Turismo

●EMPEZAMOS

1 Ana escribe a su amiga Raquel, porque no sabe qué hacer. Primero, lee el correo y, después, fíjate en los consejos que le da su amiga Raquel. Hay dos que no son adecuados para la situación: ¿cuáles son?

> **Mensaje nuevo**
>
> ¡Hola, Raquelita!
>
> Te voy a sorprender con mis planes, seguro.
>
> Quiero ser profesora de español y estoy pensando en hacer un máster en E/LE de la Universidad Rey Juan Carlos. Tengo el programa y ya he hablado con una colega tuya; me recomienda que empiece con un par de asignaturas para ver si me gusta. Ella me propone Lingüística y Didáctica. ¿Tú qué opinas?
>
> Me apetece mucho estudiar esto porque ya sabes que siempre me ha atraído esa profesión, y me gustan los idiomas y los viajes. ¿Qué harías tú en mi lugar?
>
> Ya sé que estás muy ocupada, pero contéstame pronto, ¿vale?
>
> Besitos,
>
> Ana

1. ◯ Yo que tú me matricularía en el curso hoy mismo.
2. ◯ Te aconsejo que estudies lo que te gusta.
3. ◯ Yo me casaría con él.
4. ◯ Yo, en tu lugar, haría el curso completo el primer año y no solo dos asignaturas.
5. ◯ Te recomiendo que vayas al médico.
6. ◯ ¡Haz un máster! No te lo pienses.

2 Vuelve a leer los consejos de Raquel. ¿Qué tiempo verbal se utiliza en cada uno?

1. Yo que tú + _____
2. Te aconsejo que + _____
3. Yo + _____
4. Yo, en tu lugar + _____
5. Te recomiendo que + _____
6. _____ / _____

3 ¿Has pensado alguna vez en ser profesor(a) de idiomas? Lee el siguiente anuncio y contesta a las preguntas. Después, comenta tus repuestas con tu compañero.

Vicerrectorado de Títulos Propios y Posgrado
Máster en Enseñanza de Español como Lengua Extranjera (E/LE)

TRABAJO

- ¿**Viajarías** al extranjero?
- ¿**Dejarías** tu ciudad para vivir fuera?
- ¿**Empezarías** una nueva vida a miles de kilómetros de tu casa?
- ¿**Serías** capaz de integrarte en otra cultura?
- ¿**Estarías** dispuesto/-a a vivir nuevas experiencias?

¡AHORA PUEDES HACERLO REALIDAD!

¿Tienes experiencia en la enseñanza?
Nosotros te formamos.

Trabaja como profesor(a) de español en el extranjero.

Dedícate a una profesión con futuro

■ *A mí me encantaría viajar al extranjero, pero no dejaría mi ciudad para irme a vivir a otro lugar.*
● *Pues yo, sí: yo me iría mañana mismo.*

4 Fíjate en los siguientes ejemplos extraídos de las actividades 1 y 3. En todos ellos el verbo principal está en condicional. Relaciona cada ejemplo con la función a la que se refiere.

1. ¿Qué harías tú en mi lugar?
2. Yo que tú me matricularía en el curso hoy mismo.
3. ¿Dejarías tu ciudad para vivir fuera?
4. Yo, en tu lugar, haría el curso completo el primer año.
5. ¿Estarías dispuesto/-a a vivir nuevas experiencias?

a Pedir consejo
b Dar consejo
c Preguntar o hablar de una situación hipotética.

5 Lee el siguiente anuncio. ¿Te gustan los cursos a distancia? Imagina que puedes hacer un nuevo curso para formarte profesionalmente: ¿qué estudiarías? Coméntalo con tu compañero.

GRAMÁTICA

Condicional simple

Se usa para pedir y dar consejos, y hablar de situaciones hipotéticas.

Verbos regulares

llamar
ver   +
subir

- ía
- ías
- ía
- íamos
- íais
- ían

Verbos irregulares

- cabría
- diría
- habría
- haría

- pondría
- podría
- querría
- sabría

- saldría
- tendría
- valdría
- vendría

Yo, en tu lugar, le **diría** la verdad a tus padres.
¡Me han regalado una entrada para ir al concierto de Rosalía esta noche! Pero mañana tengo examen y necesito estudiar… ¿Tú qué **harías**?
¿Tú **dejarías** tu trabajo y te **irías** a vivir al campo?

Yo estudiaría Turismo: me encanta tener contacto con gente de otras culturas.

6 El verbo *quejarse* se usa con la preposición *de*. ¿Qué preposiciones *(a, en, de)* acompañan a los siguientes verbos? Puede haber más de una posibilidad.

1. dedicarse *a*
2. quejarse
3. pensar
4. depender
5. ser capaz
6. estar dispuesto
7. tener experiencia
8. salir
9. fijarse

7 Elige tres verbos de la actividad anterior y escribe frases en tu cuaderno. Después, compáralas con tus compañeros.

●AVANZAMOS

8 Imagina que durante un día puedes vivir una de estas situaciones. ¿Qué harías? Coméntalo con tu compañero. ¿Coincidís?

1. Ser invisible.
   Iría a un restaurante muy famoso y entraría en la cocina para ver cómo preparan las recetas secretas…
2. Ser millonario/-a.
3. Poder viajar en una máquina del tiempo.
4. Ser el presidente / la presidenta de tu país.
5. Pasar un día con tu personaje famoso favorito: cantante, escritor(a), político/-a…

9 Escucha esta entrevista a un sociólogo sobre sectores o ámbitos profesionales con futuro y completa la tabla.

Sectores profesionales	¿Por qué?

10 En parejas. Haced una lista con profesiones que creéis que tienen futuro. ¿Para cuáles de ellas pensáis que tenéis cualidades?

- *Yo podría ser psicólogo de mascotas, porque me encantan los animales, y…*
- *Yo creo que psicólogo de mascotas es una profesión con mucho futuro, pero yo no podría, porque tengo alergia al pelo de los animales…*

11 En una hoja de papel, escribe un correo electrónico a un compañero y pídele consejo sobre un tema que te preocupe mucho. Tu profesor va a recoger los correos y los va a repartir a los destinatarios. Después, debes contestar al correo que has recibido ofreciendo consejos.

*Querido/-a compañero/-a:
Te escribo porque…*

COMUNICACIÓN

Dar consejos y recomendaciones

Para dar consejos y hacer recomendaciones podemos usar:

Yo que tú
Yo, en tu lugar, + condicional

Yo, en tu lugar, *estudiaría* Química.

Te recomiendo
Te aconsejo + *que* + presente de subjuntivo

Te recomiendo que *hables* con tu jefe.

También se puede usar el imperativo:
Mira las ofertas de empleo, **selecciona** las mejores y **envía** tu currículum.

12 Lee el siguiente anuncio de empleo y responde a las preguntas.

PROFESORES DE INGLÉS EXTRAESCOLAR

Alcalá de Henares - Madrid
(Comunidad Autónoma de Madrid)

• REQUISITOS

 • **Experiencia laboral**
Mínimo de 1 año

 • **Estudios mínimos**
Grado

 • **Requisitos mínimos**
Buscamos profesores para actividades extraescolares de inglés en colegios de Alcalá de Henares y alrededores, con disponibilidad de 4 a 5 de la tarde. Imprescindible formación y experiencia. Nivel mínimo B2, demostrable en entrevista.

 • **Idiomas**
Inglés: Lectura: Nivel intermedio alto (B2)
Escritura: Nivel intermedio alto (B2)
Conversación: Nivel intermedio alto (B2)

• CONTRATO

 • **Tipo de contrato**
Contrato a tiempo parcial

 • **Duración**
Hasta el 31 de mayo

 • **Jornada laboral**
Tardes de 4 a 5 de la tarde

1 ¿El anuncio es para trabajar en una academia?
2 ¿En qué consiste el trabajo?
3 ¿Es necesario haber trabajado antes en algo parecido?
4 ¿Qué tipo de contrato ofrecen?
5 ¿Cuál es el horario de trabajo?
6 ¿Cuándo se termina el contrato?

13 En parejas, elaborad una oferta de empleo y presentádsela a vuestros compañeros. Decidid entre todos cuál es la más interesante.

14 Lee los anuncios de Correos de la derecha y responde a las preguntas.

1. ¿Qué finalidad tiene el burofax?
2. ¿Qué finalidad tiene el paquete azul?
3. ¿Qué tiempo verbal acompaña a la estructura *para que*?

COMUNICACIÓN

Expresar finalidad

Para expresar finalidad utilizamos la preposición *para*:
- **Para** + infinitivo (mismo sujeto)
  Para obtener ese puesto de trabajo tú necesitas tener el mejor currículum.

- **Para que** + subjuntivo (sujetos diferentes)
  Para que ellos te acepten en ese trabajo tú debes tener experiencia previa en un puesto similar.

15 Piensa en la finalidad del trabajo de estos profesionales y escríbelo en tu cuaderno.

Cartero/-a

Bombero/-a

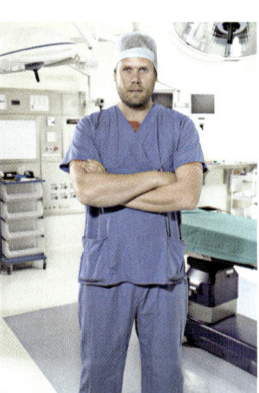
Cirujano/-a

Submarinista

Auxiliar de vuelo

Futbolista

Reportero/-a

Pintor(a)

Cantante

Profesor(a)

El cartero reparte el correo para que todos lo recibamos en nuestras casas.

16 Observa las profesiones anteriores. ¿Te gustaría dedicarte a alguna de ellas? ¿Para qué?

Me gustaría ser cantante, para poder ser famoso y ganar mucho dinero. Y para tener un club de fans…

● AMPLIAMOS

17 Lee el siguiente artículo. ¿Por qué lleva el título de "Llave de papel"?

Llave de papel

Cuida tu *curriculum vitae*. Es muy importante para conseguir trabajo

Martín Pastor
(Director de Recursos Humanos)

El curriculum vitae es tu carta de presentación ante las personas que van a decidir si tú eres el adecuado para el puesto de trabajo. Es la primera impresión que van a tener de ti aquellos que, tal vez, un día sean tus jefes. Yo, en tu lugar, querido amigo, lo prepararía muy bien.

Lo primero que debes hacer es reunir todos los datos relativos a tu formación académica. Pon directamente tu titulación superior y los cursos relacionados con el puesto de trabajo que solicitas. No olvides los idiomas que has estudiado. Te aconsejo que cites también tus conocimientos de informática.

Al hablar de tu experiencia profesional, sé claro y conciso. Si tienes otros datos importantes que no encajan en los apartados anteriores, pon "Otros méritos" para incluirlos.

Si no optas a un puesto de máxima responsabilidad o tienes más de veinte años de experiencia, tu currículum no debería ocupar más de una o dos hojas. Hazlo bien: tu futuro profesional depende, en gran medida, de él.

18 ¿Cuáles son los principales consejos que dan en el artículo anterior? Completa las frases.

1 Yo, en tu lugar, _____.
2 Lo primero que debes hacer _____.
3 Te aconsejo que _____.
4 Al hablar de tu experiencia profesional, _____.
5 Tu currículum no debería _____.

19 Busca en el artículo de la actividad 17 los siguientes verbos y escribe la preposición que los acompaña. ¿Qué significan? Después, escribe en tu cuaderno una frase con cada uno de ellos.

1 Encajar _____ 2 Optar _____ 3 Depender _____

20 Te presentamos un modelo de currículum. ¿Por qué no redactas el tuyo?

CURRICULUM VITAE

DATOS PERSONALES

Apellidos y nombre: Mendiola Puig, Raúl
DNI: 50 127 674 X
Dirección: C/ Ceuta, 17 - 28015 Madrid
Teléfono: 654 687 359
E-mail: mendi232@organiz.net

FORMACIÓN ACADÉMICA

- **Titulación:** Ingeniero de Materiales (Universidad Rey Juan Carlos, 2019).
- **Cursos:**
  "Los materiales orgánicos" (60 horas, Universidad Politécnica).
  "Aproximación a la organización de materiales" (45 horas, Universidad Autónoma de Madrid).
- **Idiomas:** Inglés. Nivel Superior.
  Alemán. Nivel Intermedio.
- **Informática:** Nivel usuario.

EXPERIENCIA PROFESIONAL

- Repsol YPF. Julio-diciembre 2019. Becario en prácticas.
- Matspan. Marzo-junio 2020. Teleoperador de ventas.
- Muralim. Enero-septiembre 2021. Asistente de dirección.
- Director de I+D. Desde septiembre de 2021.

OTROS MÉRITOS

- Disponibilidad para viajar.
- Carné de conducir. Vehículo propio.

Autoevaluación

1 ¿Estarías dispuesto _____ vivir nuevas experiencias?
 a en
 b a
 c de

2 Mis padres se dedican _____ la enseñanza; son profesores de Historia.
 a a
 b en
 c de

3 En esa oferta de empleo se requiere tener experiencia _____.
 a en un puesto similar
 b a un puesto similar
 c por un puesto similar

4 Estoy pensando _____ estudiar Filología.
 a de
 b en
 c a

5 No te quejes _____ no tener trabajo. ¡No te interesa ninguno!
 a en
 b a
 c de

6 "Pide el pescado al horno, es la especialidad de la casa". En esta frase, el imperativo introduce _____.
 a una duda
 b una orden
 c un consejo

7 Te recomiendo que _____ ese trabajo.
 a aceptarías
 b aceptas
 c aceptes

8 Yo, en tu lugar, _____ un máster.
 a haré
 b haga
 c haría

9 En la secretaría me aconsejan que _____ ya.
 a me matriculo
 b me matricule
 c me matricularía

10 Yo que tú no _____ a llamar.
 a volvería
 b volveré
 c vuelvas

11 Tu curriculum vitae contiene _____.
 a tu biografía personal
 b tu biografía académica y profesional
 c tus experiencias del último año

12 "E/LE" significa _____.
 a Español Lingüística Extranjera
 b Español Lengua Expresiva
 c Español Lengua Extranjera

13 Un cartero trabaja en _____.
 a Correos
 b un avión
 c un hospital

14 Un auxiliar de vuelo realiza su trabajo _____.
 a en un helicóptero
 b en una cafetería
 c en un avión

15 El femenino de cantante es _____.
 a cantanta
 b cantante
 c cantaora

16 "Solicitar un trabajo" es sinónimo de _____.
 a pedir un trabajo
 b buscar un trabajo
 c encontrar un trabajo

17 En un anuncio de empleo, los requisitos hacen referencia a _____.
 a lo que debe cumplir el solicitante
 b lo que quiere el solicitante
 c lo que ofrece la empresa

18 Estoy estudiando español para _____ más posibilidades de empleo.
 a que tendría
 b tener
 c teniendo

19 Luis ha escrito a sus jefes para _____ una cita.
 a que concierte
 b concertando
 c concertar

20 Para _____ el trabajo, debes ser el mejor.
 a que te den
 b que te darían
 c que darte

Yo, en tu lugar, estudiaría Turismo

23 ¿Dónde estarán ahora?

● EMPEZAMOS

1 Observa la foto de estas chicas y responde a las preguntas. Puedes responder de dos formas: con presente, si quieres expresar más seguridad; o con futuro, si quieres expresar probabilidad o quieres formular suposiciones.

1 ¿Dónde están?
2 ¿Qué hacen en esa ciudad?

2 Vuelve a observar la foto anterior y señala cuáles de las siguientes afirmaciones no son seguras y, por tanto, deberían ir en futuro.

1 Están cerca de la Torre Eiffel.
2 Están de vacaciones.
3 Es invierno.
4 Son compañeras de trabajo.
5 Llevan un gorro de lana.
6 Son turistas.

3 Escucha ahora a dos estudiantes que hablan sobre la foto de la actividad 1 y señala a qué preguntas de las siguientes responden con seguridad y en qué casos responden expresando probabilidad.

1 ¿Dónde están?
2 ¿Qué hacen en París?
3 ¿Qué época del año es?
4 ¿Son estudiantes?
5 ¿Qué estudian?
6 ¿Qué van a hacer los próximos días?

4 Lee este texto extraído de la conversación anterior y fíjate en las expresiones en negrita que se usan para expresar probabilidad. ¿Cuáles van con indicativo y cuáles, con subjuntivo? Completa la tabla en tu cuaderno.

■ Y si son estudiantes, ¿qué crees que estudian?
● Pues…, no sé…: estarán estudiando francés. O **quizá** estén haciendo algún curso en la Sorbona: es una universidad muy famosa…
■ ¿Y qué van a hacer los próximos días?
● ¡Uy! En París hay muchísimas cosas que hacer. A ver…, unas chicas jóvenes, estudiantes, en París…, ¿qué pueden hacer? **Probablemente** visitarán Notre Dame… **Tal vez** vayan al Louvre… **Es posible que** den el típico paseo en barco por el Sena… **Seguro que** comprarán una *baguette* en una panadería. ¡Ah!, y **casi seguro que** irán a comer o a cenar a uno de los restaurantes del barrio Latino: no puedes estar en París sin ir al barrio Latino. Bueno, eso es lo que yo recomendaría… **Puede que** tengan otros planes…
■ Veo que conoces bien París…
● Sí, sí: fui con mi hermana el verano pasado.

INDICATIVO	*Probablemente visitarán Notre Dame*
SUBJUNTIVO	*quizá estén haciendo algún curso en la Sorbona*

COMUNICACIÓN

Expresar probabilidad, duda y suposición

Quizás / Quizá[1]
Tal vez
Probablemente   + indicativo / subjuntivo
Posiblemente
Seguramente

Probablemente visiten Notre Dame.[2]
Probablemente visitarán Notre Dame.

[1] Existen las dos formas, *quizá* y *quizás*, y se usan indistintamente.
[2] Con indicativo expresan mayor grado de probabilidad de que se realice la acción.

Puede que
Es posible que   + subjuntivo
Es probable que
Lo más seguro es que

Puede que tengan otros planes.
Lo más seguro es que vayamos de vacaciones a París.

Estoy seguro de que
Seguro que   + indicativo
A lo mejor

Seguro que compprarán una baguette en una panadería.

Con el futuro podemos expresar mayor probabilidad y seguridad:
Estarán estudiando francés.

5 Y tú, ¿estás de acuerdo con las suposiciones que se hacen en la conversación anterior en relación con las chicas de la foto de la actividad 1? Formula las tuyas y coméntalas con el compañero.

A lo mejor son deportistas y están en París por una competición.

6 ¿Qué ventajas tiene estudiar en un país extranjero? ¿Estás de acuerdo con estas frases? Coméntalo con tu compañero.

1. Si estudias en un país extranjero, conocerás gente de otras culturas.
2. Si conoces gente de otras culturas, serás más inteligente.
3. Si eres más inteligente, podrás encontrar un buen trabajo.
4. Si encuentras un buen trabajo, ganarás mucho dinero.
5. Si ganas mucho dinero, podrás viajar por todo el mundo.

> ■ *Yo no estoy de acuerdo con la 3: conozco personas muy inteligentes que no tienen un buen trabajo.*
> ● *Es verdad, pero yo creo que las personas inteligentes tienen más oportunidades en los trabajos, ¿no?*

7 Completa las siguientes frases.

1. Si voy a París, _____.
2. Iré de vacaciones si _____.
3. Si ahorro suficiente dinero, _____.
4. Viajaré en avión si _____.

●AVANZAMOS

8 Antes de ir a París, las tres chicas de la actividad 1 imaginaban cómo iba a ser su viaje. Escucha el diálogo y completa las frases.

1. Una cree que en París _____ el amor de su vida.
2. Las otras dos _____ todos los museos de París e _____ a muchas tiendas.
3. Tal vez _____ dinero para comprar algo interesante.
4. A lo mejor _____ al mercado de las Pulgas.
5. Si van al mercado de las Pulgas, seguro que _____ algo interesante.
6. Es posible que _____ a la Torre Eiffel.

COMUNICACIÓN

Expresar condiciones bastante probables en el futuro

- **Si** + presente de indicativo, + futuro / presente / imperativo.
  Si <u>estudias</u> en un país extranjero, <u>conocerás</u> gente de otras culturas.
  Si <u>viajas</u> a otros países, <u>aprendes</u> mucho.
  Si <u>vienes</u> a París, <u>llámame</u>.

- Futuro / presente / imperativo + **si** + presente de indicativo.
  <u>Conocerás</u> gente de otras culturas **si** <u>estudias</u> en el extranjero.
  <u>Aprendes</u> mucho **si** <u>viajas</u> a otros países.
  <u>Llámame</u> **si** <u>vienes</u> a París.

GRAMÁTICA

Futuro simple de indicativo

Además de utilizarlo para hablar de acciones y proyectos en el futuro, también lo usamos para hacer suposiciones con un grado alto de probabilidad.

Verbos regulares		Verbos irregulares	
llamar ver subir +	é ás á emos éis án	- cabré - diré - habré - haré - pondré - podré	- querré - sabré - saldré - tendré - valdré - vendré

> ■ ¿Sabes por qué no ha venido Rafa?
> ● **Estará** enfermo.

9 Ya están en París. ¿Qué crees que harán las chicas de la foto de la actividad 1 en estos casos? Completa las frases de manera libre con diferentes grados de seguridad.

		futuro simple	quizás + presente de subjuntivo
1	Si les roban las mochilas,…	*irán a una comisaría de policía.*	*quizás llamen a sus padres.*
2	Si no encuentran el hotel,…		
3	Si no suena el despertador,…		
4	Si pierden el autobús de la excursión a Versalles,…		
5	Si no les gusta la comida,…		
6	Si no hablan francés,…		

¿Dónde estarán ahora?

10 ¿Qué les ocurre? ¿Por qué están así? Relaciona las imágenes con las suposiciones.

Suposiciones

1. ◯ Le habrá sentado mal la comida.
2. ◯ Tendrá hambre.
3. ◯ Habrá recibido un correo muy bueno.
4. ◯ Estará preocupado por los exámenes.
5. ◯ La habrán aceptado en la universidad.
6. ◯ Le habrán dado una mala noticia.
7. ◯ Le dolerá la cabeza.
8. ◯ Habrá terminado un trabajo importante.
9. ◯ Habrá comido mucho picante.

GRAMÁTICA

Futuro compuesto de indicativo

	futuro de *haber*	participio pasado
(yo)	habré	
(tú)	habrás	regal**ado**
(él, ella, usted)	habrá +	perd**ido**
(nosotros/-as)	habremos	part**ido**
(vosotros/-as)	habréis	
(ellos/-as, ustedes)	habrán	

■ ¿Todavía no han llegado? ¡Qué raro!
● **Habrán perdido** el tren.

COMUNICACIÓN

Formular hipótesis

Podemos formular hipótesis en pasado, presente y futuro.

Seguridad, certeza

En el pasado
- Pretérito indefinido o imperfecto
  Ayer **estaban** muy cansadas y por eso no **salieron**.
- Pretérito perfecto
  Se **ha levantado** temprano para poder desayunar tranquilo.

En el presente
- Presente de indicativo
  Ramón no ha venido porque **tiene** mucho trabajo en la oficina.

Suposición, hipótesis

En el pasado
- Condicional simple
  Ayer **estarían** muy cansadas y por eso no **saldrían**.
- Futuro compuesto
  Se **habrá levantado** temprano para poder desayunar tranquilo.

En el presente
- Futuro simple
  Ramón no ha venido porque **tendrá** mucho trabajo en la oficina.

11 Imagina que estás en las siguientes situaciones y escribe una posible respuesta en tu cuaderno expresando probabilidad, duda o suposición.

1. No encuentro las llaves del coche.
2. ¿Qué ocurre? Hay un coche de policía en la calle.
3. Ayer había leche en el frigorífico y hoy no queda nada.
4. Luisa ha vuelto de vacaciones muy contenta.

12 En parejas, formulad hipótesis sobre las siguientes situaciones.

	SUPOSICIONES
1 Tu profe no ha aparecido por el trabajo en una semana.	*Le habrá tocado un millón de euros en la lotería.*
2 Pensabas aprobar el examen, pero has suspendido.	
3 Mandaste treinta currículos, pero no te ha respondido ninguna empresa.	
4 Tus compañeros de trabajo no te han felicitado y saben que hoy es tu cumpleaños.	
5 Las chicas de París hoy no han hecho ninguna visita.	
6 Ayer tenías una reunión con tu jefe, pero él no apareció.	

13 ¿Conoces Santiago de Chile? Con ayuda de internet, busca qué se puede hacer de vacaciones en la ciudad: qué se puede visitar, comer…

14 En parejas, vais a ir una semana de vacaciones a Santiago de Chile. Organizad un plan de viaje con las actividades que estáis seguros que vais a hacer y las que suponéis que vais a hacer. Después, presentádselo al resto de compañeros.

Quizá vayamos a comer a un restaurante en Bellavista, un barrio muy bohemio de la ciudad.

¿Dónde estarán ahora?

AMPLIAMOS

15 Lee los dos textos y contesta a las preguntas.

Reflexiones sobre el pasado y el presente

VIVIR A PRUEBA

Una parte considerable de la vida la pierde uno haciendo exámenes, sometiéndose a pruebas, demostrando que sabe cosas, cosas que en la mayor parte de las ocasiones no le importan nada y se le olvidan en cuanto termina la necesidad de tenerlas almacenadas en la memoria, cuando ha pasado la prueba o el examen y uno disfruta el alivio, siempre provisional, de no tener que volver a examinarse de nada en el futuro próximo.
Es importante la buena memoria, pero más valioso aún es el buen olvido (…).

Antonio Muñoz Molina
("Vivir a prueba" - *El País Semanal*)

MICRORRELATO

Como muchos de su tiempo, mis padres se pasaron la vida pensando en el día de mañana. "Hay que ahorrar para el día de mañana", "tú, piensa en el día de mañana", me decían.
Pero el día de mañana no llegaba. Pasaban los días y los años, y el día de mañana no llegaba.
De hecho, mis padres ya están muertos y el día de mañana aún no ha llegado.

Julio Llamazares
("Microrrelato" - *El País Semanal*)

1 ¿Qué crees que quieren transmitir los autores? Haz hipótesis sobre ello.
2 ¿Crees que los dos textos tienen algo en común o no? ¿Por qué?
3 ¿Qué significa, en tu opinión, la última frase del primer texto: "Es importante la buena memoria, pero más valioso aún es el buen olvido".
4 En el segundo texto se repite constantemente la expresión "el día de mañana": ¿a qué crees que se refiere?

16 ¿Y tú qué opinas? ¿Coincide tu experiencia y recuerdos del pasado con los de los textos anteriores? Coméntalo con tus compañeros.

A mis padres también les preocupaba mucho el futuro, el día de mañana; siempre pensaban en su jubilación, en ahorrar dinero. Yo, en cambio, creo que hay que vivir el presente: que no podemos estar recordando el pasado, ni preocuparnos por el futuro…

Autoevaluación

1 "Seguramente iremos a París" expresa _____ .
   a certeza
   b suposición
   c deseo

2 Para proteger la cabeza del sol me pongo _____ .
   a un gorro
   b unos guantes
   c unas gafas

3 ■ ¿Qué harás el próximo año?
   ● _____ vaya a estudiar un máster en Berlín.
   a A lo mejor
   b Seguro que
   c Puede que

4 Si _____ tiempo, te _____ .
   a tendré / llamaré
   b tengo / llamo
   c tenga / llamaré

5 Hemos paseado _____ la ciudad.
   a en
   b por
   c sobre

6 "Quizás vengan mañana" significa _____ .
   a tal vez vengan mañana
   b seguro que vienen mañana
   c ¡ojalá vengan mañana!

7 "Probablemente ya estén aquí" significa _____ .
   a tal vez estén aquí
   b seguro que están aquí
   c llegarán mañana

8 El autocar es pequeño: no _____ todos.
   a quepamos
   b cabremos
   c cabíamos

9 ¡Esperadme aquí, chicas! _____ en un momento.
   a Volveré
   b Vuelve
   c Vuelva

10 Tal vez no _____ al museo antes de las diez.
   a entremos
   b habíamos salido
   c visitaríamos

11 ■ ¿Sabes por qué no vino ayer Laura a la fiesta?
   ● No sé, _____ que trabajar.
   a tuviera
   b tendría
   c tendrá

12 El próximo fin de semana puede que _____ que trabajar: lo sabré seguro el viernes.
   a tendré
   b tengo
   c tenga

13 El año que viene el billete de metro _____ el doble.
   a valió
   b valga
   c valdrá

14 ■ ¿Qué hora es?
   ● No tengo reloj, pero _____ las dos.
   a serán
   b será
   c sean

15 "Me pregunto dónde habrá ido Emma" significa _____ .
   a no sé dónde ha ido
   b sé dónde ha ido
   c Emma ha vuelto ya

16 ■ ¡Qué raro! Mi amiga no ha bajado a desayunar todavía.
   ● _____
   a ¡No habrá oído el despertador!
   b ¡Oiría el despertador!
   c ¡Que oiga el despertador!

17 "El avión de esta noche habrá llegado tarde" implica _____ .
   a suposición
   b deseo
   c condición

18 *Provisional* es lo mismo que _____ .
   a posicional
   b capacidad de hacer pruebas
   c temporal

19 Recuerdo todo lo que he visto en las vacaciones. Tengo _____ .
   a buen recuerdo
   b buenos recuerdos
   c buena memoria

20 La expresión "el día de mañana" se usa normalmente para decir _____ .
   a mañana
   b el futuro que nos espera
   c mañana de día

24 Noticias sorprendentes

● EMPEZAMOS

1 Lee las noticias y elige uno de los siguientes títulos para cada una de ellas.

- **A** DESCUBREN UN PLANETA SIMILAR A LA TIERRA
- **B** ESPOSO DEMANDA A SU ESPOSA
- **C** LECHUGA ESPACIAL
- **D** EXPERTA EN MATEMÁTICAS POR UN GOLPE
- **E** LORO EXPULSADO DE SU CASA
- **F** MUEREN POR SALVAR A SU HIJO

1 Los padres de un menor han muerto en el desierto por deshidratación; su hijo logró salir con vida gracias al agua que estos le reservaron para él. Se encontraban de vacaciones en Estados Unidos cuando se perdieron. ○

2 En la NASA descubren un planeta con características muy similares a la Tierra, llamado Kepler-452b y situado a 1400 años luz de la Tierra. Cuenta con unas dimensiones parecidas a nuestro planeta, y gira alrededor de una estrella semejante al Sol y a una distancia casi igual. ○

3 Un grupo de astronautas de la Estación Espacial Internacional ha probado la primera lechuga cultivada en el espacio. Según la NASA, si los astronautas pueden cultivar su propia comida durante los viajes espaciales, tendremos más posibilidades de vivir en el espacio en el futuro. ○

4 Una granjera se ha convertido en una experta en matemáticas después de darse un golpe en la cabeza mientras cuidaba a sus gallinas. Cuando despertó en el hospital, sufría amnesia y no podía caminar; pero con el paso del tiempo recobró la memoria y comenzó a demostrar grandes habilidades para las ciencias exactas. ○

5 Un hombre, recién casado, ha demandado a su esposa por daños psicológicos después de verla sin maquillaje. Cuando se despertó después de la noche de bodas y vio a su mujer sin maquillaje, decidió demandarla por fraude y daños psicológicos. La denuncia ha sido desestimada por el juez. ○

6 Hariyal, un loro que vive en la India, ha tenido que declarar ante la policía de Rajura, en el estado de Maharastra, al ser acusado por una mujer de insultarla presuntamente inducido por su hijastro. Este hecho no pudo ser probado. Sin embargo, el loro fue expulsado de la casa. ○

2 ¿Qué palabras o expresiones utilizadas en las noticias anteriores significan lo mismo que las siguientes?

1. un niño
2. sobrevivir
3. idéntico/-a
4. un equipo
5. denunciar
6. estimular
7. demostrar
8. engaño
9. encontrar
10. recuperar
11. ofender
12. probabilidad

3 ¿Con qué noticia de la actividad 1 relacionas cada una de estas frases?

○ a Es raro que hayan acusado a un animal.
○ b Es increíble que puedan cultivar en el espacio.
○ c Es una locura que haya demandado a su mujer.
○ d Es interesante que se haya encontrado otro planeta como el nuestro.
○ e Es lógico que los padres ayuden a sus hijos.
○ f Es sorprendente aumentar la capacidad mental por un accidente.
○ g Es una pena que hayan muerto de sed.
○ h Es evidente que el hombre estaba muy enfadado.
○ i No es normal echar de casa a un animal por mal comportamiento.
○ j Es cierto que la NASA ha descubierto un nuevo planeta.

4 Fíjate en las expresiones subrayadas en la actividad anterior y completa el cuadro con los tiempos verbales que faltan y con algunos ejemplos.

Valoración concreta sobre una persona, animal o cosa

Valoración en el pasado con conexión en el presente

Ejemplo: *Es raro que hayan acusado a un animal.*

Tiempo verbal: (1) _____

Valoración en el presente y futuro

(2) Ejemplo: _____

Tiempo verbal: *presente de subjuntivo*

Valoración general

Ejemplo: *Es sorprendente aumentar la capacidad mental por un accidente.*

Tiempo verbal: (3) _____

Expresión de certeza

(4) Ejemplo: _____

Tiempo verbal: *indicativo*

GRAMÁTICA

Expresar opinión y valorar

Para hacer valoraciones y opinar utilizamos estas estructuras:

Verbo *ser* + adjetivo y sustantivo

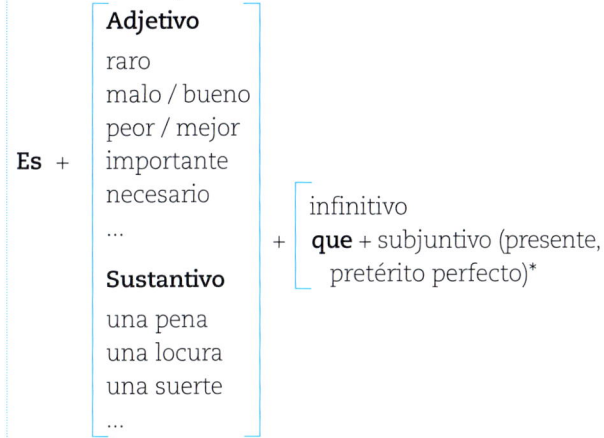

*Es importante **hacer** ejercicio cada día.*
*Es necesario que **te cuides**.*
*Es una pena que **haya suspendido**.*

*Cuando valoramos algo que ha ocurrido en un pasado muy relacionado con el presente, usamos el pretérito perfecto de subjuntivo.
*Es increíble que **haya aprobado** el examen sin estudiar.*
*Es una pena se **hayan acabado** las vacaciones: no tengo ganas de volver a casa.*

Expresar certeza

Es + [cierto / evidente / verdad / obvio / indudable] + **que** + indicativo

*Es obvio que **tiene** razón.*

Está *claro* **que** + presente de subjuntivo:
*Está claro que no **van** a aprobar la ley.*

Pretérito perfecto de subjuntivo

	presente de subjuntivo de *haber*	participio pasado
(yo)	haya	
(tú)	hayas	
(él, ella, usted)	haya	separado
(nosotros/-as)	hayamos	comido
(vosotros/-as)	hayáis	venido
(ellos/-as, ustedes)	hayan	

Recuerda:
Hay algunos participios que son irregulares:
-**cho**: dicho, hecho...
-**to**: abierto, (des)cubierto, escrito, muerto, puesto, roto, visto, vuelto...

●AVANZAMOS

5 En parejas, leed los titulares y expresad vuestra opinión utilizando las siguientes palabras.

> increíble • verdad • una pena • una locura • indudable • normal
> interesante • raro • claro • evidente • lógico • una ventaja

- *Está claro que comer pescado es bueno para la salud.*
- *Sí, sí. Es evidente.*

NOTICIAS DEL MUNDO

1 Rajo Devi Lohan, la mujer india que tuvo un hijo a los 70 años tras una fecundación *in vitro* y cumplió su sueño de ser madre

2 Una universidad china ha demostrado que las personas que comen mucho pescado tienen menos riesgo de padecer depresión

3 Una joven filipina se ha graduado en Física en la Universidad de Filipinas a los 16 años y actualmente es profesora en la misma universidad y estudiante de doctorado

4 Paris Hilton, la famosa heredera, ha ofrecido 10 000 dólares de recompensa por recuperar a su perrita, una chihuahua de nombre Diamond Baby

5 Sándwich preparado hace más de diez años, y en perfecto estado de conservación, en el que, según su propietaria, aparece la cara de la Virgen, sale a subasta en internet, donde se ha llegado a ofrecer hasta 16 500 €

6 Según la ciencia, las parejas que se conocen por internet duran más y esto es debido a que hay un mayor análisis racional de lo que el otro publica, dice o comenta, antes de la cita

6 Completa las frases con una expresión de valoración.

1 _____ que el gobierno _____ los impuestos.
2 _____ que en los próximos años _____ ir a la luna de vacaciones.
3 _____ que en el sur de Japón _____ una isla habitada solo por gatos.
4 _____ que _____ dinero para la investigación de enfermedades raras.
5 _____ que las calles de esta ciudad _____ sucias.
6 _____ que los niños _____ idiomas desde pequeños.

7 Escucha las siguientes noticias y relaciónalas con tres de estas fotografías.

A ○

B ○

C ○

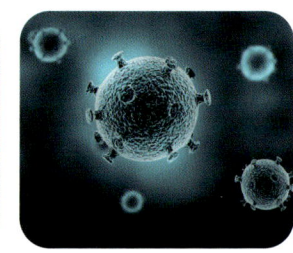
D ○

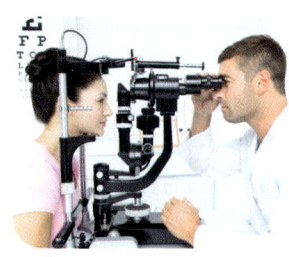
E ○

F ○

8 Ahora vuelve a escuchar las noticias y escribe en tu cuaderno una frase para cada una para valorarlas o dar tu opinión sobre ellas.

9 En parejas, escribid en vuestro cuaderno una noticia sorprendente. Podéis buscar información en internet o podéis utilizar vuestra imaginación. Después, leédsela a vuestros compañeros y pedidles que opinen sobre ella.

10 Lee el texto de un blog y comenta con tu compañero tu opinión y valoración sobre las noticias falsas o *fake news*.

El fenómeno de las *fake news*

Las *fake news* se pueden definir como informaciones falsas que pueden ser difundidas por la prensa tradicional o las redes sociales, con el fin de engañar, manipular y provocar una determinada reacción o conducta en la opinión pública para conseguir unos determinados objetivos.

La universalización del acceso a internet, su gratuidad y la falta de leyes que regulen la divulgación de la información en las redes sociales, ha provocado un crecimiento exponencial de las noticias falsas. Sin embargo, la difusión de este tipo de noticias no es un fenómeno nuevo; la desinformación se ha usado desde el origen de la comunicación.

Algunos acusan del aumento de las *fake news* a una falta de ética en el periodismo actual; otros, al descontrol de la clase política, muchas veces dominada por *lobbies,* que manipulan la información para conseguir sus objetivos. Lo cierto es que parece muy fácil divulgar una noticia falsa, solo se necesita elaborar un texto creíble, apoyado en estereotipos y prejuicios, que pueda captar la atención del público, y así provocar determinadas opiniones y acciones en favor de los intereses del creador.

- *Yo creo que es normal que existan las* fake news *y es imposible eliminarlas totalmente.*
- *Sí, es verdad que siempre han existido, pero creo que es peligroso que no haya un control de la información…*

11 Relaciona las dos columnas.

1. Cuando tenga tiempo, te llamo y quedamos.
2. Cuando tengo tiempo, me gusta leer la revista ¡Hola!
3. Si tengo tiempo mañana, voy a ir a la peluquería.
4. Cuando llegué, era tarde y no te llamé.

a. Algo que ocurrió en el pasado.
b. Algo que ocurrirá en el futuro.
c. Una rutina: ocurre siempre.
d. Una condición: puede que ocurra en el futuro o no.

GRAMÁTICA

Cuando o Si

Para hablar del momento en que nos referimos a una acción, tenemos varias opciones:

- **Cuando + presente de indicativo.** Para hablar de acciones que se repiten.
  Cuando viajo en autobús, me mareo.
- **Cuando + indicativo.** Para hablar de acciones en el pasado.
  Cuando era pequeña, vivía en un pueblo pequeño.
- **Cuando + subjuntivo.** Para hablar de acciones en el futuro.
  Cuando termine el curso, volveré a mi país.
  Cuando haya terminado todo, te sentirás mejor.

- **Cuándo + futuro / presente indicativo.** Para formular preguntas.
  ¿Cuándo haremos el examen?
  ¿Cuándo te vas de vacaciones?
- Para hablar de acciones en el futuro que dependen de una condición: **si + presente indicativo, futuro / presente de indicativo / imperativo.**
  Si tengo tiempo, iré a la fiesta.
  Si estudias, seguro que apruebas.
  Si vienes a Sevilla, llámame

12 En parejas, pregúntale a tu compañero qué va a hacer en las siguientes situaciones.

Terminar el curso de español

Jubilarse

Tener vacaciones

Tocar la lotería

- *¿Qué vas a hacer cuando termines el curso de español?*
- *Cuando termine el curso, voy a hacer un viaje por Sudamérica. Quiero visitar Chile, Argentina, Uruguay…*

13 Señala cuáles de las siguientes cosas te gustaría hacer en el futuro y añade otras que deseas y no están. Comenta con tu compañero cuándo crees que las harás.

- Dar la vuelta al mundo
- Tener un año sabático
- Casarse
- Cambiar de trabajo
- Estudiar en un país extranjero
- Tener un hijo
- Cambiarse de casa
- Comprarse un coche
- Estudiar otro idioma

■ *Cuando termine la universidad, me gustaría dar la vuelta al mundo.*
● *Pues yo cuando termine la universidad, me gustaría estudiar en un país extranjero.*

●AMPLIAMOS

14 Antes de leer el artículo, fíjate en el título y en las fotos. ¿Sobre qué crees que tratará?

ADRIANA DOMÍNGUEZ *prefiere el cine a la costura*

Adolfo Domínguez, que tiene una videoteca con los mejores títulos de la historia, les decía a sus tres hijas: «Venga, niñas, vamos a ver esta película de Orson Welles, que acaban de reeditarla y tiene una escena nueva que…». Después de haberse criado en este apasionado ambiente cinéfilo, no es raro que Adriana, de 28 años, la hija mayor, haya cambiado su brillante carrera de Empresariales por un futuro como actriz. Vive, estudia y trabaja en Los Ángeles, donde ha rodado ya cinco películas.

Cuando Adriana iba a clases de Derecho Mercantil, se le quedaba la mente en blanco. Se acordaba de la semana de vacaciones que se había tomado para ver el rodaje de una película que produjo su padre y de cuando a los 18 años hizo de asistente de producción para ganarse un dinerito. A ella lo que le iba era la literatura, el arte o la historia, pero en casa de Adolfo Domínguez la disciplina escolar es sagrada. Las tres hermanas hablan varios idiomas, tras estudiar en internados europeos desde los ocho años. Valeria, la segunda, ingeniera de robótica, ahora es bróker inmobiliario en Nueva York. Y Tiziana, de 19 años, estudia Arte y es una excelente pintora.

Adriana acabó Empresariales, hizo prácticas en un banco y en un hotel, «pero no me gustaba nada, estaba disgustada, iba descontenta al trabajo». Así que se fue a Nueva York a estudiar dirección, interpretación y guion. Está orgullosa de su educación cosmopolita pero se considera gallega hasta la médula. Y de aldea, como sus abuelos y bisabuelos. Adolfo Domínguez y su familia viven en pleno campo, de forma idílica. Ninguna de las tres hijas se ha preparado para dirigir la empresa familiar, un auténtico imperio. «Mis padres tienen un equipo fantástico –dice Adriana–, no nos necesitan».

Artículo de María Eugenia Yagüe. *EL MUNDO*

15 Lee ahora el artículo y contesta. El sufijo griego *-teca* significa "caja", es decir, "lugar en el que se guarda algo". ¿Qué significan estas palabras? ¿Conoces más palabras similares?

1. una videoteca
2. una hemeroteca
3. una filmoteca

16 ¿Sabes lo que significan estas expresiones? Búscalas en el diccionario.

1. quedársele (a alguien) la mente en blanco
2. irle algo (a alguien)
3. hacer prácticas
4. considerarse / ser + adjetivo + hasta la médula

17 Completa esta tabla sobre las hijas de Adolfo Domínguez.

nombre	estudios	profesión

18 ¿Qué crees que pensará Adolfo Domínguez sobre sus hijas? ¿Por qué?

1. "Es una pena que ninguna de mis hijas quiera seguir mis pasos".
2. "Es lógico que cada una haya seguido su carrera sin pensar en el negocio familiar".

Autoevaluación

1. Está _____ que son amigos.
   a. claro
   b. obvio
   c. evidente

2. Es importante que el grupo _____ muy unido.
   a. está
   b. esté
   c. ha estado

3. El pretérito perfecto de subjuntivo del verbo *ser* es _____.
   a. ha sido
   b. había sido
   c. haya sido

4. Un hombre ha demandado a su _____ un día después de la boda.
   a. matrimonio
   b. esposa
   c. casada

5. Es _____ que no se llevan bien.
   a. necesario
   b. una ventaja
   c. obvio

6. Iremos cuando _____.
   a. pongamos
   b. podamos
   c. podremos

7. _____ a este gato, por favor, llama al 91 345 78 35.
   a. Cuando haya visto
   b. Si ves
   c. Cuando viste

8. El pretérito perfecto de subjuntivo del verbo *romper* es _____.
   a. haya roto
   b. ha rompido
   c. haya rompido

9. ¿No es raro _____ tanto tiempo separados?
   a. que están
   b. que estén
   c. estén

10. Parece increíble que Laura _____ ese traje de fiesta.
    a. haya diseñado
    b. diseñar
    c. diseñando

11. _____ evidente que mis padres no saben nada.
    a. Está
    b. Es
    c. Estoy

12. Es _____ que hayan abandonado los estudios.
    a. una pena
    b. una ventaja
    c. cierto

13. Cuando _____ el artículo, avisadme, ¿vale?
    a. encontráis
    b. encontrareis
    c. encontréis

14. ¿Es verdad que todos los periodistas _____ llegado ya?
    a. han
    b. hayan
    c. son

15. ¡Es _____ que se haya quedado solo!
    a. indudable
    b. una pena
    c. un raro

16. ¿Cree que es normal que _____ su boda?
    a. hayan cancelado
    b. han cancelado
    c. cancelarían

17. ¿No _____ tanta televisión?
    a. es malo ver
    b. está malo que vea
    c. está malo ver

18. Es importante _____ la ayuda a la investigación.
    a. aumentar
    b. que aumentará
    c. que aumenta

19. Cuando _____ una gira, me hace un regalo. ¡Es muy detallista!
    a. haya terminado
    b. termina
    c. terminará

20. ¿Es cierto que tu primo _____?
    a. se haya casado
    b. se ha casado
    c. se habrá casado

Repaso 21-24

● ESCUCHAR

1 Escucha esta entrevista a tres personas procedentes de tres países de América Latina. ¿En qué orden se mencionan las banderas? ¿Qué tienen en común los tres personajes?

 A ○  B ○  C ○

PERSONAJES
- Andrés Bello (1781-1865)
- Gabriela Mistral (1889-1957)
- Octavio Paz (1914-1998)

D

E

F

2 Escucha de nuevo y relaciona.

1. Fue diplomático…
2. Además de filólogo, poeta, humanista y político,…
3. Recibió el premio Nobel de Literatura…

a. publicó una gramática.
b. y escribió el ensayo *El laberinto de la soledad*.
c. en 1945.

● HABLAR

3 Fíjate de nuevo en las banderas y en los personajes de la actividad 1 y contesta a estas preguntas. Después, compara tus respuestas con tu compañero.

1. ¿De qué país es la bandera A?
2. ¿De qué país es la bandera B?
3. ¿De qué país es la bandera C?
4. ¿Quién es el personaje de la foto D?
5. ¿Quién es el personaje de la foto E?
6. ¿Quién es el personaje de la foto F?

No sé de qué país es la bandera A:, quizá sea de _____ / será de _____ / es de _____.

4 ¿A quién de los personajes de la actividad 1 crees que le sucedió…? Pregúntale a tu compañero. Si no lo sabes, haz hipótesis.

1. traducir a Lord Byron y Molière
   - ¿Quién crees que tradujo a Lord Byron y Molière?
   - No sé, lo traduciría Andrés Bello… Era filólogo, ¿no?
2. vivir en París
3. ser amigo/-a de Albert Camus y de otros intelectuales europeos
4. ser su padre profesor
5. ser rector(a) de la Universidad de Santiago de Chile
6. ser cónsul en Madrid, Lisboa y Los Ángeles
7. conceder Chile la ciudadanía
8. suicidarse su sobrino
9. trabajar en la India y en Japón
10. publicar a los 17 años su primer poema
11. influir en muchos escritores, como Pablo Neruda

● LEER

5 Antes de leer los textos de la siguiente actividad, ¿en qué crees que se basa la economía de...?

① Venezuela   **② México**   **③ Chile**

- artesanía
- minerales: *cobre, gas, petróleo, carbón, hierro, aluminio...*
- ganadería: *carne, leche; ovejas, vacas, cerdos, caballos...*
- madera
- agricultura: *trigo, arroz, patata, tomate, café, tabaco, maíz, cacao...*
- industria

6 Ahora lee los textos y comprueba si tus respuestas anteriores son correctas.

VENEZUELA

La economía se basa principalmente en la explotación del petróleo y sus derivados. En las últimas décadas se ha diversificado con exportaciones de hierro, aluminio, carbón y cemento, y productos elaborados con acero. La mayor parte del petróleo se extrae de la cuenca del lago de Maracaibo –en el nordeste–, con el peligro que este hecho encierra para la preservación del medioambiente. Por ello se creó el Instituto para el Control y la Conservación de la Cuenca del Lago de Maracaibo, que pretende mantener la explotación de este producto sin causar daños irreparables en el entorno. La mayor parte del petróleo se exporta a Estados Unidos, Europa y otros países de Latinoamérica. Venezuela es, además, uno de los principales productores mundiales de gas natural.

Los variados recursos agrarios venezolanos incluyen diversos sistemas productivos que van desde la agricultura desarrollada en pequeñas huertas donde se cultivan productos para el consumo doméstico, hasta plantaciones dedicadas al cultivo de café, cacao, caña de azúcar, tabaco, maíz, arroz, girasol, algodón y otros productos comerciales. En la región centro-occidental se ha establecido una próspera zona de producción intensiva de carne y leche.

MÉXICO

México refleja el cambio de una economía de producción primaria, basada en actividades agropecuarias y mineras, hacia una semiindustrializada.

La actividad agraria, que incluye la cría de ganado, proporciona trabajo a un 25 % de la mano de obra del país. Junto a las pequeñas granjas familiares y las grandes haciendas, las explotaciones comunales, también llamadas *ejidos*, producen una gran variedad de cultivos: maíz, trigo, cebada, arroz, legumbres, patatas, café, algodón, caña de azúcar, fruta y hortalizas. México no solo genera los productos para cubrir la mayoría de sus necesidades básicas, sino que también exporta parte de su producción.

Aproximadamente el 29 % del país está cubierto por bosques. Debido a la tala incontrolada de ricas áreas madereras, la explotación forestal está actualmente regulada por el Gobierno. El recurso minero de mayor importancia es el petróleo. Su producción está controlada por una agencia perteneciente al Gobierno. La producción de plata también es considerable.

Los productos manufacturados constituyen un creciente porcentaje de su economía, aunque también sigue siendo muy importante su artesanía: objetos hechos de cerámica, madera, oro, plata, textiles y piel.

CHILE

Chile es uno de los principales exportadores de cobre del mundo. El Teniente es la mayor mina de cobre subterránea del mundo. Desde principios del siglo XX, la economía chilena ha estado dominada por la producción de cobre. A partir de la década de 1940, el sector industrial se expandió rápidamente, en gran medida por iniciativas gubernamentales. En la actualidad, Chile es uno de los principales países industrializados de América Latina, así como uno de los más importantes productores de minerales.

La agricultura y la ganadería son las principales actividades de las regiones del centro y del sur del país. Cultivan trigo, patata, maíz, arroz, remolacha azucarera, tomate y avena. El sector frutícola incluye uva, melón, manzana, melocotón (durazno), albaricoque (damasco), ciruela y cereza; el país cuenta, además, con una prestigiosa industria vinícola: Chile es uno de los principales productores de vino del mundo. Al sur, en Tierra del Fuego, se cría ganado ovino, vacuno, porcino y caballar.

7 Vuelve a leer el texto anterior. ¿Qué productos exporta cada país?

8 Completa estas frases con información de los textos de la actividad 6.

1. Es normal que en Venezuela _____ el Instituto para el Control y la Conservación de la Cuenca del Lago de Maracaibo para _____.
2. Es verdad que en México _____.
3. Es mejor que en México la explotación de la madera _____.
4. Es indudable que en Chile _____.

●ESCRIBIR

9 ¿Recuerdas las estructuras para dar consejos, recomendaciones y órdenes? Relaciona los inicios de las frases con el tiempo verbal correspondiente.

1. <u>Busca</u> trabajo en…
2. <u>Te aconsejo que</u> busques trabajo en…
3. <u>Te recomiendo que</u> busques trabajo en…
4. <u>No busques</u> trabajo en…
5. Yo que tú <u>buscaría</u> trabajo en…

a. imperativo
b. condicional
c. verbos de influencia + subjuntivo

10 Participa en el foro escribiendo un post a cada una de estas personas que buscan trabajo dándoles consejos de dónde pueden buscar, en qué país, qué deben hacer… Puedes utilizar las estructuras y los tiempos verbales que aparecen en la actividad anterior.

INICIO   NOTICIAS   FORO   CONTACTO

1  **Klaus, Alemania**   Hoy, 17:37
Este año he terminado la carrera de Ingeniería Industrial. Me gustaría trabajar fuera de Alemania y mejorar mi nivel de español.

2  **Tom, Estados Unidos**   Hoy, 20:05
Mi nombre es Tom Lyons, vivo en San Diego (EE. UU.) y tengo una empresa de distribución de vinos españoles. Me gustaría trabajar durante algún tiempo en otro país, para conocer otros productores, intercambiar ideas, etc.

3 **Tatiana, España**   Hoy, 22:33
Soy bióloga y me he especializado en la gestión de residuos industriales. No tengo experiencia, pero sí muchas ganas de aprender.

●HABLAR

11 ¿Cómo sería tu trabajo ideal? Prepara una pequeña exposición. No olvides incluir:

- dónde estaría
- tu horario
- tus funciones
- tu sueldo
- …

¿QUÉ SABES HACER?

Señala todas las actividades que ya sabes hacer. Si no recuerdas alguna, vuelve a la unidad de referencia y repásala.

COMPRENSIÓN ESCRITA

¿Qué puedes comprender cuando lees?

- ○ Comprendo textos sobre temas relacionados con la comunicación, por ejemplo, sobre los gestos (Unidad 21).
- ○ Soy capaz buscar información específica en folletos o anuncios publicitarios (Unidades 21 y 22).
- ○ Soy capaz de entender una oferta de empleo (Unidad 22).
- ○ Soy capaz de comprender relatos breves (Unidad 23).
- ○ Comprendo noticias y titulares (Unidad 24).
- ○ Puedo buscar datos concretos en textos más o menos extensos (Unidad 24).
- ○ Soy capaz de deducir palabras por el contexto en el que están y, con ello, comprender el texto de forma global (Unidad 24).

COMPRENSIÓN AUDITIVA

¿Qué puedes entender?

- ○ Soy capaz de entender programas de radio y / o entrevistas cuando la articulación es clara y puedo extraer determinada información (Unidades 21 y 22).
- ○ Comprendo conversaciones de la vida cotidiana relacionadas con las vacaciones y los viajes (Unidad 23).
- ○ Puedo entender noticias sobre diferentes temas (Unidad 24).

EXPRESIÓN ORAL

¿Qué puedes expresar?

- ○ Puedo justificar mis opiniones y dar consejos y órdenes (Unidad 21).
- ○ Puedo hablar de la finalidad (Unidad 22).
- ○ Soy capaz de hablar sobre lo que haría en una situación hipotética (Unidad 22).
- ○ Soy capaz de expresar probabilidad, duda o suposición (Unidad 23).
- ○ Puedo hablar de acciones futuras (Unidad 23).
- ○ Sé expresar condiciones (Unidad 23).
- ○ Soy capaz de hacer valoraciones y dar mi opinión sobre temas que me interesan (Unidad 24).
- ○ Puedo hablar de lo que me gustaría hacer en el futuro (Unidad 24).

INTERACCIÓN ORAL

¿Cómo puedes interactuar con los demás?

- ○ Puedo intercambiar información, pedir y dar consejos y órdenes sobre un tema que me interese (Unidades 21 y 22).
- ○ Soy capaz de expresar mi opinión, y argumentar un razonamiento (Unidades 22, 23 y 24).
- ○ Soy capaz de formular hipótesis sobre diferentes situaciones (Unidad 23).
- ○ Puedo hablar sobre lo que me gustaría hacer en el futuro (Unidad 24).

EXPRESIÓN ESCRITA

¿Qué puedes escribir?

- ○ Puedo redactar un decálogo (Unidad 21).
- ○ Puedo tomar notas mientras otras personas hablan (Unidades 21 y 22).
- ○ Puedo elaborar un anuncio de una oferta de trabajo (Unidad 22).
- ○ Soy capaz de escribir cartas personales que describen experiencias, sentimientos, para pedir consejos o recomendaciones (Unidad 22).
- ○ Puedo redactar mi propio *curriculum vitae* (Unidad 22).
- ○ Puedo redactar una presentación sobre un plan de viaje (Unidad 23).
- ○ Soy capaz de escribir textos sencillos y coherentes (Unidad 24).

Soy capaz de utilizar y comprender vocabulario sobre los siguientes temas:

- ○ El aprendizaje de lenguas y comunicación (Unidad 21).
- ○ Profesiones y actividades laborales (Unidad 22).
- ○ Ofertas de empleo (Unidad 22).
- ○ Situaciones habituales en un viaje (Unidad 23).
- ○ Opiniones y valoraciones (Unidad 24).

25 ¿Buscas algo?

●EMPEZAMOS

1 Escucha a ocho personas y toma nota de lo que quieren o buscan.

1 Laura — *un piso*
2 Rafa
3 Manuel
4 Ana
5 Paz
6 Pablo
7 Luis
8 Sara

2 Ahora lee los siguientes anuncios publicados en una revista digital. ¿Cuál de ellos les puede interesar a cada una de las personas anteriores?

TUS ANUNCIOS EN LA WEB

INMOBILIARIA ALQUILER

a SERRANO. Ático, 130 metros, excelentes vistas, dos dormitorios, dos baños, despacho, dos terrazas, 3000 €. Tel.: 91 480 98 00.

b SOL. Buhardilla, 80 metros, un dormitorio, un baño, mucha luz, amueblado, aire acondicionado, 1100 €. Tel.: 91 908 67 32.

c SOMOSAGUAS. Piso, 300 metros, cuatro dormitorios, un baño, aseo, urbanización vigilada 24 horas, piscina, garaje, 1300 €. Tel.: 91 675 43 20.

d ¿Te gustaría vivir en el CORAZÓN DE MADRID? Apartamentos de 1 dormitorio y estudios con garaje. En la calle Gaztambide. Información: 91 390 75 00.

LOCALES / OFICINAS

e ARAVACA
Oficina 130 metros, diáfana, reformada, aseos, alarma, ideal oficina, academia, clínica.
Tel.: 91 765 90 37.

f BRAVO MURILLO. Zona comercial, 60 metros. Válido cualquier comercio. 3300 €. Tel.: 91 753 90 71.

MOTOR AUTOMÓVILES

g PEUGEOT 307SW, en perfecto estado, homologado para 7 plazas. Equipado con: manos libres, climatizador automático, volante multifunción, ordenador a bordo, techo panorámico, espejos eléctricos, asientos traseros individuales, etc. Color gris.
Tel.: 633 456 721.

h RENAULT 5. ITV pasada. Ideal principiantes. Rojo. Motor revisado. Buen estado. Tel.: 666 850 741.

TRABAJO OFERTAS

i LONDRES. Empleos en hoteles, canguros. www.londonjobs.net

j TELEOPERADORES con conocimientos de informática, 21 a 31 años, recepción de llamadas. Tel.: 91 274 98 50.

PROMOTORA INMOBILIARIA necesita incorporar:

k • Arquitecto
Con experiencia de al menos 3 años en obras y proyectos urbanísticos.

l • Gestor
Grado en Derecho. Incorporación inmediata.

m • Auxiliar administrativo
Conocimientos de contabilidad, inglés y / o alemán. Interesados enviar CV con fotografía a:
rrhh@inmobiliaria.es

VARIOS

n MUEBLES DE OFICINA. Venta de dos despachos completamente equipados. Sin estrenar. Económicos. Tel.: 629 406 092.

ñ SE VENDE POR FALTA DE ESPACIO sofás 2 y 3 plazas, por 450 euros. Azul marino. Usados 2 meses. Tel.: 655 535 200.

o POR SOLO 100 EUROS. Se vende bicicleta de montaña para niños hasta 10 años. Tel.: 91 345 77 30.

3 Ahora vuelve a escuchar a las ocho personas de la actividad 1 y completa los espacios con los verbos que faltan.

1. Me llamo Laura, tengo treinta y cinco años y un hijo de siete. Acabo de mudarme a Madrid y estoy buscando piso. Necesito que _____ dos habitaciones y un estudio, porque mi marido es abogado y trabaja en casa. ¡Ah! Busco algo que _____ céntrico y bien comunicado.
2. Me llamo Rafa y quiero alquilar un estudio o apartamento que no _____ muy grande, es para mí solo. Es imprescindible que _____ garaje.
3. Soy Manuel y estoy buscando un local en una zona tranquila para _____ una clínica dental.
4. Me llamo Ana y estoy a punto de sacarme el carné de conducir. Busco un coche que _____ pequeño y no muy caro.
5. Mi amiga Paz es arquitecta y está buscando trabajo. Quiere _____ a trabajar después de un año sabático. Es una persona muy competente y que lleva trabajando muchos años.
6. Mi hermano Pablo necesita _____ su nivel de inglés. Está estudiando Educación Infantil y le gustan mucho los niños.
7. Me llamo Luis. Estoy terminando de decorar mi casa y busco muebles que _____ en buen estado.
8. Soy Sara. Tengo un sobrino de siete años y quiero _____ un regalo.

4 Lee y compara los siguientes textos con los textos 1 y 2 de la actividad anterior. Después, completa el cuadro que aparece debajo con "indicativo" o con "subjuntivo".

A *(En una tienda)*

"Estoy buscando un jersey de manga larga y de color azul marino que vi ayer en el escaparate, pero hoy no lo veo".

B *(En la recepción de una escuela de idiomas)*

"Necesito hablar con una profesora de inglés que es alta, morena y lleva gafas. Es danesa, pero da clases de inglés; no recuerdo su nombre. ¿Dónde podría encontrarla?".

- Usamos sustantivo + *que* + **(1)** _____ para describir algo o a alguien que conocemos, sabemos que existe.

- Usamos sustantivo + *que* + **(2)** _____ para describir algo o a alguien que no conocemos, no sabemos si existe.

COMUNICACIÓN

Describir algo conocido o desconocido

Para describir cosas o personas utilizamos estas estructuras (es importante tener en cuenta si son conocidas o no):

- **sustantivo** + *que* + **indicativo**: algo conocido, concreto.

  Alquilo un ático que tiene cuatro dormitorios, dos baños y un aseo. Está en una urbanización vigilada que tiene piscina y gimnasio.

- **sustantivo** + *que* + **subjuntivo**: algo no conocido, no concreto.

  Necesito un piso que tenga dos dormitorios y que esté bien comunicado.

5 Relaciona el nombre de las personas de la actividad 1 con su situación.

1. Lleva trabajando muchos años.
2. Está a punto de sacarse el carné de conducir.
3. Está terminando de decorar su casa.
4. Acaba de mudarse a Madrid.
5. Está buscando un local.

a. Laura
b. Manuel
c. Ana
d. Luis
e. Paz

6 En parejas. Elige tres imágenes y descríbeselas a tu compañero, pero sin decir cuáles son.

 un programa de televisión

 una película

 una revista de pasatiempos

 una revista de cocina

 una revista del corazón

 una revista deportiva

Es algo que lees cuando... / Es una revista que trata de...

AVANZAMOS

7 En los anuncios por palabras no suele haber preposiciones. Colócalas.

a / al   por   de   en   para   con

1

Alquilo un ático ___ 130 m, ___ excelentes vistas, dos dormitorios y dos baños; ___ 3000 euros ___ mes.

2

Vendo un Renault Megane ___ color rojo. Es ideal ___ principiantes y está ___ buen estado. Si le interesa, llámeme ___ número 666 850 741, ___ 8 ___ 12, ___ las mañanas.

8 Completa estos anuncios de compraventa con el verbo *tener*.

1 Vendo un coche que ___ 20 000 km.
2 Necesito un auxiliar administrativo que ___ conocimientos de contabilidad.
3 Buscamos estudiantes que ___ más de 18 años.
4 Vendo dos pisos que ___ terraza y vistas al mar.
5 Quiero ___ una casa muy grande en el campo.
6 Estoy buscando una oficina que ___ servicio de portería.

9 En parejas. Vais a diseñar una página web para colgarla en internet. Antes del diseño, tenéis que decidir: el producto o productos que queréis anunciar o vender en la web; el nombre de la web; la distribución de la información y de las imágenes, etc. Fijaos en el ejemplo de la página web de la derecha.

- ¿Qué te parece si hacemos una web para estudiantes de español?
- Sí, es una buena idea. Podemos hacer una web que tenga muchos ejercicios de práctica y también que te permita comunicarte con los compañeros de clase.
- Vale, ¿y también que tenga un chat privado?

10 Elige la imagen que crees que mejor representa lo que se describe en el siguiente texto. Comenta y justifica tu elección con tu compañero.

Mis mejores recuerdos están relacionados con un pueblo de Cantabria donde viven mis abuelos. Allí pasé todas las vacaciones de verano hasta que **terminé de estudiar**, y también muchos fines de semana. Después, **empecé a trabajar**: **tenía que viajar** mucho, casi no tenía tiempo libre y **dejé de ir** al pueblo.
Hace dos años, cuando me quedé en el paro, me planteé un cambio de vida y **me puse a buscar** trabajo cerca del pueblo; **estuve a punto de alquilar** una casa e irme a vivir allí, pero entonces me salió una oportunidad muy buena de trabajo en Sevilla y la acepté La verdad es que echo de menos aquello y cuando tengo vacaciones o algún puente, siempre aprovecho para ir unos días.
Para mí, estar en casa de mis abuelos es algo muy especial; es como **volver a ser** niño por unos días. Todo está igual que cuando yo era pequeño: los muebles, la chimenea, la habitación donde dormíamos mis primos y yo…, ¡hasta mis juguetes! Mis abuelos **llevan viviendo** en esa casa desde que se casaron, y allí **solemos reunirnos** toda la familia en Navidad. Toda la casa es muy acogedora, pero para mí, el lugar más especial, es la cocina, que siempre huele delicioso: a los guisos de mi abuela, que **sigue preparando** las mejores croquetas del mundo.

- Yo he elegido la imagen 1, porque aparecen dos abuelos, en la cocina…
- Sí, pero ¿quién crees que cocina en la imagen 1? Para mí, el abuelo; entonces…

11 Clasifica en la tabla las perífrasis que aparecen en negrita en el texto anterior, teniendo en cuenta lo que indica cada una de ellas.

El inicio de una acción	El final de una acción	La repetición de una acción	Una obligación	Una acción en proceso
empecé a trabajar				

12 En grupos. Comenta con tus compañeros si has empezado, continúas, has terminado, has dejado o vuelves a hacer estas actividades. Utiliza los verbos que aparecen en el cuadro anterior.

Estudiar español   Ir al cine   Morderse las uñas   Trabajar   Ir a la discoteca
Hacer la compra por internet   Escribir (poesía, una novela…)   Hacer deporte   Hacer una dieta
Estudiar en la universidad   Utilizar redes sociales   Ver una serie

- ¿Cuánto tiempo llevas estudiando español?
- Empecé hace un año y medio. Y tú, ¿has empezado a ver la serie que te recomendé?

GRAMÁTICA

Perífrasis verbales

Una perífrasis verbal es la unión de dos verbos, uno de ellos en forma no personal (infinitivo, gerundio o participio), que remiten a un solo significado.

Inicio de una acción

Ir a
Ponerse a
Empezar a   + infinitivo
Comenzar a
Estar a punto de

¿**Vas a preparar** tú el desayuno?
¡Ven, no tardes! La película **está a punto de comenzar**.

Final de una acción

Parar de
Dejar de[1]
Acabar de[2]   + infinitivo
Terminar de

El mes pasado **terminamos de decorar** el piso.
Cuando estoy nerviosa, **no paro de comer**.

[1] Indica una acción que se interrumpe y no se sabe si volverá a producirse o no en el futuro.
Dejé de fumar hace tres meses.
Sacaba muy buenas notas, pero **dejé de estudiar** porque quería ganar dinero e independizarme.

[2] En presente y en imperfecto de indicativo indica una acción que ha sucedido recientemente. En los otros tiempos verbales equivale a *terminar de* + infinitivo.
Acabo de conocer al nuevo profesor de español.
Cuando me llamaste, **acababa de llegar** a casa.
Acabé de estudiar a los 25 años.
La próxima semana **acabarán de pintar** el piso y ya podré trasladarme a vivir.

Una acción en proceso

Estar
Seguir
Continuar   + gerundio
Llevar[3]

Sigo estudiando español: me gusta mucho y quiero mejorar más.
¿**Continúas trabajando** con tu padre?

[3] Con esta perífrasis es necesario incluir el periodo de tiempo en el que se mantiene la acción.
Lleva dos años **viviendo** en Madrid.
Llevaba estudiando un año en Londres cuando nos conocimos.
Llevan buscando trabajo desde que terminó la universidad.

Repetición de una acción

Volver a   + infinitivo
Soler

Raquel se ha separado y **ha vuelto a vivir** con sus padres.
Por las noches **suelo cenar** poco: un yogur y algo de fruta.

Obligación

Tener que
Deber
Haber de   + infinitivo
Hay que

Luis **tiene que trabajar** este fin de semana, por eso no podrá venir a la comida el domingo.
Debes cerrar todas las ventanas antes de salir de casa.
Has de venir a la fiesta. Nos divertiremos mucho.
Hay que estudiar mucho par aprobar el curso.

AMPLIAMOS

13 A esta canción le faltan las perífrasis verbales. Complétala con los siguientes verbos.

> te mueras • sigues • te duele • te quiero • debes • has de • has podido

AUNQUE TE MUERAS POR VOLVER

Ay, amor, amor,
(1) _____ confesar que no hay rencor.
Yo siempre te querré, sin condición,
después de todo un año, yo te he perdonado.
Ay, qué mal que tú
seguro (2) _____ pensar seguido en mí.
(3) _____ recordar quién soy, quién fui.
Yo sé, (4) _____, amándome,
seguro, con el tiempo.
Entenderás
que ya no hay vuelta atrás.
No (5) _____ olvidarme,
pero ya te solté.
Entenderás que ya no hay vuelta atrás,
pero ahora ya es tarde,
aunque (6) _____ por volver.
Ay, amor, amor,
mejor te dejo ahí, mejor así.
Lo (7) _____ superar, mejor por ti.
Seguro ni has llorado, yo sé que con el tiempo…

MON LAFERTE SEIS

14 Después, busca en internet esta canción de Mon Laferte, escúchala y comprueba tus respuestas. ¿Entiendes la letra? Coméntalo con tus compañeros.

15 En grupos de tres, elegid una tarjeta y escribid su anuncio. Poned una foto, si es posible. Después, cada grupo explicará su anuncio al resto de la clase y por qué ha utilizado indicativo o subjuntivo.

1. Se os ha perdido vuestro gato. Así que habéis decidido poner un cartel con una foto, su nombre, una descripción física, etc., y explicáis dónde se perdió, cuándo, etc. Además, ofrecéis una recompensa (500 €).

2. Vuestro compañero de piso se acaba de marchar y estáis buscando a alguien, por eso vais a poner un anuncio donde describís el piso, la habitación y vuestras preferencias. Sois vegetarianos, no fumáis y os gustan los animales. Buscáis a alguien similar a vosotros.

3. Queréis hacer un intercambio de inglés–español, y decidís poner un anuncio en la facultad. Tenéis que explicar qué tipo de personas buscáis, de qué edad, con qué estudios, aficiones… y también cómo sois vosotros.

Autoevaluación

1 Alquilo un piso céntrico _____ 100 metros _____ 900 euros _____ mes.
   a con / por / el
   b de / por / al
   c de / para / al

2 Mudarse es lo mismo que _____.
   a cambiarse de casa
   b hacer reformas en una casa
   c comprar una casa

3 María _____ llegar. Me ha llamado y dice que está aparcando el coche.
   a termina de
   b se pone a
   c está a punto de

4 ¿Tiene el _____? Se lo doy por si acaso: rrhh@inmobiliaria.es.
   a buzón
   b correo electrónico
   c dirección postal

5 _____ está en la última planta de un edificio.
   a Un ático
   b Un local
   c Un estudio

6 Estoy buscando _____ mi móvil. ¿Lo has visto?
   a por
   b en
   c Ø

7 Estamos en casa _____ 7.00 _____ 10.00. Llámanos.
   a de / a
   b de / hasta
   c a / de

8 Laura está trabajando _____ Madrid.
   a para
   b a
   c en

9 Lo compraste _____ 100 €, ¿no?
   a por
   b con
   c para

10 Vivo en una casa _____ mucha luz.
   a de
   b con
   c para

11 Manuel empieza _____ mañana.
   a trabajar
   b a trabajar
   c trabajando

12 ¡Llevo una hora _____ esta página!
   a buscando
   b a buscar
   c buscar

13 El año pasado _____ comer carne.
   a terminó de
   b acabó de
   c dejó de

14 ¿Cuándo soléis _____ las noticias?
   a a ver
   b ver
   c viendo

15 ¡_____ hacer algo con estos muebles! ¿Los vendemos?
   a Tenemos que
   b Llevamos
   c Seguimos

16 Necesitamos un gestor que _____ incorporarse inmediatamente.
   a puede
   b pueda
   c quiere

17 ¿Vendes tu coche? Pero si _____ nuevo.
   a esté
   b estás
   c está

18 Es un programa que _____ debates y entrevistas.
   a incluya
   b incluye
   c trata

19 Busco páginas que no _____ muchas fotos; quiero información, no álbumes.
   a tengan
   b tenga
   c tienen

20 ¿Hay algún programa que no _____ la vida de nadie?
   a cuenta
   b tenga
   c cuente

26 ¡Qué arte tienes!

● EMPEZAMOS

1 Contesta a estas preguntas y compara tus respuestas con las de tus compañeros.

1 ¿Quién es el autor del cuadro *El triunfo de Baco* o *Los borrachos*?
   a ○ Creo que es Goya.
   b ○ Yo pienso que es Velázquez.
   c ○ Pues a mí me parece que es Picasso.

2 ¿Por qué es famoso el mexicano Diego Rivera?
   a ○ Me parece que por sus retratos, pero no estoy seguro.
   b ○ Yo creo que por sus murales.
   c ○ Pienso que es conocido por sus esculturas.

3 ¿De qué estilo es *La Sagrada Familia*, de Gaudí?
   a ○ Pienso que es una catedral románica.
   b ○ No creo que sea románica, es modernista.
   c ○ Es barroca.

4 ¿De qué civilización es símbolo la ciudad de Machu Picchu?
   a ○ Pienso que de la maya.
   b ○ No creo que sea de la civilización maya, sino de la azteca.
   c ○ Estoy seguro de que es una ciudad inca.

5 En tu opinión, ¿cuál es el mejor pintor español?
   a ○ Para mí, sin duda, es Velázquez.
   b ○ En mi opinión, es Picasso.
   c ○ Pues, a mí me gusta más Murillo.

6 ¿Qué te parece el Acueducto de Segovia?
   a ○ Está muy bien conservado. Me gusta.
   b ○ No sirve para nada.
   c ○ ¿Qué es un acueducto?

2 En grupos. ¿Con qué nombres de los que aparecen en el test anterior relacionáis las imágenes?

Imagen A: _____
Imagen B: _____
Imagen C: _____
Imagen D: _____
Imagen E: _____
Imagen F: _____

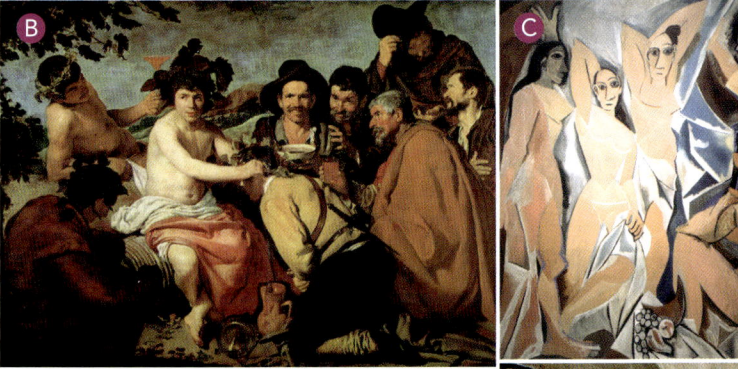

3 Completa la tabla con ejemplos de la actividad 1. Aquí tienes algunas palabras más que puedes añadir:

palacio   neoclásico   Frida Kahlo
abstracto   iglesia   *El Guernica*

Artistas	Obras	Estilos	Tipos de obra
Goya	El triunfo de Baco	románico	retrato

4 ¿Qué expresiones utilizas cuando estás más seguro de algo? ¿Cuáles de las siguientes frases expresan más seguridad y cuáles menos? Señálalo.

	+ seguridad	– seguridad
1 Creo que el autor es Goya.		
2 Estoy seguro de que es una ciudad inca.		
3 Me parece que es Picasso.		
4 Es una catedral barroca.		

5 ¿*Ser* o *estar*? Completa estas frases.

1 El cuadro *El triunfo de Baco* _____ en el Museo del Prado.
2 Diego Rivera _____ de México.
3 Machu Picchu _____ en Perú, cerca de Cuzco.
4 La Alhambra y la Mezquita de Córdoba _____ dos joyas del arte musulmán en España.

●AVANZAMOS

6 Antes de escuchar un fragmento de un programa, relaciona los significados de estas dos columnas.

1 un gran impulso	a mal comunicada
2 los estudiosos	b contraste, lo diferente
3 el arco y la bóveda	c carreteras, puentes, caminos
4 integración	d los investigadores
5 Derecho romano	e dolor
6 vías de comunicación	f leyes del Imperio romano
7 aislada	g elementos arquitectónicos
8 rural	h un gran auge
9 contrapunto	i unificación
10 sufrimiento	j no urbano

7 Escucha este fragmento del primer capítulo de una serie de televisión dedicada al arte románico y completa esta ficha.

1 Tema
El arte románico

2 ¿Cuándo?

3 ¿Dónde?

4 ¿Por qué se llama así?

5 ¿Qué trae el Imperio romano a la Península Ibérica?

6 ¿Qué ocurre después de la caída del Imperio romano?

8 En parejas. ¿Qué información recuerdas del texto que acabas de escuchar? Haz una lista con tu compañero. Escucha otra vez el fragmento y contesta a las siguientes preguntas.

1 ¿Qué pasa en el año 1000?
2 ¿En qué reinos se produce el arte románico?
3 ¿Qué significa que es un arte integrador?
4 ¿Cuál es la institución más importante del Imperio romano?
5 ¿Puedes dar algún ejemplo de obras públicas?
6 ¿Qué lengua trajo el Imperio romano?
7 ¿Están bien comunicadas las ciudades en los siglos XII y XIII?
8 ¿Por qué están preparados los cristianos para toda clase de sacrificios en el año 1000?
9 ¿Los árabes llegan a España justo después de la caída del Imperio romano?
10 ¿Qué otros estilos artísticos conoces?

9 Relaciona las opiniones de las dos columnas.

1 Creo que
2 No creo que

a el Museo del Prado está en Madrid.
b este edificio sea románico.
c este cuadro sea un Picasso.
d en Andalucía hay mucho barroco.
e en México haya arte románico.
f Velázquez es un pintor del siglo XVII.

10 En parejas. ¿Son verdaderas (V) o falsas (F) estas afirmaciones? Pregúntale a tu compañero qué opina y luego da tu opinión.

1 ◯ La catedral de Barcelona es románica.
2 ◯ El museo más grande de Picasso está en Málaga.
3 ◯ Diego Rivera es un pintor colombiano.
4 ◯ Frida Kahlo fue una de las creadoras del cubismo.
5 ◯ La obra *Guernica* de Picasso representa la felicidad.
6 ◯ *Los girasoles* de Van Gogh es uno de los cuadros más caros de la historia.
7 ◯ El único Museo Guggenheim del mundo está en Bilbao.

■ *Creo que la catedral de Barcelona es románica.*
● *Pues yo no creo que sea románica, es claramente gótica, ¿no ves los arcos apuntados?*

11 En parejas. Uno elige una foto y tiene que describirla a su compañero sin decir el lugar. El compañero tiene que adivinar de qué edificio se trata.

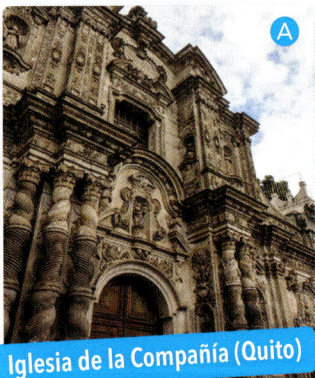
A Iglesia de la Compañía (Quito)

B Pirámide del Sol (Teotihuacán)

C Museo Guggenheim (Bilbao)

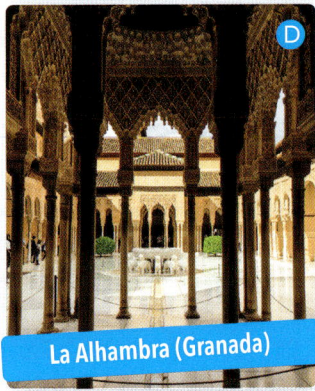
D La Alhambra (Granada)

Está en España, es de estilo…

COMUNICACIÓN

Dar opiniones y hacer una valoración

Dar opinión

Creo / Pienso / Me parece que (no)
Para mí, (no)
En mi opinión, (no)
Desde mi punto de vista, (no)
+ indicativo

Creo que este edificio *es* una obra de arte.
Me parece que no se puede comparar a Dalí con Picasso.
En mi opinión, Matisse *es* mejor que Picasso.

Rechazar una opinión

No creo que
No me parece que
No pienso que
+ subjuntivo

No creo que sean comparables Picasso y Matisse.
No me parece que Renoir *sea* el mayor representante del impresionismo.

Pedir opinión

¿Crees que
¿Te parece que
¿Piensas que
+ indicativo?

¿Crees que Gaudí *es* el mejor representante del modernismo?
¿Te parece que el grafiti *es* un arte urbano?

Pedir la confirmación de una opinión

¿No crees que
¿No te parece que
¿No piensas que
+ indicativo?

¿No crees que está bien conservado?
¿No te parece que es el mejor pintor del siglo XX?

12 Completa las frases con *ser* o *estar*.

1 Este edificio _____ el más alto de la ciudad.
2 ¿Dónde _____ la inauguración de la exposición de Sorolla?
3 Esta escultura _____ de Botero.
4 El cuadro del siglo XVIII que compró su tío Leonardo _____ muy bien conservado.
5 La puerta de la catedral _____ abierta, ¿entramos?
6 La comida peruana _____ muy rica.
7 Alfredo _____ de guía en el museo.
8 Los murales de este edificio _____ de un artista mexicano.
9 Javier _____ negro porque lleva dos meses con las obras en el piso y no sabe cuándo van a terminar.
10 Mi hermana _____ muy cerrada, por eso le resulta difícil hacer nuevos amigos.

GRAMÁTICA

Ser y estar

Para describir también usamos **ser** y **estar**:

ser	estar

• Característica:
  Es *una catedral barroca.*
• Identificación:
  Este **es** *mi profesor de pintura.*
• Origen o nacionalidad:
  Picasso **era** *español.*
• Profesión:
  Paul Klee **es** *un pintor.*
• Colores:
  El fondo **es** *azul.*
• Horas y fechas:
  La exposición **es** *del 1 a 20 de septiembre.*
  Son *las cinco de la tarde.*
• Localización de un acto o evento:
  La conferencia sobre Kandinsky **es** *en un auditorio.*
	• Localización de una persona, animal, objeto o lugar:
	  El museo del Prado **está** *al lado del parque de El Retiro.*
	• Posición de una persona, animal u objeto:
	  Mi prima María **está** *sentada contemplando el cuadro.*
	• Estado físico de una persona, animal, objeto o lugar:
	  Enrique **está** *cansado.*
	• Acción en proceso (estar + gerundio):
	  Están *restaurando los cuadros de esa sala.*
	• Profesión o actividad temporal:
	  Estudio Filología, pero ahora **estoy** *de guía turístico.*

Hay adjetivos que pueden utilizarse con **ser** y con **estar**, pero tienen un matiz diferente.
Ser + guapo / alto / feo / delgado / ordenado / nuevo... → característica propia de una persona, objeto o lugar.
Estar + guapo / alto / feo / delgado / ordenado / nuevo... → estado de ánimo o físico que puede cambiar.

Lucía **es delgada**. (característica) *Lucía* **está delgada**. (un estado físico que puede cambiar)
Es *un piso* **nuevo**. (característica, recién construido) *El piso* **está nuevo**. (un estado físico, poco usado)

Hay adjetivos que cambian de significado según se usen con **ser** o con **estar**.

ser	estar
- *listo/-a* (inteligente) - *negro/-a* (color) - *abierto/-a* (extrovertido) - *cerrado/-a* (introvertido) - *rico/-a* (persona con mucho dinero; característica general de una comida o bebida)	- *listo/-a* (preparado) - *negro/-a* (muy enfadado) - *abierto/-a* (ventana, tienda) - *cerrado/-a* (ventana, tienda) - *rico/-a* (valoración de una comida o bebida que tenemos delante)
Teresa **es** *muy* **lista**, *lo sabe todo.* (inteligente)	*Ya* **estoy lista**, *podemos irnos cuando quieras.* (preparada)

Bueno / malo; bien / mal

• Ser + bueno-a / malo-a (calidad; característica)
  Ese libro **es** *muy* **bueno**. (calidad)
  El tabaco **es malo** *para la salud.* (característica)
• Estar + bueno/-a / malo/-a (valoración de comida o bebida; enfermo/-a; coloquialmente para alguien atractivo)
  Esta paella **está** *muy* **buena**. (valoración de comida)
  Mi primo Alberto tiene fiebre, **está malo**. (enfermo)
  Ese chico rubio **está** *muy* **bueno**. (ser atractivo)

• Estar + bien / mal* (correcto / incorrecto; sentirse bien / mal)
  El profesor me ha dicho que los ejercicios **están bien**. (correctos)
  ¡Camarero! La cuenta **está mal**. (incorrecta)
  Esta mañana me dolía la cabeza, pero ahora **estoy bien**. (sentirse bien).
  Mi vecina Belén **está mal**, *le duele mucho la espalda.* (sentirse mal)

* Con el verbo ser no se usan los adverbios *bien* ni *mal*

13 Piensa en un monumento, edificio u obra de arte muy famosa. Tus compañeros te van a hacer preguntas para tratar de descubrir el nombre del objeto o del lugar: tú solo puedes responder sí o no.

■ *¿Es un cuadro?*
● *Sí.*
■ *¿Está en Europa?*
● *Sí.*

14 Lee las siguientes opiniones sobre los grafitis: ¿con cuáles estás de acuerdo y con cuáles no? Coméntalo con tu compañero.

1 Para mí los grafitis solo ensucian las calles de la ciudad. No soporto a los grafiteros: se creen artistas, pero en realidad son vándalos. Deberían estar prohibidos.

2 Yo creo que el grafiti es un arte, y hay grandes artistas callejeros de reconocimiento internacional como el británico Banksy, el mexicano Cix Mugre o el español Pejac que ven las ciudades como grandes lienzos públicos. Creo que los ayuntamientos deberían favorecer este arte destinando espacios libres para que los jóvenes puedan pintar y desarrollar su creatividad.

3 No creo que el grafiti tenga la categoría de arte, pero hay algunos grafitis que son realmente buenos. A mí no me parece bien que haya grafitis por toda la ciudad. En mi opinión lo que es una buena idea es montar galerías al aire libre, con grafitis, en algunas zonas de las ciudades, por ejemplo, como lo ha hecho Berlín creando East Side Gallery, la mayor galería de arte al aire libre del mundo.

4 Para mí los grafiteros son jóvenes que quieren llamar la atención pintando las paredes y el mobiliario urbano. Dicen que expresan sus emociones y sus sentimientos, pero, desde mi punto de vista, lo que hacen es estropear las paredes de la ciudad.

- *Yo no creo que todos los grafitis sean arte, hay algunos muy malos que solo ensucian la ciudad…*
- *Yo estoy de acuerdo con la opinión 3 porque…*

● AMPLIAMOS

15 En parejas. Cada uno va a leer una parte de la biografía de Gaudí. Luego, harás preguntas a tu compañero para completar tu cuestionario.

ANTONIO GAUDÍ fue un arquitecto catalán, el máximo representante del modernismo y uno de los principales pioneros de las vanguardias artísticas del siglo XX.

ESTUDIANTE A

A comienzos del siglo XX levantó otras tres obras no menos sorprendentes en la capital catalana: en 1900 empezó el proyecto del Parque Güell; en 1904 comenzó a trabajar en la casa Batlló; y en 1906 la casa Milá, conocida como La Pedrera. El Parque Güell iba a ser una ciudad jardín, una comunidad independiente de unas 60 viviendas, con muchos jardines y senderos para pasear. El proyecto no se terminó nunca: se construyeron varios pabellones, el mercado, un banco en forma de serpiente y otros elementos decorativos.

Gaudí también fue un destacado diseñador: realizó forjas para balcones y puertas de casas; diseñó muebles para distintos encargos privados. Su obra ejerció innumerables influencias sobre las vanguardias: hay paralelismos con el expresionismo alemán y el movimiento surrealista.

Gaudí, que en sus últimos años se centró en la construcción de la Sagrada Familia. Murió en Barcelona el 10 de junio de 1926, atropellado por un tranvía frente a su inacabada obra maestra.

1. Lugar y fecha de nacimiento: _____
2. Estudios (comienzo, fin, lugar): _____
3. ¿Quién era Eusebio Güell? _____
4. ¿Qué pasó en 1883? _____

ESTUDIANTE B

Gaudí nació el 25 de junio de 1852 en Reus (Tarragona). A los 15 años publicó algunos dibujos en una revista escolar. En 1873 empezó los estudios de Arquitectura en la Escuela Superior de Arquitectura de Barcelona y se graduó en 1878. Su primer encargo como arquitecto fue la casa Vicens (1883-1888), un edificio neogótico en el que ya se ve su fuerte personalidad. Poco después comenzó a trabajar para el empresario textil Eusebio Güell: primero hizo las caballerizas de su finca en Pedralbes, y más tarde el palacio Güell (1885-1889) en Barcelona, un edificio lleno de espacios y formas innovadoras. Durante esta primera etapa también construyó algunas obras fuera de Cataluña, entre las que cabe reseñar el Palacio Episcopal de Astorga (comenzado en 1887) y la casa Botines en León (1891-1892).

En 1883 aceptó continuar las obras del templo de la Sagrada Familia en Barcelona, una catedral neogótica que el joven Gaudí modificó totalmente: lo convirtió en una especie de bosque de elevadas torres.

1. ¿Qué era el proyecto del Parque Güell? _____
2. Obras como diseñador: _____
3. Influyó en: _____
4. Lugar y fecha de su muerte: _____

16 ¿Te gustan las obras de Gaudí? ¿Era un genio o estaba loco? Discútelo con tus compañeros.

17 Busca información sobre tu artista favorito (puede ser un pintor, un escultor, un arquitecto…) y prepara una presentación para tus compañeros.

Autoevaluación

1. ■ ¿Sabes quién pintó ese retrato?
   ● Creo que el autor _____ Van Gogh.
   a está
   b es
   c sea

2. Machu Picchu _____ en Perú.
   a está
   b tiene
   c es

3. ¿A ti _____ que es buena idea comprar un coche nuevo
   a crees
   b te parece
   c piensas

4. Disculpe, ¿sabe usted si la catedral _____ cerca de aquí?
   a es
   b sea
   c está

5. Pienso que no _____ estudiando Bellas Artes, sino Arquitectura.
   a está
   b esté
   c es

6. _____ opinión, Gaudí es el mejor arquitecto de la historia.
   a Para mí
   b En mi
   c Por mí

7. ¿Todavía no _____ listo? Date prisa o llegaremos tarde.
   a eres
   b estás
   c pareces

8. ¿Tú crees que el amigo de mi hermana Laura _____ bien?
   a pinte
   b pinta
   c pintes

9. No creo que él _____ el examen de mañana.
   a apruebe
   b aprueba
   c apruebo

10. La obra de Gaudí es de estilo _____.
    a románico
    b gótico
    c modernista

11. Hace un mes que _____ de recepcionista en un museo.
    a está
    b es
    c esté

12. ¿Crees que _____ diseñador muy famoso? Yo no lo conozco de nada.
    a es un
    b es
    c está

13. _____ que termine a tiempo la obra. Empezó muy tarde.
    a Creo
    b Para mí
    c No creo

14. ■ Seguro que no gana nuestro equipo.
    ● Pues yo _____.
    a creo que sí
    b no creo que no
    c me parece sí

15. Hoy _____ muy bien porque ayer pude descansar todo el día.
    a estoy
    b soy
    c siento

16. ¿Por qué _____ tan complicado dibujar un buen retrato?
    a es
    b está
    c sea

17. El Templo de Debod _____ en Madrid, pero _____ egipcio.
    a es / está
    b está / es
    c esté / sea

18. ¿No te parece que _____ una verdadera obra de arte?
    a es
    b sea
    c está

19. No creemos que _____ un buen arquitecto.
    a sea
    b esté
    c haya

20. Esta iglesia _____ totalmente _____.
    a está / reformando
    b está / reformada
    c esté / reformada

27 ¿A qué dedica el tiempo libre?

●EMPEZAMOS

1 Observa los carteles de estas películas. ¿A qué género pertenecen? ¿De qué crees que trata cada una de ellas? Coméntalo con tu compañero.

 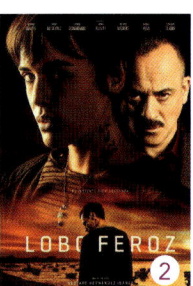  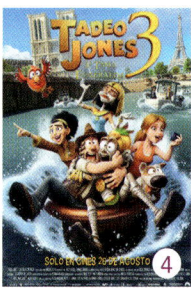 

> ■ Yo creo que "Competencia oficial" es una comedia que trata sobre gente que tiene mucho dinero.
> ● Sí, puede ser…

LÉXICO

Género de películas

- Una película
  - de acción
  - de suspense
  - de ciencia ficción
  - de terror
  - de animación
  - romántica
  - policíaca
- Una comedia
- Una comedia romántica
- Un drama
- Un documental

2 Lee la cartelera y comprueba tus hipótesis.

■ **COSAS IMPOSIBLES** *México 2021*. **Drama**. **Dirección:** Ernesto Contreras. **Interpretes:** Nora Velázquez, Benny Emmanuel, Salvador Garcini, Luisa Huertas.
En un complejo de viviendas de la ciudad de México vive Matilde, una mujer de 60 años que, tras morir su marido, un hombre que abusó siempre de ella, encuentra un nuevo gran amigo en Miguel, su joven vecino de 19 años, inseguro y desorientado, que fue abandonado por su madre y vive de actividades ilegales. Una amistad que parecía poco probable y que se fortalece a partir de un nexo de unión: la soledad.

■ **COMPETENCIA OFICIAL** *España-Argentina 2021*. **Comedia**. **Dirección:** Mariano Cohn y Gastón Duprat. **Interpretes:** Antonio Banderas, Penélope Cruz y Óscar Martínez.
Humberto Suárez, un multimillonario que al cumplir 80 años se plantea dejar un legado que le haga pasar a la historia, y para ello decide producir una película que dirigirá la famosa y extraña directora Lola Cuevas, quien adaptará de forma "muy libre" un libro de un premio Nobel, por cuyos derechos Humberto ha pagado una fortuna sin ni siquiera haberlo leído. Lola elige a Félix Rivero y a Iván Torres, según ella los mejores actores, para interpretar a los hermanos que protagonizan la película.

■ **TADEO JONES 3: LA TABLA ESMERALDA** *España 2022*. **Animación**. **Dirección:** Enrique Gato.
Tadeo y su novia Sara están trabajando en México. Tadeo quiere que sus colegas arqueólogos lo acepten como a uno más, pero siempre acaba teniendo problemas: destroza un sarcófago y desata un conjuro que pone en peligro la vida de sus amigos, Momia, Jeff y Belzoni. Con todos en contra, perseguido por una policía mexicana y un torpe agente de la CIA, y solo ayudado por su novia Sara, Tadeo emprenderá una huida llena de aventuras, que lo llevará de México a Chicago y de París a Egipto, para encontrar la manera de acabar con la maldición de la momia.

■ **EL NACIONAL** *Argentina 2022*. **Documental**. **Dirección:** Alejandro Hartmann. **Música:** Ciro Hartmann.
El colegio Nacional de Buenos Aires es un importante centro de estudios del que fue alumno Alejandro Hartmann y ahora regresa a él como director de cine para rodar un documental en el que explica la naturaleza inicial de este edificio público y su evolución hasta hoy. El colegio debe elegir un nuevo rector y sus estudiantes quieren participar en la decisión. El colegio, en estado de conflicto permanente, intenta resolver sus disputas en medio de un nuevo feminismo que se cuela entre sus paredes.

■ **LOBO FEROZ** *España 2023*. **Suspense**. **Dirección:** Gustavo Hernández. **Intérpretes:** Javier Gutiérrez y Adriana Ugarte.
Un policía al borde de la ley y una mujer en busca de venganza cruzan sus caminos obsesionados con descubrir al asesino que se esconde tras los brutales crímenes de varias niñas. Ambos están dispuestos a hacer lo que sea necesario para lograr su confesión, aunque para ello tengan que tomarse la justicia por su mano. La modélica detective luchará contra reloj para evitar que se cometan errores irreparables y que esa desesperada búsqueda de la verdad se convierta en el más feroz de los lobos.

3 Javi y Marisa son una pareja que han quedado para ir al cine. Escucha la conversación y responde a las preguntas.

1 ¿Por qué llega tarde Javi?
2 ¿Qué películas quiere ver Javi? ¿Por qué?
3 Y Marisa, ¿qué película quiere ver?
4 ¿Qué película ven al final?

4 Escribe frases sobre Marisa.

A Marisa	no le apetece	que Javi llegue tarde.
	le molesta	ver *Lobo Feroz*.
	le encantan	ver un drama.
	le gustaría	las películas de suspense.

5 ¿Eres de series o de películas? ¿Qué género te gusta más? Elige una serie y una película que han tenido mucho éxito en tu país. Coméntalas con tu compañero.

■ *A mí me gustan más las series, sobre todo las de animación y manga. Una serie muy famosa es Naruto, aunque mi favorita es Giri/Haji: es la historia de un detective que viaja a Londres para encontrar a su hermano…*

● *Pues a mí me gustan las series y las películas, sobre todo las comedias románticas y las de suspense. Una serie muy famosa es The Crown, y una película famosa…, yo diría Love Actually: mi favorita, la veo todas las navidades. Es una comedia romántica, ¿la conoces?…*

6 En parejas. Tu compañero y tú vais a ir al cine. Decidid qué película de las que aparecen en la actividad 2 vais a ver y cuándo.

■ *¿Qué película te apetece ver?*
● *A mí me gustaría ver El Nacional: parece un documental muy interesante…*
■ *¡Uy! A mí los documentales no me gustan mucho. ¿Y si vemos la de Competencia oficial? Una comedia…*

●AVANZAMOS

7 ¿Sabes cómo se llaman estos deportes en español? Observa las imágenes y completa con las palabras que conozcas relacionadas con cada deporte.

8 En parejas, y con ayuda de las fotos de la actividad anterior, hablad sobre vuestros deportes favoritos, y sobre lo que os gusta y no os gusta del deporte.

No me gusta la violencia en el fútbol.

COMUNICACIÓN

Expresar gustos en el presente

Para expresar y preguntar sobre nuestros gustos podemos usar:

Me gusta ┐ sustantivo
Me molesta + infinitivo
No me gusta ┘ *que* (+ sujeto) + presente de subjuntivo

Me gusta el fútbol.
Me molesta ver un gol del equipo contrario.
No me gusta que la gente sea violenta en el fútbol.

9 En parejas. Piensa en la última vez que realizaste las siguientes actividades. ¿Qué te gustó? ¿Qué no te gustó? ¿Qué te molestó más? Habla con tu compañero.

1 Fuiste al cine.
2 Montaste en avión.
3 Fuiste a un concierto.
4 Quedaste con un amigo.
5 Fuiste a un museo.
6 Viste una serie.
7 Fuiste de compras.
8 Visitaste una ciudad.
9 Te encontraste con un/-a exnovio/-a.

■ *¿Cuándo fuiste al cine por última vez. ¿Qué te gustó?*
● *Me gustó que la película fuera en versión original.*

COMUNICACIÓN

Expresar gustos en el pasado

Para expresar nuestros gustos sobre algo concreto que ocurrió en el pasado decimos:

Me gustó ┐ sustantivo
Me molestó + infinitivo
No me gustó ┘ *que* (+ sujeto) + imperfecto de subjuntivo

Me gustó la película.
Me molestó escuchar ese ruido en el cine.
No me gustó que la gente comiera palomitas en el cine.

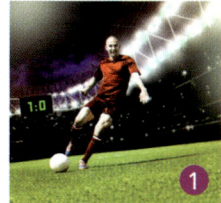     

fútbol: portería, balón, empate…

GRAMÁTICA

Pretérito imperfecto de subjuntivo

	jugar	correr	vivir
(yo)	juga**ra** / juga**se**	corrie**ra** / corrie**se**	vivie**ra** / vivie**se**
(tú)	juga**ras** / juga**ses**	corrie**ras** / corrie**ses**	vivie**ras** / vivie**ses**
(él / ella, usted)	juga**ra** / juga**se**	corrie**ra** / corrie**se**	vivie**ra** / vivie**se**
(nosotros/-as)	jugá**ramos** / jugá**semos**	corrié**ramos** / corrié**semos**	vivié**ramos** / vivié**semos**
(vosotros/-as)	juga**rais** / juga**seis**	corrie**rais** / corrie**seis**	vivie**rais** / vivie**seis**
(ellos/-as, ustedes)	juga**ran** / juga**sen**	corrie**ran** / corrie**sen**	vivie**ran** / visie**sen**

Formación del imperfecto de subjuntivo

El imperfecto del subjuntivo se forma a partir de la 3.ª persona del plural del pretérito indefinido, eliminando la terminación **-ron** y añadiendo las terminaciones del imperfecto de subjuntivo. Funciona igual con los verbos regulares e irregulares.

Indefinido (ellos)	Imperfecto
juga**ron**: juga- + **-ra / -se**	juga**ra** / juga**se**
estuvie**ron**: estuvie- + **-ra / -se**	estuvie**ra** / estuvie**se**

Me gustó que **vinierais** a visitarnos.
Me molestó que no **tuviese** tiempo para acompañarnos.

10 Piensa en los siguientes temas y escribe tus deseos sobre ellos. Después, coméntalos con tu compañero.

- La universidad
- El cambio climático
- Los países ricos y los países pobres
- El trabajo para los jóvenes
- Tu ciudad o pueblo

  ▪ *Me gustaría que la universidad tuviera más prácticas en empresas. Las prácticas me parecen muy importantes para prepararse para el mundo real.*
  • *Sí, es verdad, pero mi universidad tiene un programa muy bueno de prácticas en empresas...*

COMUNICACIÓN

Formular deseos

Para formular deseos podemos utilizar el verbo **gustar** en forma condicional (gustaría):

Me gustaría + ir al cine mañana (infinitivo).
que la gente no comiera palomitas (imperfecto de subjuntivo).

Mensaje nuevo

Hola, Luis:
¿Cómo estás? Hace un montón que no hablamos.
Te escribo porque no te lo vas a creer. Estoy a punto de conseguir mi sueño de independizarme y dejar de compartir piso con estudiantes. He visto un apartamento que me encanta: es muy pequeño, 40 m^2, pero muy bonito y muy bien distribuido. Es el último piso, tiene un montón de luz y el barrio tiene mucho ambiente. El alquiler no es muy caro, me parece razonable, pero aun así, con el dinero que gano trabajando los fines de semana en el bar de Pepa, no me llega para pagarlo. Así que estoy pensando dejar la universidad de momento, para buscar un trabajo de jornada completa, y ganar más dinero. He pensado que, más adelante, **si consiguiera un mejor trabajo, podría retomar los estudios. Y si no pudiera ir a clases por el horario, podría matricularme a la universidad *online*.** Pero le he contado mis planes a mi padre, y no me ha dicho ni que sí ni que no, solo me ha hecho una pregunta y me ha pedido que reflexione sobre ella: "Los años pasan muy deprisa: **si finalmente no volvieras a la universidad, ¿te arrepentirías en el futuro?**".
Y no lo sé… Estoy hecha un lío. ¿Tú qué piensas?
Escríbeme pronto, por favor.
¡Muchos besos y abrazos!
Lola

11 Lola está estudiando el último curso de Derecho, en la universidad de Santiago de Compostela. Comparte piso con tres estudiantes y su sueño es vivir sola en su propia casa. Lola ha encontrado una oportunidad y le escribe a su amigo Luis, que vive en Berlín. Lee el correo de la derecha y piensa qué le aconsejarías tú. Coméntalo con tu compañero.

  ▪ *Yo creo que Lola tiene que continuar la universidad y terminarla. Es una pena que deje la universidad: está en el último curso.*
  • *Sí, pero si su sueño es vivir sola, y ha encontrado el piso que estaba buscando… No sé… Yo le diría que sí, que deje la universidad: tiene razón cuando dice que más adelante podría continuar online…*

12 Fíjate en las frases destacadas en negrita en el correo anterior y elige la opción correcta en 1. Después, completa con el tiempo verbal que falta en 2.

1. a Se refieren a una hipótesis de futuro bastante probable.
   b Se refieren a una hipótesis de futuro poco probable.
   c Se refieren a una hipótesis de futuro totalmente imposible.
2. Para hablar de hipótesis poco probables en el futuro usamos **si** + _____ + condicional simple.

13 En grupos. Pregúntales a tus compañeros qué actividades harían si pudieran o tuvieran tiempo, y anótalas en la columna correspondiente. También puedes preguntarles cuándo, cómo, por qué…

	SÍ	NO
1 Ir al gimnasio		
2 Leer más		
3 Estudiar una carrera		
4 Ser actor / actriz		
5 Practicar algún deporte		
6 Ir al teatro		
7 Tocar la guitarra		
8 Escribir un libro		
9 Colaborar con una ONG		

- ¿Qué harías si tuvieras tiempo?
- Si tuviera tiempo, leería más.

14 ¿Qué pasaría si…? Completa estas frases.

1. Si tuviera coche, *llegaría antes a los sitios*.
2. Si tuviera tiempo el sábado, _____.
3. Si midiera más de dos metros, _____.
4. Si fuera deportista, _____.
5. Si fuera millonario/-a, _____.
6. Si tuviera muy buena voz, _____.

● AMPLIAMOS

15 Estos son algunos de los festivales de cine más famosos del mundo hispano. ¿Conoces alguno de ellos? ¿Cuál le recomendarías a las personas que aparecen debajo del texto? Coméntalo con tu compañero.

Los 5 festivales más famosos del mundo

BOGOSHORTS
Es un festival de cine alternativo en Bogotá (Colombia), que pretende darle solidez al corto, con diferentes categorías: ciencia ficción, documental, animación, videoclip, experimental…

FESTIVAL DE CINE DE SITGES
También es conocido como Festival Internacional de cine de Cataluña. Es el primer festival de cine fantástico del mundo y se celebra en la ciudad de Sitges, cerca de Barcelona. Y es la sede de los premios anuales de la European Fantastic Film Festivals Federation.

FESTIVAL DE CINE INTERNACIONAL DE GUADALAJARA
También conocido como FICG, es la muestra cinematográfica más importante de México y de América Latina. Se trata de un acontecimiento cultural de gran relevancia para la ciudad y el país, no solo por su difusión, promoción y distribución de cine en lengua española, sino por ser un foro para la formación e intercambio creativo entre los profesionales, críticos de la cinematografía internacional y estudiantes de cine.

FESTIVAL DE CINE DE MAR DEL PLATA
Se celebra todos los años en noviembre en Argentina, en la ciudad de Mar del Plata. Es un festival de categoría A, que significa que es equiparable a festivales como Cannes, Berlín o Venecia, entre otros. Los premios que se otorgan se llaman Astor, en honor a Astor Piazolla, compositor considerado uno de los mejores músicos del siglo XX.

FESTIVAL DE CINE DE SAN SEBASTIÁN
Es un festival cinematográfico de categoría A que se celebra todos los años en septiembre, en San Sebastián (España). Desde su inicio en 1953, en este festival se han estrenado películas como *North by Northwest*, de Alfred Hitchcock, o la primera de la saga *Star Wars*.

1. Silvio: Me gustan mucho las películas de ciencia ficción.
2. Carlota: Me encanta el cine y voy a estar en Argentina en noviembre.
3. Rubén: Quiero presentar mi corto a un festival.
4. Jessica: Soy estudiante de cine y me interesa el cine en español.

A Silvio le recomendaría ir al festival…

16 ¿Te gustan las series? ¿Qué plataformas conoces para ver cine, series o televisión? ¿Cuáles usas? Lee la siguiente información de tres series de habla hispana y, después, comenta con tu compañero si las conoces y si te gustaría ver alguna de ellas.

PATRIA Es una adaptación de la novela del mismo nombre del escritor español Fernando Aramburu. Dos familias que eran inseparables ven cómo se rompe su amistad por el conflicto y las consecuencias del terrorismo de ETA en el País Vasco. Las dos familias representan las dos caras de la moneda: en una, Txato, empresario vasco, es asesinado por la banda terrorista en la puerta de su casa; en la otra, Miren, cuyo hijo es militante de ETA. Cuando ETA anuncia el fin de la violencia, Bittori, la viuda de Txato, que había sido íntima amiga de Miren, decide volver al pueblo en el que mataron a su marido y buscar respuestas de su asesinato.

OKUPAS Esta serie argentina, de once capítulos, narra la historia de Ricardo, un joven de clase media, sin objetivos, apático, que abandonó los estudios de Medicina y vive con su abuela. Un día su prima le pide que cuide una vieja casa de su propiedad, de la que acaban de desalojar a un grupo de ocupantes ilegales. Ricardo llama a El Pollo, un amigo de la infancia, para que se quede con él en la casa, y a dos amigos más: Walter, un paseador de perros del barrio, y el Chique un chico grandote y bonachón que pide monedas en la calle. Juntos vivirán una serie de aventuras que les llevarán a situaciones límites de las que la amistad y la fidelidad del grupo saldrá reforzada.

LA CASA DE LAS FLORES Una serie mexicana de humor negro cuya trama gira en torno a un negocio familiar de mucho éxito: una floristería que desprende felicidad y unión entre sus integrantes. Pero detrás de esta fachada de perfección se ocultan muchos secretos. Tras descubrirse la muerte de la amante del padre, este decide reunir a todos sus hijos para que convivan con él y su mujer, la cual no sabía nada de su existencia. A lo largo de sus capítulos se abordan temas como la bisexualidad, la transexualidad, la homofobia y las adicciones.

A mí me gustaría ver la serie Patria, *mis padres tienen el libro en inglés* Homeland, *y les gustó mucho.*

17 Lee la ficha técnica y la sinopsis de la película *Argentina, 1985*. ¿A qué género crees que pertenece esta película? ¿Por qué?

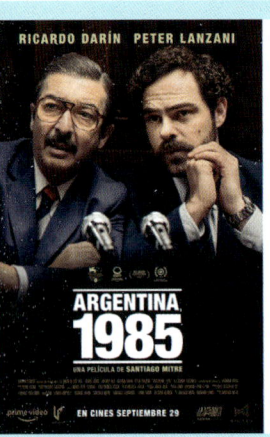

ARGENTINA 1985

Dirección: Santiago Mitre
Guion: Santiago Mitre, Mariano Llinás
Música: Pedro Osuna
Fotografía: Javier Juliá
Duración: 140
País: Argentina
Año de Producción: 2022

REPARTO: Ricardo Darín, Peter Lanzani, Alejandra Flechner, Carlos Portaluppi, Norman Briski, Héctor Díaz.
PREMIOS 2022: Óscar: Nominada a mejor película internacional. Globos de Oro: Mejor película de habla no inglesa. Festival de Venecia: Premio FIPRESCI. Festival de San Sebastián: Premio del Público - Mejor film. National Board of Review: Premio libertad de expresión y Top extranjeras. XXVIII Premios Forqué: Mejor película latinoamericana.

SINOPSIS: Está inspirada en la historia real de los fiscales Julio Strassera y Luis Moreno Ocampo, que en 1985 se atrevieron a investigar y perseguir a la dictadura militar más sangrienta de la historia argentina. Sin dejarse intimidar por la todavía considerable influencia militar en la nueva y frágil democracia, Strassera y Moreno Ocampo reunieron un joven equipo jurídico de inesperados héroes para su batalla de David contra Goliat. Bajo amenaza constante sobre ellos y sus familias, corrieron contra el tiempo para hacer justicia por las víctimas de la junta militar.

18 Señala cuáles de las siguientes críticas corresponden a la película *Argentina 1985*.

A "No es como las comedias que estamos acostumbrados a ver: es muy gratificante ver historias tan bonitas contadas con tanto amor".

B "Es una película de juicio que nos atrapa aunque sepamos el final", que se acerca a los hechos con la fidelidad suficiente y el respeto necesario para valer como una mirada histórica a una época trágica de un país".

C "El trío protagonista aporta parte de lo mejor de esta comedia".

D "La película, rodada en los lugares donde acontecieron los hechos, describe el clima de amenazas de muerte antes y durante el juicio. El humor tampoco falta en el filme, que evita presentar a sus personajes como héroes".

E "La peli, aunque sea de aventuras y nuestros protagonistas corran peligro varias veces, casi nunca se pone dramática, porque es imposible: la Momia y el detective que les persigue son un caso en sí mismos".

19 Escribe en tu cuaderno la sinopsis de una serie o de una película que te guste mucho.

Autoevaluación

1 A mi sobrina Ana solo le gustan _____.
  a que vamos al cine
  b las películas de acción
  c el tenis

2 _____ los deportes de riesgo.
  a Me gusta
  b Me gustan
  c Me gusta que

3 A nosotros no nos gusta que _____ tarde.
  a llegareis
  b llegáis
  c lleguéis

4 *Fueran* es la 3.ª persona del plural del imperfecto de subjuntivo _____.
  a del verbo *ir*
  b de los verbos *ir* y *ser*
  c del verbo *ser*

5 La raqueta y la pelota son imprescindibles para _____.
  a jugar al tenis
  b jugar al baloncesto
  c practicar natación

6 Una película de risa es _____.
  a un drama
  b una comedia
  c de suspense

7 ¿Te molesta que _____ tu raqueta? Es que me he dejado la mía en casa.
  a use
  b que usar
  c uso

8 No les gustó nada _____ a su casa sin avisar antes.
  a que vayamos
  b que van
  c que fuéramos

9 _____ que ganara mi equipo favorito para celebrarlo con vosotros.
  a Me gustara
  b Me gustaría
  c Me está gustando

10 ¿Iríais al concierto de Rosalía _____ la entrada?
  a si os regalen
  b si os regalan
  c si os regalaran

11 A mi abuelo Ramón le molestó _____ su guitarra.
  a que use
  b que usara
  c usar

12 Un equipo de fútbol está compuesto de _____.
  a diez jugadores y un portero
  b diez jugadores y dos porteros
  c dos jugadores y una portería

13 ¿Os gustaría _____ esta obra de teatro mañana por la noche?
  a ver
  b vierais
  c que veáis

14 La 1.ª persona del imperfecto de subjuntivo de *poder* es _____.
  a yo pueda
  b yo pude
  c yo pudiera

15 Me molesta _____. ¿Puedes bajarla?
  a la música
  b que la música
  c las músicas

16 Si el resultado de un partido es 5-5, decimos que ha habido _____.
  a empatar
  b empate
  c igual

17 Los esquiadores bajan por _____.
  a carreteras
  b pistas
  c caminos o senderos

18 En fútbol solo _____ puede coger el balón con la mano.
  a el jugador
  b el portero
  c el delantero

19 Si _____, _____ a la playa todos los días.
  a pudiera / iría
  b fuera / iré
  c podría / fuera

20 Me gustó mucho _____.
  a que vinieras
  b que vengas
  c que vienes

28 Dijo que la llamaras

● EMPEZAMOS

1 Vas a escuchar cinco conversaciones. Escribe el número de la conversación en la imagen correspondiente.

2 Lee la transcripción de la conversación 1, que corresponde a la conversación entre Bea y Daniel. Observa las frases destacadas en negrita y anota en la tabla cómo se lo cuenta Daniel a Sebastián al día siguiente (conversación 2).

1

Daniel: ¿Hola?
Bea: ¡Hola! ¡Buenos días! ¿Eres Daniel?
Daniel: Sí, soy yo.
Bea: ¡Hola! Soy Bea. ¿Está Sebastián por ahí?
Daniel: No, **ya se ha ido**, hoy tenía prisa.
Bea: Vaya… Es que mañana **tenemos una reunión** a las 9:30 en la oficina y me he olvidado de decirle que tengo visita en el médico a primera hora, y **llegaré sobre las 10**. Por favor, mañana cuando lo veas, ¿puedes decírselo? Dile también que si tiene algo urgente, **que llame a Patricia**, de Recursos Humanos.
Daniel: Sí, claro, no te preocupes, mañana en cuanto llegue se lo digo. ¡Hasta luego!

2 *(Al día siguiente)*

Sebastián: ¿Sí?
Daniel: Sebastián, ayer por la tarde llamó Bea, pero le dije que **ya te habías ido**. Me comentó que hoy **teníais una reunión** a las 9:30, y que se había olvidado de decirte que tenía una visita con el médico hoy, y que **llegaría sobre las 10**.
Sebastián: Vale, gracias, Daniel.
Daniel: ¡Ah! Y también me pidió que te dijera que si tenías algo urgente, que **llamaras a Patricia**, de Recursos Humanos.
Sebastián: Muy bien, muchas gracias.

	AYER	HOY *(Dijo que…)*
1	ya se ha ido	*ya te habías ido*
2	tenemos una reunión	
3	llegaré sobre las 10	
4	que llame a Patricia	

3 Fíjate en la tabla de la actividad anterior. ¿Qué cambios se producen en los tiempos verbales al transmitir una información del pasado? Completa la tabla.

AYER	HOY *(Dijo que…)*
Pretérito perfecto de indicativo	*Pretérito pluscuamperfecto de indicativo*

GRAMÁTICA

Estilo indirecto

Si queremos transmitir las palabras que otras personas han dicho utilizamos estas estructuras:

Para transmitir información	Para transmitir órdenes o peticiones
Decir / *Contar* / *Explicar* / *Preguntar* + *que* + indicativo / *(que) si* / *(que) qué / quién / cuándo / cómo / dónde...* + indicativo	*Querer* / *Pedir* / *Decir* + *que* + subjuntivo
Elena **ha dicho** que **viene** más tarde.	Me **pidió** que **fuéramos** a su casa esta tarde.

Cuando transmitimos las palabras que ha dicho otra persona:
- los **pronombres** y las personas de los verbos cambian.
- **aquí** y **acá** se convierten en **allí** y **allá**.
- **ahora** cambia a **en ese momento**.
- **este** se convierte en **ese** o **aquel**.
- **traer** y **venir** se convierten en **llevar** e **ir**.
- **mañana** cambia a **el día siguiente**.

Correspondencia y cambios de tiempos verbales en el estilo indirecto

	El tiempo verbal no cambia (Dice / Ha dicho que...)	El tiempo verbal cambia (Dijo que...)
"**Quiero** hablar con ella". PRESENTE	... **quiere** hablar contigo. PRESENTE	... **quería** hablar contigo. P. IMPERFECTO
"**Iré** el jueves". FUTURO	... **vendrá** el jueves. FUTURO	... **vendría** el jueves. CONDICIONAL
"**Llámame**". IMPERATIVO	... que la **llames***. PRESENTE DE SUBJUNTIVO	... la **llamaras / llamases**. P. IMPERFECTO DE SUBJUNTIVO
"No **ha ido** a la reunión". P. PERFECTO	... no **ha ido** a la reunión. P. PERFECTO	... **había ido** a la reunión. P. PLUSCUAMPERFECTO
"Ayer no **fue** a la reunión". P. INDEFINIDO	... no **fue** a la reunión. P. INDEFINIDO	... no **había ido** a la reunión. P. PLUSCUAMPERFECTO
"Le llamaré cuando **pueda**". PRESENTE DE SUBJUNTIVO	... le llamará cuando **pueda**. PRESENTE DE SUBJUNTIVO	... le llamaría cuando **pudiera / pudiese**. P. IMPERFECTO DE SUBJUNTIVO

* El imperativo pasa a presente de subjuntivo cuando lo que se ha dicho está cerca del presente, y a imperfecto de subjuntivo cuando está relacionado con el pasado.

●AVANZAMOS

4 Transforma en estilo indirecto los siguientes mensajes. Haz los cambios necesarios.

1 "Olvídalo".	Dice que	.
	Dijo que	.
2 "Trae el libro".	Dice que	.
	Dijo que	.
3 "Quiero comprar este vestido".	Dice que	.
	Dijo que	.
4 "¿Vamos al cine?".	Pregunta	.
	Preguntó	.
5 "Dile la verdad".	Dice que	.
	Dijo que	.
6 "Vuelve mañana, ahora no está Valeria".	Dice que	.
	Dijo que	.

5 Mario le cuenta a Bea cómo prepara las setas. Después, Bea le explica la receta a Óscar. Completa las palabras de Bea con las formas adecuadas.

> Primero, **saltea** las setas con el ajo. Aparte, **mezcla** el queso y el vino. Cuando las setas **estén** blandas, **añade** la mezcla del Cabrales y el Oporto. **Sube** el fuego y **remueve** todo durante cinco minutos. Finalmente, **echa** la nata y **espera** otros cinco o seis minutos. Ya está, es muy fácil. **Tienes** sal y pimienta, ¿no? Pues, no **olvides** echarle un poco.

Mario me ha dicho que, primero, **(1)** _____ las setas con el ajo y que, aparte, **(2)** _____ el queso y el vino. Y que cuando las setas **(3)** _____ blandas, **(4)** _____ la mezcla del Cabrales y el Oporto. Luego me ha dicho que **(5)** _____ el fuego y que **(6)** _____ todo durante cinco minutos. Finalmente, me ha recomendado que **(7)** _____ la nata y que **(8)** _____ otros cinco o seis minutos. Ah, y me ha preguntado si **(9)** _____ sal y pimienta y que no **(10)** _____ echarle un poco.

6 Imagina que te transmiten este mensaje. Léelo y escribe cuáles crees que fueron las palabras exactas de Margarita.

> Llamó Margarita y dijo que estaba en el banco porque necesitaba solucionar un problema que tenía con el seguro de su coche. Me pidió que la llamaras si era urgente.

_____
_____
_____

7 Julia le cuenta a su jefa la conversación que acaba de tener con Diego (es la conversación 5 de la actividad 1). Escúchala de nuevo y completa la información que falta.

> ¡OJO! Ellas están en otra oficina, así que el verbo *traer* se convierte en *llevar* y *venir* en *ir*.

> «Mario no está. Diego ha encontrado la documentación, pero el presupuesto no está firmado. Me ha dicho que si quiero, puedo **(1)** _____ y **(2)** _____ la documentación a mi despacho».

8 Fíjate en este cómic. ¿Qué le pide él a ella? ¿Y ella a él?

Él le pide a ella que **(1)** _____ y ella le dice que solo si le **(2)** _____.
Entonces él, extrañado, le contesta que **(3)** _____ y ella le dice que **(4)** _____, y además le pide que le **(5)** _____.

DNI: Documento Nacional de Identidad

9 En parejas. ¿Qué creéis que han dicho o dijeron…?

1 En la situación n.º 1, la pareja le ha preguntado a la chica _____.
2 En la situación n.º 2, el agente inmobiliario le dijo a su clienta que _____.
3 En la situación n.º 3, la vendedora le ha recomendado que _____.
4 En la situación n.º 4, la clienta le pidió que _____.
5 En la situación n.º 5, el compañero de trabajo le contó _____.
6 En la situación n.º 6, él le dijo que _____.

10 En parejas. Vais a representar dos situaciones. Decidid quién es el estudiante A y quién es el B. Haced la llamada telefónica y tomad nota para luego transmitir el recado.

1

ESTUDIANTE A
Mañana necesitas el coche, pero lo tiene tu hermana Silvia y quieres que te lo traiga. La llamas a la oficina.

ESTUDIANTE B
Eres una compañera de Silvia. Suena el teléfono de Silvia, pero no está en la oficina y respondes tú. Cuando Silvia llega a la oficina, le dices: _____

2

ESTUDIANTE B
Tienes una reunión con Javier mañana a las 10 y no puedes ir. Sí que podrías un poco más tarde, a las 11. Pregúntale si es posible cambiar la hora. Llámale.

ESTUDIANTE A
Eres la secretaria de Javier. Él no está en la oficina. Suena el teléfono... Cuando al día siguiente llega Javier, le dices: _____

11 Juan comparte piso con Clara. Ahora Clara está de viaje y no volverá hasta dentro unos días. Toma nota de la información que vas a escuchar en las siguientes situaciones. Si lo necesitas, escucha las situaciones dos veces para tomar nota de todos los detalles.

1 Juan se encuentra con Lucía, una amiga de Clara.

2 Juan recibe una llamada de una empresa de reformas.

3 Juan habla por teléfono con Roberto, un amigo que es director de una empresa.

12 Ahora, imagina que eres Juan, el compañero de piso de Clara. Escríbele un correo electrónico contándole la información de las situaciones anteriores.

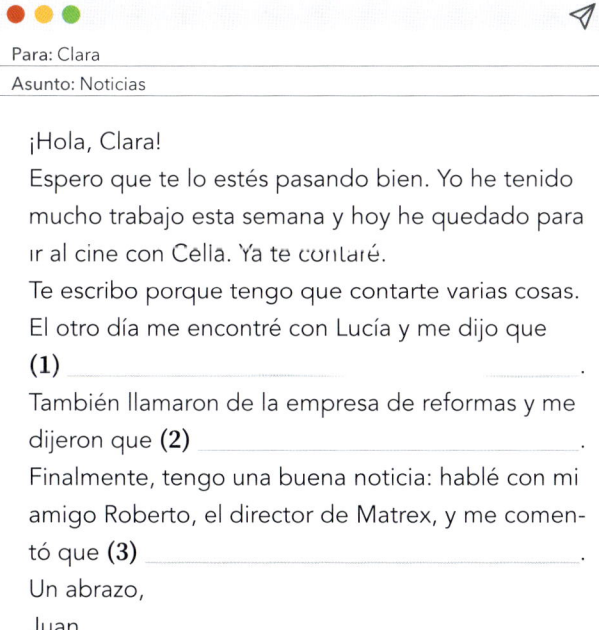

Para: Clara
Asunto: Noticias

¡Hola, Clara!
Espero que te lo estés pasando bien. Yo he tenido mucho trabajo esta semana y hoy he quedado para ir al cine con Celia. Ya te contaré.
Te escribo porque tengo que contarte varias cosas. El otro día me encontré con Lucía y me dijo que **(1)** _____.
También llamaron de la empresa de reformas y me dijeron que **(2)** _____.
Finalmente, tengo una buena noticia: hablé con mi amigo Roberto, el director de Matrex, y me comentó que **(3)** _____.
Un abrazo,
Juan

AMPLIAMOS

13 Vamos a preparar una cena para toda la clase. En parejas, pensad en un plato que os guste y en cómo se prepara. Después, tenéis que preguntar al resto de compañeros la receta de su plato. Finalmente, elegid el plato que os gustaría preparar y presentad la receta a la clase, explicando cómo os la han contado.

A nosotros nos gustaría preparar el plato favorito de Luca: la focaccia de verduras. Luca nos ha dicho que primero necesitamos...

14 ¿Cuáles son los platos más típicos de tu región? ¿Sabes cómo se preparan? Coméntalo con tus compañeros.

- *La cocina de Alsacia es muy buena: yo creo que los platos más típicos son la tarta flambée, el chucrut y el baeckeoffe.*
- *Sí, el chucrut también es típico en Alemania... ¿Qué es el baeckoffe? Nunca lo había oído...*
- *Es un plato riquísimo, pero necesitas muchas horas para prepararlo. Se hace con patatas, carne de cerdo y vino blanco de Alsacia: mi abuela lo prepara muy bien.*

15 Lee rápidamente estas entrevistas y contesta a las siguientes preguntas.

1 ¿Cuánto tiempo llevan estas personas en España?
2 ¿Dónde trabajan?

Los nuevos españoles

DE NIGERIA A SEVILLA
Steve Aba Martin y Sonia

Entrevistador: ¿Por qué vinisteis a Sevilla?
Steve: No hay una razón especial. Solo conocíamos Madrid y Barcelona, pero nos gusta Sevilla por la gente y el clima.
Entrevistador: ¿Cómo fue el viaje?
Sonia: Lo estuvimos pensando durante mucho tiempo. Cuando tomamos la decisión, hace ya cinco años, conseguimos el dinero suficiente para pagar el viaje y cruzamos el desierto de Marruecos hasta llegar a España. En total, la travesía duró algo más de medio año, toda una odisea.
Entrevistador: ¿Cuál es vuestra situación laboral?
Sonia: Steve trabaja como pintor industrial y yo cuido de José, que tiene un año.
Entrevistador: ¿Cómo veis el futuro de vuestro hijo?
Steve: Nos gustaría que fuera médico.

DE MARRUECOS A SANTIAGO DE COMPOSTELA
Messaoud Elomari, de 33 años, marroquí de origen, gallego de adopción

Entrevistador: ¿Cuándo viniste a Santiago?
Messaoud: Tenía 19 años, acabé el bachillerato y vine aquí. Al principio vendía ropa y bisutería, pero lo dejé porque todos los marroquíes hacían eso y yo quería algo diferente. Estudié varios cursos de relaciones laborales y política social. Y también aprendí gallego.
Entrevistador: ¿Cuál es tu situación laboral?
Messaoud: Me encargo del Centro de Información de Trabajadores Extranjeros del sindicato Comisiones Obreras.

DE CHINA A VALENCIA
Chen Weijie (Silvia) y Zhon Wei (David) llegaron a España hace 25 y 15 años, respectivamente

Entrevistador: ¿Cómo os conocisteis?
Silvia: Nuestras familias se conocían y planearon un encuentro en la estación de autobuses de Valencia. Tras medio año de conversaciones por teléfono, nos casamos.
Entrevistador: ¿Dónde trabajáis?
David: Somos propietarios de dos restaurantes... La aventura empresarial no ha sido nada fácil.
Entrevistador: ¿Cambió mucho vuestra vida al llegar a España?
Silvia: En China disfrutábamos de la vida mucho más que aquí, donde solo trabajamos y dormimos. Trabajamos 15 horas al día para que nuestros hijos no tengan que hacerlo en el futuro.

16 Haced tres grupos. Cada uno elige una de las entrevistas anteriores y la trasforma en un breve artículo, cambiando el estilo directo de la entrevista a estilo indirecto.

Autoevaluación

1. Dice que _____ quedar esta tarde contigo.
   a. quieres
   b. puede
   c. querrás

2. Dijo que _____ en la oficina hasta las tres, pero no contesta nadie.
   a. estaría
   b. sería
   c. estás

3. Mis padres acaban de llamar para decirme que ya _____.
   a. vinieron
   b. venían
   c. vengan

4. Sus compañeros me _____ que lo harán mañana.
   a. digan
   b. ha dicho
   c. han dicho

5. He dicho que _____ la puerta ahora.
   a. cierres
   b. cerraras
   c. cierras

6. Te dije que _____ cuanto antes.
   a. vengas
   b. vinieras
   c. ven

7. Me aseguró que _____ a tiempo.
   a. llegué
   b. llegara
   c. llegaría

8. Le pidió que _____ las entradas hoy.
   a. compraría
   b. comprara
   c. compraba

9. Nos ha contado Óscar que esta tarde Antonio _____ a su novia.
   a. nos presentará
   b. nos presente
   c. nos presentara

10. Les pidió que le _____ una foto.
    a. hayan hecho
    b. hiciera
    c. hicieran

11. Le he pedido a Olga que _____ a Lola.
    a. llames
    b. llame
    c. llamaba

12. Siempre le dice que _____ bien, pero no es verdad.
    a. está
    b. es
    c. esté

13. Me ha prometido que no lo _____ a hacer.
    a. volviera
    b. vuelva
    c. volverá

14. Me _____ no dijera nada.
    a. pidió
    b. pidió que
    c. pidió si

15. Le he preguntado _____ la conoce y me ha dicho que no.
    a. que
    b. si
    c. si que

16. No me preguntes _____ llegó porque no lo sé.
    a. cuándo
    b. cuando
    c. que

17. "Tráeme el informe a mi despacho, por favor". Mi jefa me _____.
    a. pidió que se lo trajera a mi despacho
    b. dijo que se lo llevara a su despacho
    c. preguntó que se lo traiga a su despacho

18. Nadie me explicó que tuviera que _____.
    a. ir aquí
    b. ir acá
    c. venir aquí

19. "No la conozco de nada". Mario _____ dijo que no _____ conocía.
    a. la / nos
    b. nos / le
    c. nos / la

20. Quería _____ su trabajo.
    a. que yo hice
    b. que yo hiciera
    c. que yo hago

Repaso 25-28

● LEER

1 Lee el siguiente fragmento de la novela *Pantaleón y las visitadoras* del premio Nobel Mario Vargas Llosa y completa las definiciones con las palabras resaltadas en azul.

> —Despierta, Panta —dice Pochita—. Ya son las ocho. Panta, Pantita.
> —¿Las ocho ya? Caramba, qué sueño tengo —bosteza Pantita—. ¿Me cosiste mi galón?
> —Sí, mi teniente —se cuadra Pochita—. Uy, perdón, mi capitán. Hasta que me acostumbre vas a seguir de teniente, amor. Sí, ya, se ve regio. Pero levántate de una vez, ¿tu cita no es a…?
> —Las nueve, sí —se jabona Pantita—. ¿Dónde nos mandarán, Pocha? Pásame la toalla, por favor. ¿Dónde se te ocurre, chola?
> —Aquí, a Lima —contempla el cielo gris, las azoteas, los autos, los transeúntes Pochita—. Uy, se me hace agua la boca: Lima, Lima, Lima.
> —No sueñes, Lima nunca, qué esperanza —se mira en el espejo, se anuda la corbata Panta—. Si al menos fuera una ciudad como Trujillo o Tacna, me sentiría feliz.
> […]
> —Como nos mandaran de nuevo a Chiclayo —recoge las migas en un plato y retira el mantel la señora Leonor—. Después de todo, allá hemos estado tan bien ¿no es cierto? Para mí, lo principal es que no nos alejen mucho de la costa. Anda, hijito, buena suerte, llévate mi bendición.
> […]
> —¿A Iquitos? —deja de rociar la camisa y alza la plancha Pochita—. Uy, qué lejos nos mandan, Panta.
> […]
> —Y sobre todo qué lejos del mar —suelta la aguja, remacha el hilo y lo corta con los dientes la señora Leonor—. ¿Habrá muchos zancudos allá en la selva? Son mi suplicio, ya sabes.

1 Cuando alguien se humedece la barba con agua y jabón para afeitarla _____.
2 Un distintivo de una clase del ejército es un _____.
3 Personas que caminan por la calle son viandantes o _____.
4 _____ significa echar gotas de algún líquido, por ejemplo, agua.
5 Las cubiertas de los edificios por donde se puede andar se llaman _____.
6 Los restos de pan que quedan en la mesa después de comer se llaman _____.
7 En algunas zonas de América Latina los mosquitos se llaman _____.
8 Relativo al rey o magnífico es sinónimo de _____.
9 Cuando digo que _____ significa que siento placer con la esperanza de conseguir algo.

2 Vuelve a leer el fragmento anterior donde Pantaleón Pantoja, también conocido como Panta o Pantita, conversa con su esposa Pocha y con la señora Leonor, su madre, y elige la respuesta correcta.

1 Pantaleón Pantoja _____ despertarse.
  a empieza a
  b acaba de
  c vuelve

2 Pantaleón Pantoja _____.
  a sigue siendo teniente
  b acaba de ser nombrado capitán
  c empieza a ser capitán

3 Pantaleón estaría muy contento si lo enviaran a _____, pero le parece imposible.
  a Lima
  b Iquitos
  c Trujillo

4 A la señora Leonor le _____ en Chiclayo.
  a gustó dejar de vivir
  b disgustó vivir
  c gustaría volver a vivir

5 Pantaleón Pantoja _____ ir a una reunión muy importante.
  a hay que
  b tiene que
  c suele

6 A la señora Leonor no le _____.
  a gusta la costa
  b gustan los mosquitos
  c gusta coser

● ESCUCHAR

3 Escucha esta entrevista con Esther Muñoz, profesora de la Universidad Nacional Mayor de San Marcos (una de las más antiguas de América, fundada en Lima, en 1551), y especialista en el escritor Mario Vargas Llosa, y responde si las siguientes afirmaciones son verdaderas (V) o falsas (F).

1. ○ Vargas Llosa es casi tan importante como Cortázar, Fuentes y García Márquez.
2. ○ En 1984 Vargas Llosa ganó el Premio Biblioteca Breve.
3. ○ Vargas Llosa es miembro de la Real Academia Española desde 1995.
4. ○ En las novelas de este escritor solo encontramos recursos tradicionales, desde el punto de vista técnico.
5. ○ En sus obras utiliza, entre otras, estas técnicas narrativas: varias voces o narradores y diálogos breves.
6. ○ *La ciudad y los perros* es su primera novela.
7. ○ En *La tía Julia y el escribidor* Vargas Llosa cuenta cómo empezó a escribir novelas.
8. ○ A Esther Muñoz no le gustó nada el argumento de *Pantaleón y las visitadoras*.

¿Sabes quién es Mario Vargas Llosa?

4 ¿Qué historias se cuentan en estas novelas? ¿De qué tratan?

1. *La ciudad y los perros* _____
2. *Pantaleón y las visitadoras* _____
3. *La tía Julia y el escribidor* _____

● HABLAR

5 De las novelas de Vargas Llosa, ¿cuál crees que te gustaría más? ¿Por qué? Pregúntale a tu compañero.

A mí me gustaría leer Pantaleón y las visitadoras *porque dicen que es muy divertida. ¿Y a ti?*

6 En parejas. ¿Qué tipo de novelas sueles leer? Pregúntale a tu compañero.

POLICÍACA

ROMÁNTICA

DE AVENTURAS

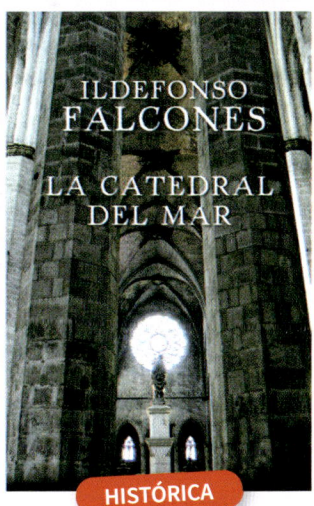
HISTÓRICA

■ *A mí me encantan las novelas policíacas. ¿Y a ti?*
● *A mí no mucho, prefiero las novelas históricas porque…*

7 ¿Cuál es el último libro que has leído? ¿Te ha gustado? ¿Por qué? Pregúntale a tu compañero.

■ *El último libro que he leído ha sido una novela policíaca. Es de un autor escandinavo que se llama…*
● *¿Y qué te ha parecido? ¿Te ha gustado?*

ESCRIBIR

8 Imagina que eres Pantaleón Pantoja y que, cuando llegas a Iquitos, necesitas buscar una casa para vivir. Decides poner un anuncio explicando el tipo de casa que necesitas.

Ten en cuenta que:
- tienes dos coches y un perro
- te gusta hacer deporte (nadar y jugar al tenis)
- pronto tendrás un hijo
- Iquitos está en la selva y tiene clima tropical

Iquitos

9 En grupos. Vais a crear una serie corta, de seis capítulos. Tenéis que decidir el título, los personajes, la trama, los actores y actrices que elegiríais, en qué plataforma os gustaría que se emitiera y escribir la ficha técnica. El profesor recogerá las fichas y las intercambiará con otros grupos para que todos podáis leerlas todas.

10 En los mismos grupos de la actividad anterior, escribid un pequeño diálogo con el que comienza la serie. Representadlo. Vuestros compañeros tienen que decidir a qué serie de las que aparecen en las fichas técnicas anteriores pertenece.

11 Lee los siguientes post de los participantes en el foro *¿Qué es el arte?* ¿Estás de acuerdo con sus opiniones? Coméntalo con tu compañero.

Lliman_4
Para mí el arte es expresar lo que sientes en cada momento en diferentes formas, expresar lo que algo te sugiere o simplemente disfrutar realizando cualquier acción que tenga un sentido para ti. Se suele asociar el arte únicamente a la pintura, escultura y similares, cuando el arte es algo que mueve muchísimo más.
Yo creo que el arte es la expresión de lo que una persona siente, en diferentes formas. Así que, de alguna manera, todos podemos ser artistas y todos llevamos un artista dentro. El arte es lo que tú creas y dices que es arte.

Bretaña-85
Todo es arte, ¿no crees? El arte es una forma que tiene el ser humano de expresar la libertad. No hay arte bueno o malo, ni artistas buenos o malos. Es algo relativo, como el vino, ya que depende del gusto de cada persona. Hay muchos artistas anónimos, gente que pinta, dibuja, compone, crea... Nadie los conoce, no están en el olimpo de la fama y seguramente no lo estarán nunca, aunque su arte sea increíblemente bueno.

DavidDriver
En mi opinión, el arte es un don con el que solo unos pocos privilegiados nacen. A mí me puede gustar mucho pintar, incluso tener cierta habilidad para hacerlo, pero eso no me otorga el don de poder pintar un picasso. Hay mucha gente que se define como artista, que coge una caja de zapatos vacía y la llama arte. Pero el artista con verdadero talento, ese ser sublime que dedica toda su vida a perfeccionar su obra, se ha convertido en una rara especie en peligro de extinción.

12 Escribe en tu cuaderno un post para participar en el foro de la actividad anterior.

¿QUÉ SABES HACER?

Señala todas las actividades que ya sabes hacer. Si no recuerdas alguna, vuelve a la unidad de referencia y repásala.

COMPRENSIÓN ESCRITA

¿Qué puedes comprender cuando lees?

- ○ Soy capaz de comprender anuncios breves del periódico y buscar información específica (Unidad 25).
- ○ Puedo comprender la letra de una canción (Unidad 25).
- ○ Entiendo, en líneas generales, textos sobre la biografía de una persona y soy capaz de extraer información (Unidad 26).
- ○ Soy capaz de comprender la sinopsis de un película o de una serie (Unidad 27).
- ○ Puedo comprender mensajes breves (Unidad 28).

COMPRENSIÓN AUDITIVA

¿Qué puedes entender?

- ○ Soy capaz de comprender los detalles de mensajes grabados relacionados con temas que conozco (Unidad 25).
- ○ Comprendo el sentido general de una canción (Unidad 25).
- ○ Soy capaz de entender programas de televisión cuando la articulación es clara y puedo extraer determinada información (Unidad 26).
- ○ Comprendo conversaciones sobre temas de tiempo libre (Unidad 27).
- ○ Puedo entender conversaciones telefónicas y tomar nota de algunos detalles (Unidad 28).

EXPRESIÓN ORAL

¿Qué puedes expresar?

- ○ Soy capaz de describir algo aunque no conozca su nombre (Unidad 25).
- ○ Soy capaz de hacer valoraciones y descripciones, y dar mi opinión sobre temas que me interesan, por ejemplo, la pintura y la arquitectura (Unidad 26).
- ○ Puedo expresar deseos *(me gustaría…)* (Unidad 27).
- ○ Sé formular hipótesis sobre una información dada (Unidad 27).
- ○ Puedo transmitir las palabras dichas por otra persona (Unidad 28).

INTERACCIÓN ORAL

¿Cómo puedes interactuar con los demás?

- ○ Puedo intercambiar información sobre el desarrollo de diferentes actividades (Unidad 25).
- ○ Soy capaz de expresar mi opinión y pedir la opinión a otra persona sobre un tema conocido (Unidad 26).
- ○ Puedo intercambiar información sobre aficiones, gustos y deseos (Unidad 27).
- ○ Soy capaz de mantener conversaciones telefónicas sencillas y de dejar mensajes para otra persona (Unidad 28).

EXPRESIÓN ESCRITA

¿Qué puedes escribir?

- ○ Puedo escribir un anuncio en el que describo lo que busco (Unidad 25).
- ○ Puedo escribir la biografía de alguien famoso para hacer una presentación (Unidad 26).
- ○ Soy capaz de escribir la sinopsis de una serie o de una película (Unidad 27).
- ○ Soy capaz de escribir un correo electrónico para transmitir una serie de mensajes recibidos (Unidad 28).
- ○ Puedo comprender una entrevista breve y transformarla en un pequeño artículo (Unidad 28).

Soy capaz de utilizar y comprender vocabulario sobre los siguientes temas:

- ☐ Anuncios y medios de comunicación (Unidad 25).
- ☐ Arte (Unidad 26).
- ☐ Ocio y tiempo libre (Unidad 27).
- ☐ Películas y series (Unidad 27).
- ☐ Deportes (Unidad 27).
- ☐ Conversaciones telefónicas (Unidad 28).
- ☐ Recetas de cocina (Unidad 28).

Glosario

01 ¿Empezamos?

PRESENTARSE
¿Cómo te llamas?
¿Cuál es tu nombre?
Me llamo… ¿y tú?
Mi nombre es…
Soy…

SALUDOS Y DESPEDIDAS
Adiós
Buenos días
Buenas tardes
Buenas noches
Chao
Hasta luego
Hasta pronto
Hola
¿Qué tal?

OBJETOS DE LA CLASE
el bolígrafo
el cuaderno
la goma de borrar
el lápiz
el libro
la mesa
la mochila
el ordenador
la pizarra
el ratón
la silla
la tableta

EL ABECEDARIO
la a (avión)
la be (bolígrafo)
la ce (casa)
la de (dedo)
la e (España)
la efe (foto)
la ge (gato)
la efe (foto)
la hache (huevo)
la i (isla)
la jota (jirafa)
la ka (koala)
la ele (libro)
la eme (mano)
la ene (nube)
la eñe (niño)
la o (ojo)
la pe (pie)
la cu (queso)
la erre (ratón)
la ese (sol)
la te (taza)
la u (uvas)
la uve (vaca)
la uve doble (waterpolo)
la equis (taxi)
la i griega / ye (yogur)
la zeta (zapato)

NÚMEROS (DEL 0 AL 20)
0 cero
1 uno
2 dos
3 tres
4 cuatro
5 cinco
6 seis
7 siete
8 ocho
9 nueve
10 diez
11 once
12 doce
13 trece
14 catorce
15 quince
16 dieciséis
17 diecisiete
18 dieciocho
19 diecinueve
20 veinte

EXPRESIONES PARA LA CLASE
Más alto, por favor
Más despacio, por favor
¿Cómo se dice… en español?
¿Qué significa…?
¿Cómo se deletrea…?
¿Se escribe con *be* o con *uve*?
¿Puedes repetir, por favor?
¿Cómo? Perdona, pero no te entiendo

INSTRUCCIONES
completa
escribe
escucha
habla
lee
relaciona
trabaja en | grupos
           | parejas

PAÍSES HISPANOHABLANTES
Argentina
Bolivia
Chile
Colombia
Costa Rica
Cuba
Ecuador
El Salvador
España
Guatemala
Guinea Ecuatorial
Honduras
México
Nicaragua
Panamá
Paraguay
Perú
Puerto Rico
República Dominicana
Uruguay
Venezuela

02 Yo soy estudiante, ¿y tú?

PEDIR INFORMACIÓN PERSONAL
¿Cómo se / te llama(s)?
¿Cuál es su / tu | apellido?
                 | nombre?
                 | correo electrónico?
                 | móvil / teléfono?
¿De dónde es / eres?
¿Dónde vive(s)?
¿A qué se dedica / te dedicas?
¿Qué hace(s)?
¿Qué idiomas habla(s)?
¿Cuántos años tiene(s)?

DAR INFORMACIÓN PERSONAL
Soy (de)…
Vivo en…
Tengo… años
Trabajo en…
Hablo…
Mi correo electrónico es…
Mi número de teléfono es…
Estudio…

DATOS PERSONALES
el apellido
la nacionalidad

el nombre
la profesión

NÚMEROS (DEL 21 AL 100)
20 veinte
21 veintiuno
22 veintidós
30 treinta
31 treinta y uno
32 treinta y dos
40 cuarenta
50 cincuenta
60 sesenta
70 setenta
80 ochenta
90 noventa
100 cien

EN UNA ESCUELA DE IDIOMAS
el/la administrativo/-a
el aula (las aulas)
la biblioteca
el curso
el/la director(a) de la escuela
el/la estudiante
el/la profesor(a)
la recepción

NACIONALIDADES
alemán/-ana
argentino/-a
australiano/-a
brasileño/-a
canadiense
chino/-a
cubano/-a
español(a)
estadounidense
francés/-esa
griego/-a
iraquí
irlandés/-esa
italiano/-a
japonés/-esa
marroquí
mexicano/-a
peruano/-a
portugués/-esa
ruso/-a

IDIOMAS
el alemán
el árabe
el chino

el español
el francés
el griego
el inglés
el italiano
el japonés
el portugués
el ruso
el sueco

MONUMENTOS
la estatua
la torre

VERBOS
aprender
escribir
escuchar
estudiar
funcionar
hablar
hacer
leer
ser
tener
trabajar
vivir

03 Busco un piso para compartir

ANUNCIOS
el/la amigo/-a
la bicicleta
la clase de | alemán
 | conversación
 | gramática
el/la compañero/-a de piso
el espacio de trabajo
la habitación (libre)
el local céntrico
el piso
el precio
el/la profesional (autónomo/-a)
el/la profesor(a) nativo/-a
la web
aprender
alquilar
buscar
compartir
comprar
costar
enseñar

hacer deporte
jugar
llamar
recomendar
salir
practicar
preguntar por alguien
regalar
vender

DESCRIBIR UNA VIVIENDA
grande
luminoso/-a
nuevo/-a
pequeño/-a
tranquilo/-a
dar a | la calle
 | un parque
estar | al lado de…
 | bien comunicado/-a
 | cerca de…
 | en el centro
 | en una parada de autobús
 | en una zona residencial
 | en una zona tranquila
 | lejos de…
tener | mucha luz
 | vistas al mar

PARTES DE LA CASA
el (cuarto de) baño (privado)
la cocina
el dormitorio
el garaje
la habitación
el jardín
la pieza (en Argentina, Perú…)
el salón
el sótano
la terraza

OBJETOS EN UNA VIVIENDA
la cama
el cepillo de dientes
el escritorio
la manguera
la moto
la lavadora
la sartén
el sofá

DESCRIPCIÓN FÍSICA
alto/-a
bajo/-a

calvo/-a
delgado/-a
feo/-a
gordo/-a
guapo/-a
moreno/-a
rubio/-a

tener | los ojos | azules
             | marrones
             | negros
             | verdes
      | el pelo | canoso
             | largo
             | liso
             | negro
             | rizado
             | rubio
tener / llevar | barba
             | bigote
             | gafas
             | perilla

EL CARÁCTER
abierto/-a
aburrido/-a
alegre
amable
antipático/-a
desordenado/-a
divertido/-a
ecologista
educado/-a
fiel
impaciente
independiente
inteligente
introvertido/-a
maleducado/-a
mentiroso/-a
nervioso/-a
optimista
ordenado/-a
organizado/-a
paciente
pesimista
serio/-a
simpático/-a
sincero/-a
sociable
tímido/-a
trabajador(a)
tranquilo/-a
vago/-a

TIPOS DE VIVIENDA
el apartamento
la buhardilla
la casa (adosada)
el chalé
el departamento
el edificio
el estudio
el piso
la vivienda unifamiliar
la zona residencial

04 No vivo lejos de aquí

LUGARES Y ESTABLECIMIENTOS
la academia
el aparcamiento
la avenida
el banco
el bar
la biblioteca
la cafetería
el cajero automático
la carnicería
el centro | comercial
        | histórico
el chiringuito
el cine
la copistería
el edificio
la estación de tren
la farmacia
el faro
la feria
el gimnasio
la librería
la línea de metro
el mercadillo
el museo
la oficina de Correos
la panadería
la parada de | autobús
           | metro
           | taxis
el parque
el paseo marítimo
la peluquería
la pescadería
la playa
la plaza (de toros)
el polideportivo
el quiosco de prensa
el restaurante
el supermercado
la terraza
la tienda de ropa
la universidad
la zapatería
la zona verde

DESCRIBIR UN BARRIO O UNA CIUDAD
residencial
turístico/-a
estar | a quince minutos
      | bien comunicado/-a
      | en el norte
tener buena comunicación

INDICAR Y SITUAR
bajar en una parada
coger una calle
continuar hasta
cruzar
estar | a la derecha de
      | a la izquierda de
      | al final de
      | al lado de
      | cerca de
      | debajo de
      | delante de
      | detrás de
      | encima de
      | enfrente de
      | entre
      | lejos de
girar | a la derecha
      | a la izquierda
para ir a
seguir todo recto

OBJETOS Y MUEBLES
la alfombra
las cortinas
el cuadro
el equipo de música
las gafas
la lámpara de pie
el mando a distancia
la mesa de centro
la planta
la revista
el sillón

PERSONAS
el/la cartero/-a
el/la chico/-a
el/la conductor(a)

el/la estudiante
el/la motorista
el/la señor(a) mayor
el/la turista

TRANSPORTES
el autobús
el barco
la bicicleta
el coche
el metro
la moto
el tranvía
el tren
(ir) a pie

05 ¿Por qué no vamos los tres?

ACTIVIDADES DE FIN DE SEMANA
cenar fuera
desayunar
descansar
estrenar un coche
ir | al cine
    | a una discoteca
    | de excursión
irse
madrugar
jugar con videojuegos
levantarse pronto / tarde
pasar a buscar a alguien
pasear
quedarse en casa
salir
ver series

MARCADORES DE FUTURO
esta | tarde
     | noche
este | año
     | fin de semana
     | martes
     | mes
     | verano
hoy
mañana
pasado mañana
el próximo | año
               | mes
la próxima semana
la semana / el mes / el año que viene

INVITACIONES
aceptar
hacer una invitación
llamar a alguien
(no) poder
rechazar

VERBOS
abrir
cerrar
comenzar
comprar
conseguir
corregir
dormir
elegir
empezar
encontrar
entender
pedir
pensar
preferir
querer
recordar
repetir
seguir
sentir
volver

LA HORA
es la una menos | diez
                    | cuarto
son las dos y | cinco
                | cuarto
                | media

DÍAS DE LA SEMANA
lunes
martes
miércoles
jueves
viernes
sábado
domingo

DESCRIBIR UNA CIUDAD
la arquitectura | civil
                 | religiosa
la capital
el casco viejo
la catedral
la Ciudad Patrimonio de la Humanidad
la Comunidad Autónoma
la diversidad | cultural
              | lingüística

elevado/-a
medieval
la mezquita
el monte
el monumento
el río
la sinagoga
estar | a 60 kilómetros de
      | al suroeste
      | situado/-a sobre
rodear

06 Un día de mi vida

ACTIVIDADES DIARIAS
acostarse
afeitarse
bañarse
comer
cenar
desayunar
despertarse
dormir
ducharse
hacer deporte
ir | a clase
  | al gimnasio
  | al trabajo
  | de compras
jugar al tenis
lavarse
levantarse
llegar a la universidad
llevar un tiempo en un lugar
maquillarse
nadar
peinarse
salir de casa
soler hacer algo
tomar el desayuno
vestirse
volver a casa

EXPRESAR FRECUENCIA
a menudo
a veces
casi siempre
normalmente
nunca
siempre

PARTES DEL DÍA
a mediodía
por | la mañana
   | la tarde
   | la noche

PROGRAMAS Y MEDIOS DE COMUNICACIÓN

- el concurso
- la entrevista
- el informativo
- el magacín
- las noticias
- el periódico digital
- el programa
  - cultural
  - de cocina
  - de entretenimiento
  - de humor
  - de música
  - deportivo
- la radio
- la red social
- el reportaje
- la televisión

07 Me gusta estar en familia

LA FAMILIA
- el/la abuelo/-a
- el/la hermano/-a
- el/la hijo/-a
- la madre
- el/la nieto/-a
- el padre
- el/la primo/-a
- el/la sobrino/-a
- el/la tío/-a

ALOJAMIENTOS
- amable
- el apartamento
- la cadena
- la calidad
- el *camping*
- cómodo/-a
- grande
- el hotel
- moderno/-a
- el silencio
- la tranquilidad
- tranquilo/-a

EXPRESAR GUSTOS
- encantar
- gustar
- preferir

ESTACIONES DEL AÑO
- la primavera
- el verano
- el otoño
- el invierno

EN UN MERCADILLO
- el anillo
- los pendientes
- la pulsera

MILEURISTAS
- ganar poco dinero
- independizarse
- ser licenciado/-a
- tener contrato fijo
- tener un máster
- vivir con los padres
- vivir en un piso compartido
- vivir gratis
- volar del nido

08 Toda una vida

ACONTECIMIENTOS EN LA VIDA
- casarse
- conocer a alguien
- divorciarse
- morir
- mudarse
- nacer
- perder un hijo
- quedarse embarazada
- sufrir un accidente
- sufrir una enfermedad
- tener hijos

MESES DEL AÑO
- enero
- febrero
- marzo
- abril
- mayo
- junio
- julio
- agosto
- septiembre
- octubre
- noviembre
- diciembre

NÚMEROS (A PARTIR DEL 100)
- 101 ciento uno/-a
- 200 doscientos/-as
- 300 trescientos/-as
- 400 cuatrocientos/-as
- 500 quinientos/-as
- 600 seiscientos/-as
- 700 setecientos/-as
- 800 ochocientos/-as
- 900 novecientos/-as
- 1000 mil
- 1999 mil novecientos/-as noventa y nueve
- 2000 dos mil
- 2001 dos mil uno/-a
- 2010 dos mil diez
- 2050 dos mil cincuenta
- 2100 dos mil cien
- 2580 dos mil quinientos ochenta
- 30 000 treinta mil
- 100 000 cien mil
- 800 000 ochocientos mil
- 1 000 000 un millón

PARTÍCULAS INTERROGATIVAS
- ¿Cómo?
- ¿Cuándo?
- ¿Dónde?
- ¿Por qué?
- ¿Qué?
- ¿Quién?

ADVERBIOS
- nada
- nadie
- nunca

SECCIONES DE UNA NOTICIA
- el cuerpo de la noticia
- la fecha
- la sección
- el subtítulo
- el titular

AGRESIÓN A UN AUTOBÚS
- la agresión
- el/la conductor(a)
- los hechos
- la luna trasera
- el monopatín
- el/la pasajero/-a
- la patrulla de policía
- la persecución
- el vehículo
- alcanzar
- colaborar
- correr
- detenerse
- frenar
- informar
- lanzar algo

ocurrir
parar
pasar
recoger a alguien
resultar herido/-a
romper algo
salir huyendo
tirar algo

09 ¿Y qué tal fue el viaje?

LUGARES Y MONUMENTOS
- el aeropuerto
- el arco
- la bahía
- el barrio
- la calle (peatonal)
- la catarata
- el centro histórico
- el cerro
- la ciudad (amurallada)
- la gastronomía
- la gente
- la historia
- la iglesia
- la isla
- el mar
- la mezquita
- la montaña
- el monumento
- el parque
- la parte antigua
- la plaza
- el pueblo
- el puente
- la puesta de sol
- la provincia
- el rincón
- la torre

VIAJAR
- alojarse
- alquilar
- caminar
- coger un autobús
- comer
- conducir
- descansar
- disfrutar
- elegir
- hacer un viaje / una excursión
- impresionar
- pasear

quedar con alguien
quedarse en un lugar
recibir a alguien con los brazos abiertos
viajar al extranjero
visitar

MARCADORES PARA EL PASADO
- anoche
- anteayer
- ayer
- el fin de semana pasado
- en 1958
- hace días / meses / años
- la primera / última vez que

VIAJAR EN TREN, EN AVIÓN O EN COCHE
- aterrizar
- bajarse en una estación
- comprar el billete
- echar gasolina
- embarcar
- facturar el equipaje
- pagar peaje
- parar en una estación
- perder el equipaje
- recoger el equipaje
- salir con retraso
- usar el GPS
- viajar de pie / por carretera

FORMAS DE VIAJAR
- con amigos
- en familia / pareja
- solo/-a

MOVIMIENTO Y DIRECCIÓN
- acercarse a / hasta un lugar
- alejarse de un lugar
- bajar de / a un lugar
- entrar en un lugar
- llegar a un lugar
- pasar por un lugar
- pasear por un lugar
- salir de un lugar
- subir a un lugar
- viajar por un lugar

10 Ropa de invierno y de verano

RECLAMAR UNA MALETA
- la cinta
- el equipaje
- la hoja de reclamación
- la maleta
- el mostrador
- la pegatina
- la reclamación de equipajes

HABLAR DEL TIEMPO
- bajar las temperaturas
- estar lloviendo / nevando / nublado
- haber niebla / nubes y claros / tormenta / viento
- hacer buen / mal tiempo / calor / frío / sol / viento
- llover
- nevar

EL CLIMA
- cálido
- frío
- húmedo
- lluvioso
- mediterráneo
- oceánico
- polar
- seco
- subtropical
- templado
- tropical

LOS PUNTOS CARDINALES
- norte
- sur
- este
- oeste
- noreste
- noroeste
- sureste
- suroeste

LA ROPA
- el abrigo
- la americana
- el bañador

el biquini (de rayas)
los calcetines
la camisa
la camiseta de manga corta
              larga
           de tirantes
           estampada
las chanclas
la corbata
la falda (de cuadros)
la gorra
los guantes (de lana)
el jersey (de cuello alto)
los pantalones cortos
               largos
las sandalias
el traje
los vaqueros
el vestido
las zapatillas de deporte

NOMBRES PARA LAS ZAPATILLAS DE DEPORTE
las bambas (Cataluña, España)
los championes (Uruguay)
las deportivas
los espáis (Santander, España)
los guayos (Argentina, México, etc.)
los kids (Bolivia)
los tacos (Cuba)
las playeras
los playeros (Asturias, España)
los tenis (Galicia, España)
los zapatos de goma (Ecuador)

LOS MATERIALES
el algodón
la lana
el lino
la piel
el poliéster
la seda

LOS COLORES
amarillo/-a
azul
blanco/-a
gris
marrón
morado/-a
naranja
negro/-a
rojo/-a
rosa
verde

CAMBIO CLIMÁTICO
el aumento del CO_2 en la atmósfera
el calentamiento del planeta
la catástrofe natural
la deforestación
la inundación
el deshielo
el huracán
la reducción de la capa de ozono
la sequía
la subida de las temperaturas
         del nivel del mar
el terremoto

11 ¿A qué hora te has levantado hoy?

NOTICIAS Y ANUNCIOS
la actividad deportiva
el/la alcalde/-esa
la campaña
la compañía telefónica
el deporte escolar
el/la entrenador(a)
el equipo de fútbol
el/la jugador(a)
el/la ladrón/-ona
el/la mono/-a
la obra de arte
la pista
la tarifa
el zoológico
   aparecer
   bajar las tarifas
   colaborar
   desaparecer
   inaugurar
   llegar a un acuerdo
   prometer
   promocionar
   robar

MARCADORES TEMPORALES
alguna vez
esta mañana
     semana
     tarde
este año
     fin de semana
     mes
     siglo
estas navidades
      vacaciones

hace dos horas
     un minuto
     un rato
hoy
nunca

ACTIVIDADES Y ACCIONES OCASIONALES
abandonar los estudios
aparecer en una película
cantar en público
disfrazarse
escribir un libro
esquiar
ganar un premio
hacer *puenting*
      un safari
ir en un crucero
nadar con delfines
organizar una fiesta
participar en un concurso
perder el móvil
pilotar un avión
plantar un árbol
retrasarse
tirarse en paracaídas

LAVAR LA ROPA
la lavadora
la mancha
la manga
la secadora
la tintorería
   secar
   lavar
   mancharse
   probarse
   recoger algo

12 Tienes que cuidarte

SÍNTOMAS Y ENFERMEDADES
la anorexia
la bulimia
la depresión
el insomnio
el trastorno alimentario
   doler
   encontrarse bien / mal
   estar agotado/-a
        cansado/-a
        enfermo/-a
        estresado/-a
        mareado/-a
   estornudar

marearse
ocurrir
pasar
sufrir | depresión
       | insomnio
       | un trastorno alimentario
       | una enfermedad
tener | agujetas
      | amnesia
      | anemia
      | diarrea
      | dolor de | muelas
      | | oídos
      | energía
      | estrés
      | fiebre
      | frío
      | la nariz congestionada
      | mala cara
      | mocos
      | nauseas
      | tos
toser

PARTES DEL CUERPO
- el brazo
- la cabeza
- el cuello
- el dedo
- el diente
- el estómago
- la espalda
- la frente
- el hombro
- la mano
- la nariz
- el ojo
- la oreja
- el pie
- la pierna
- la rodilla
- el tobillo
- la tripa

MÉDICOS ESPECIALISTAS
- el/la cardiólogo/-a
- el/la otorrinolaringólogo/-a
- el/la traumatólogo/-a
- el/la psiquiatra

REMEDIOS Y CONSEJOS
aconsejar
aumentar la producción de | hormonas
                          | oxitocina
                          | serotonina
beber mucha agua
dejar de tomar café
dormir mucho
hacer | deporte
      | ejercicio
      | un análisis de sangre
      | una dieta
      | una prueba médica
mejorar | el estado de ánimo
        | la salud
pedir cita con el/la médico/-a
ponerse una crema
reforzar el sistema inmunológico
ser optimista
tener | sentido del humor
      | una cita con el/la doctor(a)
      | una actitud positiva ante la vida
tomar | medicación
      | pastillas
tomarse las cosas con calma

13 Antes todo era diferente

HÁBITOS Y ACCIONES
bailar
cuidar de alguien
dar clases
defender a alguien
echar de menos algo
equivocarse
estar fuera de casa
hacer traducciones
ir | a la discoteca
   | a la moda
jugar
pasar tiempo con alguien
pelearse
proteger a los hijos
sacar buenas notas
salir | a navegar
      | con los amigos
saltar
sobreproteger a alguien
soler hacer algo
tener tiempo libre

ESTADOS
estar | abierto/-a
      | cansado/-a
      | controlado/-a
      | ocupado/-a
      | preocupado/-a
      | roto/-a

TRADICIONES NAVIDEÑAS
- el anís
- la Bajada de Reyes
- la caja
- la costumbre
- el dulce
- la figura (figurita)
- la golosina
- la ilusión
- el juguete
- el Nacimiento
- la Navidad
- el paquete
- el regalo
- los Reyes Magos
- la tradición navideña

celebrar
esperar con ilusión

14 Apaguen sus móviles, por favor

ONG
- el hogar
- el/la menor
- la ONG
- la organización no gubernamental
- la solidaridad

colaborar
conseguir información
hacerse socio
invertir

LLAMADAS TELEFÓNICAS
- el buzón de voz
- el establecimiento de llamada
- la información telefónica
- el IVA
- la llamada (urgente)
- el mensaje
- el tono de voz

alargar una conversación
apagar el móvil
cortar una conversación
enviar un mensaje de texto
estar (el móvil) | apagado/-a
                 | fuera de cobertura
grabar un mensaje
ponerse en contacto con alguien
(no) quedar saldo
recibir una llamada
saltar el buzón de voz
silenciar el móvil
solicitar un teléfono

tener batería
     el móvil apagado
tomar nota
utilizar abreviaturas

INSTRUCCIONES
apagar un dispositivo electrónico
(no) beber alcohol
              bebidas frías
colocar la mesa en posición horizontal
         el respaldo de un asiento
(no) comer entre horas
(no) hablar
hacer la cama
levantarse
(no) molestar
ponerse de pie
recoger la habitación
sentarse
(no) tomar azúcar

ENTREVISTA EN LÍNEA
el audio
los auriculares
la calidad de imagen
la cámara
la conversación
la entrevista en línea
              presencial
el/la entrevistador(a)
el fondo blanco
el lugar bien iluminado
         tranquilo
la pantalla
la plantilla
el/la trabajador(a)
colocar algo
comprobar la parte técnica
conectarse
dar seguridad
evitar
mantener la mirada
tener éxito
       un buen contacto visual
trabajar de forma remota

15 Y entonces le conté mis recuerdos
ANUNCIOS
la confianza
la hipoteca
las mejores condiciones
el perfume (de jazmín)

el producto seguro
el/la vendedor(a)
apoyar
ayudar
compartir
donar
invertir
recortar
sumar
tener corazón

OBJETOS EN UN MERCADILLO
el bolso
el casco de moto
el chicle
el clínex
el cuaderno
la estufa
las flores secas
las gafas de sol
la gorra navideña
el mechero
los pendientes
los prismáticos
las tijeras
el traje de torero

HISTORIAS DE AMOR
acercarse a alguien
conocerse
decidir hacer algo
enamorarse
invitar
sentir
verse

CONECTORES PARA RELATAR
al final
así que
cuando
de repente
entonces
mientras
pero
por eso
porque
sin embargo

UNA ANÉCDOTA DE UNA ACTRIZ
el escenario
la grabación
la huelga
la invitación
la obra de teatro

el programa
el vuelo

UNA ANÉCDOTA DE UNA ESTUDIANTE
echar de menos
enviar
esperar
hacer cola
ir a pie
recoger un paquete
recordar
subir a una montaña
tomar una foto

16 ¿Qué nos traerá el futuro?
UN INTERCAMBIO
hacer un intercambio
ir a una cita
llevar una prenda de vestir
mejorar un idioma
quedar con alguien en un lugar
reconocer a alguien
tener una cita a ciegas

PREDICCIONES
aprobar un examen
casarse
dejar un trabajo
entrar en una organización
graduarse
ser director(a) de Recursos Humanos
tener inversiones
terminar los estudios
trabajar como voluntario/-a

APRENDER UN IDIOMA
alcanzar un nivel
chatear
comunicarse con hablantes nativos
entender
expresarse
mejorar
seguir una serie
sentirse seguro/-a
tener más vocabulario

17 Nos vamos de fiesta
FIESTAS Y TRADICIONES
el acto religioso
el altar
la atracción turística

la batalla
la calavera
el carnaval
la carroza
la celebración
el cementerio
la chirigota
el desfile
el Día de Muertos
    de San Valentín
    de la Fiesta Nacional
    de la Madre
    del Libro
    del Padre
    del Trabajo
el diablo
el encierro
el evento
la feria
la figura
el mercado
el requisito
la Semana Santa
el ser querido
la tamaliza
la tradición
el traje típico
    tradicional
la tumba
la vela
    alojarse
    bailar
    celebrar
    conmemorar
    divertirse
    honrar
    ir disfrazado/-a
    lanzar
    pasárselo bien / mal
    poner velas
    quemar
    rezar
    vestir

ACCIONES COTIDIANAS
apagar la radio
    la televisión
encender la radio
    la televisión
hacer gimnasia
poner el despertador
quitar la mesa
sonar el despertador

LA NAVIDAD
el árbol de Navidad
el belén
la broma
el carbón
el cava
la cinta de color
el Día de los Inocentes
el gordo
el mazapán
el nacimiento de Jesús
la Nochebuena
la Nochevieja
la pandereta
los Reyes Magos
el roscón de Reyes
el sorteo de lotería
el turrón
el villancico
la zambomba

18 Vamos a recordar el pasado

MÚSICA
el álbum
el arreglo musical
el/la artista
el autógrafo
la canción
el/la cantautor(a)
el/la cazatalentos
la compañía discográfica
el/la compositor(a)
el concierto
la copia
el debut
el disco
el estilo
el estribillo
el éxito
la fama
la guitarra
el/la intérprete
el lanzamiento
la mención honorífica
la nota musical
las palmas
la percusión
el/la productor(a) ejecutivo/-a
el soniquete
la trayectoria musical
la versión
la voz
    componer
    debutar
    firmar un contrato
    ganar dinero
        un premio
    interpretar
    posicionar
    publicar
    realizar una colaboración

ACTIVIDADES POCO HABITUALES
bucear en el fondo del mar
comer gusanos
dormir en la selva
nadar con delfines
recorrer un país sin un mapa
tirarse en paracaídas
viajar con poco dinero

GÉNEROS MUSICALES
el flamenco
el *hip-hop*
la música clásica
    disco
    electrónica
    pop
el rap
el *rock*
la salsa
el soul
el *trap*

19 Recordar el pasado: los viajes

EDIFICIOS
el alquiler
la altura
el edificio
el/la inquilino/-a
la medida de seguridad
las obras
la pirámide
el piso
el rascacielos
la sociedad inmobiliaria
la torre
    construir
    levantar

VIAJAR

- el aeropuerto
- agotado/-a
- el alojamiento
- el capricho
- la demanda
- el destino
- espectacular
- la experiencia
- la habitación
  - oscura
  - con / sin ventilación
  - con / sin vistas
- el horario
- la huelga
- inolvidable
- las instalaciones
- maravilloso/-a
- la ocupación
- el *resort*
- el teletrabajo
- la tendencia
- el trato personalizado
- el turismo
  - de cercanía
  - rural
  - sostenible
- ahorrar
- bajar del avión
- contratar
- decepcionar
- descansar
- desconectar
- disfrutar
- estar de vacaciones
- evadirse
- flexibilizar
- hacer cola
- moverse
- recoger el equipaje
- reservar una habitación
- salir al extranjero
- sentar de maravilla
- viajar en
  - compañía
  - solitario

RELATO: EL MÓVIL

- angustiado/-a
- los alrededores
- el aparato
- la barra
- el bolsillo
- incrédulo/-a
- la llamada
- el/la pasajero/-a
- el/la tipo/-a
- la tos
- alcanzar
- andar jugando con algo
- colgar
- dar
  - una esperanza
  - una vuelta
- desaparecer
- devolver
- echarse a llorar
- estar pendiente de alguien
- guardar en el bolsillo
- matarse
- olvidar
- sonar
- toser
- tragar saliva

20 ¡Ojalá cuidemos nuestro planeta!

MEDIOAMBIENTE

- abusivo/-a
- el agotamiento
- el atasco
- la basura
- beneficioso/-a
- biodegradable
- el biodiésel
- el bioetanol
- el biogás
- la biomasa
- el bosque
- el calor de la tierra
- el cambio climático
- el combustible
- la construcción masiva
- el consumo racional
- la contaminación
- la deforestación
- el deterioro
- la ecología
- el ecosistema
- la emisión de humos contaminantes
- la energía
  - eólica
  - geotérmica
  - hidráulica
  - (no) renovable
  - solar
- la escasez de agua
- la explotación
- la extinción de especies
- el fenómeno natural
- la fuente de energía
- la fuerza del agua
- la fusión
- la gestión del reciclaje
- la gota de agua
- la guerra
- el/la habitante
- la herencia
- inagotable
- la necesidad
- perjudicial
- la pila recargable
- el planeta
- el/la portavoz
- los recursos naturales
- la repercusión
  - negativa
  - positiva
- el residuo
  - industrial
  - orgánico
- el río
- la sequía
- el sol
- el/la sustituto/-a
- la tala indiscriminada de árboles
- la tierra
- el vertido tóxico
- el viento
- agotar
- contaminar
- controlar
- cortar árboles
- cuidar
- darse cuenta
- dejar correr el agua
- destruir
- explotar
- heredar
- invertir
- malgastar
- reciclar
- usar racionalmente

21 Aprender lenguas

LENGUAS

- el alfabeto
- el castellano
- el catalán
- el español
- el gallego
- el/la hablante
- hispanohablante
- la lengua
  - materna
  - oficial
- el Mercosur
- la ONU
- el senegalés
- la UE

APRENDIZAJE
- la enseñanza
- la escuela
- el/la especialista
- el intercambio
- el/la nativo/-a
- el taller
  - aprender de forma presencial
  - en línea
  - comprender por el contexto
  - consultar una página web

COMUNICACIÓN
- el aburrimiento
- el código
- la complicidad
- la comunicación no verbal
- la conversación
- el dicho popular
  - disimuladamente
- la distancia interpersonal
- la educación
- las emociones
  - fingido/-a
  - fisiológico/-a
  - forzado/-a
- el gesto facial
- la habilidad
- el hemisferio cerebral derecho
- la imagen
- la indiferencia
  - innato/-a
- la interacción
- el/la interlocutor(a)
- la intuición
- el movimiento corporal
  - natural
- la postura
- el refrán
  - abrir la boca
  - dar golpes en la espalda
  - descifrar
  - descubrir
  - estar a gusto
    - aburrido/-a
    - cansado/-a
    - cómodo/-a
    - nervioso/-a
  - exagerar
  - expresar sorpresa
  - guiñar un ojo
  - interesarse
  - intervenir
  - ir acompañado/-a
    - bien / mal vestido/-a
  - levantar los hombros
  - llegar tarde
  - mostrarse nervioso/-a

22 Yo, en tu lugar, estudiaría Turismo

ESTUDIOS
- la asignatura
- el/la colega
- el curso
- la didáctica
- la lingüística
- el máster
- el programa
- la universidad
  - dedicarse a una profesión
  - formarse
  - matricularse

MUNDO PROFESIONAL
- la asignatura
- el/la auxiliar de vuelo
- el/la bombero/-a
- el/la cantante
- el/la cartero/-a
- el/la cirujano/-a
- el contrato a tiempo parcial
  - demostrable
- la disponibilidad
- la duración del contrato
- la entrevista
- los estudios
- la experiencia laboral
- la formación
- el/la futbolista
  - imprescindible
- la jornada laboral
- el/la pintor(a)
- la profesión
- la psicología
- el/la psicólogo/-a
- los Recursos Humanos
- el/la reportero/-a
- los requisitos
- el sector medioambiental
  - profesional
  - turístico
- el/la submarinista

CORREOS
- el burofax
- el documento
- la mercancía
- el paquete
- la paquetería
  - enviar a domicilio
  - mandar

EL CURRICULUM VITAE
- el carné de conducir
- la carta de presentación
- los conocimientos de informática
- los datos personales
- la experiencia profesional
- la formación académica
- los méritos
- la primera impresión
- el puesto de trabajo
- la titulación superior
  - citar
  - conseguir trabajo
  - optar a un puesto
  - preparar algo bien
  - solicitar

23 ¿Dónde estarán ahora?

PROBABILIDAD
- a lo mejor
- es probable que
  - posible que
- estoy seguro/-a de que
- lo más seguro es que
- posiblemente
- probablemente
- puede que
- quizá(s)
- seguramente
- seguro que
- tal vez

INCIDENTES
- comer mucho picante
- estar preocupado por algo
- no encontrar las llaves
- no quedar nada en el frigorífico
- perder el autobús
- robar la mochila
- sentar mal la comida
- suspender un examen

REFLEXIONES SOBRE EL PASADO Y EL PRESENTE
- el alivio
  - considerable
- el día de mañana
- el olvido
  - provisional

valioso
ahorrar
demostrar algo
pasar una prueba
pasarse la vida
someterse a una prueba
tener almacenado/-a en la memoria

24 Noticias sorprendentes

NOTICIAS
- a años luz
- el análisis
- el/la astronauta
- la característica
- las ciencias exactas
- la cita
- el daño psicológico
- la denuncia
- la deshidratación
- la dimensión
- la distancia
- el doctorado
- el engaño
- el espacio
- el/la esposo/-a
- la estación espacial
- el estado de conservación
- la estrella
- el/la experto/-a
- la fecundación *in vitro*
- el fraude
- el golpe
- el/la granjero/-a
- la habilidad
- el/la heredero/-a
- el/la hijastro/-a
- idéntico/-a
- el/la juez(a)
- la lechuga
- el loro
- el maquillaje
- las Matemáticas
- el/la menor
- la noche de bodas
- presuntamente
- el/la propietario/-a
- el/la recién casado/-a
- la recompensa
- similar
- el Sol
- la Tierra
- el viaje espacial
- la Virgen

acusar
contar con
cuidar
cultivar
cumplir un sueño
darse un golpe
declarar
demandar
demostrar
denunciar
descubrir
desestimar
durar
estimular
expulsar
girar alrededor
graduarse
inducir
insultar
lograr
ofender
padecer depresión
perderse
probar
recobrar la memoria
recuperar
salir a subasta
     con vida
sobrevivir
sufrir amnesia
tener riesgo de

VALORAR
es bueno
   cierto
   evidente
   increíble
   indudable
   interesante
   lógico
   malo
   necesario
   normal
   obvio
   raro
   sorprendente
   una locura
   una pena
   una suerte
   una ventaja
   verdad
está claro

NOTICIAS FALSAS
- el acceso a internet
- el aumento
- la clase política
- el control
- el/la creador(a)
- el crecimiento (exponencial)
- creíble
- el descontrol
- la desinformación
- la difusión
- la divulgación
- el estereotipo
- la ética
- la falta de algo
- el fenómeno
- la gratuidad
- la información falsa
- los intereses
- la ley
- la opinión pública
- el origen
- el periodismo
- el prejuicio
- la prensa
- el público
- las redes sociales
- la universalización

acusar
apoyar
captar la atención
conseguir un objetivo
difundir
divulgar
dominar
elaborar
engañar
manipular
provocar una reacción
regular

ARTÍCULO ADRIANA DOMÍNGUEZ
- el/la actor / actriz
- la aldea
- el ambiente
- el/la asistente de producción
- brillante
- el/la bróker
- la carrera de Empresariales
- cinéfilo/-a
- cosmopolita
- el Derecho Mercantil
- la dirección
- la disciplina
- la escena
- la filmoteca
- el guion

218

la hemeroteca
el/la hijo/-a mayor
el imperio
el/la ingeniero/-a
el internado
la interpretación
la película
el rodaje
sagrado/-a
la videoteca
considerarse algo hasta la médula
criarse
dirigir una empresa
estar disgustado/-a
　　　 orgulloso/-a
hacer prácticas
ir descontento/-a
producir una película
quedarse la mente en blanco
reeditar
rodar

25 ¿Buscas algo?
INMOBILIARIA
la academia
el aire acondicionado
la alarma
el alquiler
amueblado/-a
el apartamento
el aseo
el ático
el baño
bien comunicado/-a
la buhardilla
céntrico/-a
la clínica
el comercio
el despacho
diáfano/-a
el dormitorio
el estudio
el garaje
la habitación
ideal
el local
la luz
la oficina
la piscina
el piso
el servicio de portería
la terraza
la urbanización

vigilado/-a
las vistas
la zona comercial
　　　　 tranquila
alquilar
buscar piso
mudarse

AUTOMÓVILES
el asiento trasero
el climatizador automático
equipado/-a
el espejo eléctrico
homologado/-a
individual
la ITV
el manos libres
el motor
el ordenador a bordo
la plaza
revisado/-a
el techo panorámico
el volante multifunción
estar en buen estado
　　　　 perfecto estado
sacarse el carné de conducir

OFERTAS DE TRABAJO
el año sabático
el/la arquitecto/-a
el/la auxiliar administrativo/-a
el/la canguro
los conocimientos de algo
la contabilidad
el CV
el empleo
la experiencia
el/la gestor(a)
el grado en Derecho
la incorporación inmediata
la obra
el proyecto urbanístico
el/la teleoperador(a)

VARIOS (ANUNCIOS)
la bicicleta de montaña
económico/-a
equipado/-a
el escaparate
el mueble de oficina
el sofá de tres plazas
usado/-a
la venta
decorar
estrenar

PERÍFRASIS VERBALES
acabar de hacer algo
comenzar a hacer algo
continuar haciendo algo
deber hacer algo
dejar de hacer algo
empezar a hacer algo
estar a punto de hacer algo
haber de hacer algo
hay que hacer algo
ir a hacer algo
llevar un tiempo haciendo algo
ponerse a hacer algo
seguir haciendo algo
soler hacer algo
tener que hacer algo
terminar de hacer algo
volver a hacer algo

MEDIOS DE COMUNICACIÓN
la película
el programa de televisión
la revista de cocina
　　　　　de pasatiempos
　　　　　del corazón
　　　　　deportiva

AMOR
el rencor
amar
confesar
doler
(no) haber vuelta atrás
llorar
olvidar
perdonar
querer sin condición
soltar
superar

26 ¡Qué arte tienes!
PINTURA Y ESCULTURA
el arte urbano
el/la artista
el/la autor(a)
el cuadro
el dibujo
la escultura
la exposición
la galería
el/la grafitero/-a
el grafiti
la inauguración
el lienzo

el mural
la obra de arte / maestra
el/la pintor(a)
el reconocimiento
el retrato
el símbolo

ESTILOS ARTÍSTICOS
abstracto
barroco
cubismo
expresionismo
gótico
impresionismo
modernista
neoclásico
neogótico
románico
surrealismo

CULTURAS
los árabes
la civilización azteca / inca / maya
los cristianos
el imperio romano

ARQUITECTURA
el acueducto
el arco
el balcón
la bóveda
la caballeriza
la catedral
la ciudad jardín
el contrapunto
el/la diseñador(a)
el elemento arquitectónico / decorativo
el encargo
la finca
la forja
la iglesia
la joya
la mezquita
el mobiliario urbano
el museo
la obra pública
el pabellón
el palacio
la pirámide
el proyecto
el puente
el sendero
la torre

27 ¿A qué dedica el tiempo libre?

SERIES Y PELÍCULAS
la adaptación
el capítulo
la categoría
el corto
el/la crítico/-a
la dirección
la duración
el festival de cine
el género
el guion
el/la intérprete
la muestra cinematográfica
nominado/-a
la película
el personaje
la plataforma
el premio
la producción
el/la protagonista
el público
el reparto
la serie de humor negro
la sinopsis
abordar un tema
estar inspirado/-a en algo
estrenar una película
narrar
otorgar un premio
rodar
tratar sobre algo

GÉNEROS
el cine fantástico
la comedia (romántica)
el documental
el drama
el manga
la película de acción / de animación / de aventuras / de ciencia ficción / de suspense / de terror / policíaca / romántica
el videoclip

DEPORTES
el atletismo
el baloncesto
el ciclismo
el fútbol
el judo
el tenis

DEJAR LOS ESTUDIOS
arrepentirse
compartir piso
conseguir un sueño
estar hecho/-a un lío
independizarse
matricularse
retomar los estudios

28 Dijo que la llamaras

TRANSMITIR PALABRAS DE OTROS
comentar
contar
contestar
decir
explicar
llevar
pedir
preguntar
querer
recomendar
traer

RECETAS
el ajo
la carne de cerdo
el chucrut
la mezcla
la nata
la patata
la pimienta
el queso
la sal
la seta
la tarta
el vino
añadir
echar
estar blando/-a
mezclar
remover
saltear
subir el fuego

Verbos

MODO INDICATIVO

Presente

Verbos regulares en -AR / -ER / -IR		
trabaj**ar**	aprend**er**	viv**ir**
trabaj**o**	aprend**o**	viv**o**
trabaj**as**	aprend**es**	viv**es**
trabaj**a**	aprend**e**	viv**e**
trabaj**amos**	aprend**emos**	viv**imos**
trabaj**áis**	aprend**éis**	viv**ís**
trabaj**an**	aprend**en**	viv**en**

Verbos irregulares de uso frecuente			
ser	estar	ir	tener
soy	estoy	voy	tengo
eres	estás	vas	tienes
es	está	va	tiene
somos	estamos	vamos	tenemos
sois	estáis	vais	tenéis
son	están	van	tienen

Verbos irregulares con cambio vocálico		
querer e>ie	poder o>ue	pedir e>i
qu**ie**ro	p**ue**do	p**i**do
qu**ie**res	p**ue**des	p**i**des
qu**ie**re	p**ue**de	p**i**de
queremos	podemos	pedimos
queréis	podéis	pedís
qu**ie**ren	p**ue**den	p**i**den

Presente continuo

estar + gerundio	
estoy	
estás	
está	+ jug**ando** / v**iendo** / escrib**iendo**
estamos	
estáis	
están	

Otros verbos irregulares con cambio vocálico:

e>ie: com**e**nzar, div**e**rtirse, enc**e**nder, fr**e**gar, m**e**ntir, p**e**rder, s**e**ntarse, s**e**ntir, div**e**rtirse…

o>ue: c**o**ntar, d**o**ler, enc**o**ntrar, ll**o**ver, m**o**rir, m**o**strar, m**o**ver, pr**o**bar, s**o**ler, ac**o**starse, v**o**lver…

e>i: corr**e**gir, desp**e**dir, s**e**rvir, s**e**guir, v**e**stirse…

Verbos irregulares en la 1.ª persona del singular							
coger	conocer	dar	hacer	poner	saber	salir	traer
co**j**o	cono**z**co	d**oy**	ha**g**o	pon**g**o	s**é**	sal**g**o	tra**ig**o

Verbos reflexivos
levantarse
me levanto
te levantas
se levanta
nos levantamos
os levantáis
se levantan

Verbos valorativos	
me	
te	
le	+ gusta / encanta
nos	gustan / encantan
os	
les	

Otros verbos reflexivos:

ducharse, lavarse, bañarse, afeitarse, dormirse, acostarse, vestirse, despertarse, peinarse, sentarse, maquillarse

Pretérito indefinido

Verbos regulares en -AR / -ER / -IR		
trabaj**ar**	perd**er**	viv**ir**
trabaj**é**	perd**í**	viv**í**
trabaj**aste**	perd**iste**	viv**iste**
trabaj**ó**	perd**ió**	viv**ió**
trabaj**amos**	perd**imos**	viv**imos**
trabaj**asteis**	perd**isteis**	viv**isteis**
trabaj**aron**	perd**ieron**	viv**ieron**

Verbos irregulares con cambio vocálico			
dormir o>u	oír ui>y	leer e>y	pedir e>i
dormí	oí	leí	pedí
dormiste	oiste	leíste	pediste
d**u**rmió	o**y**ó	le**y**ó	p**i**dió
dormimos	oímos	leímos	pedimos
dormisteis	oisteis	leisteis	pedisteis
d**u**rmieron	o**y**eron	le**y**eron	p**i**dieron

Verbos irregulares de uso frecuente									
estar	hacer	ir / ser	poder	tener	decir	venir	poner	dar	querer
estuve	hice	fui	pude	tuve	dije	vine	puse	di	quise
estuviste	hiciste	fuiste	pudiste	tuviste	dijiste	viniste	pusiste	diste	quisiste
estuvo	hizo	fue	pudo	tuvo	dijo	vino	puso	dio	quiso
estuvimos	hicimos	fuimos	pudimos	tuvimos	dijimos	vinimos	pusimos	dimos	quisimos
estuvisteis	hicisteis	fuisteis	pudisteis	tuvisteis	dijisteis	vinisteis	pusisteis	disteis	quisisteis
estuvieron	hicieron	fueron	pudieron	tuvieron	dijeron	vinieron	pusieron	dieron	quisieron

Pretérito imperfecto

Verbos regulares en -AR / -ER / -IR		
estudi**ar**	ten**er**	viv**ir**
estudi**aba**	ten**ía**	viv**ía**
estudi**abas**	ten**ías**	viv**ías**
estudi**aba**	ten**ía**	viv**ía**
estudi**ábamos**	ten**íamos**	viv**íamos**
estudi**abais**	ten**íais**	viv**íais**
estudi**aban**	ten**ían**	viv**ían**

Verbos irregulares		
ser	ver	ir
era	veía	iba
eras	veías	ibas
era	veía	iba
éramos	veíamos	íbamos
erais	veíais	ibais
eran	veían	iban

Pretérito perfecto

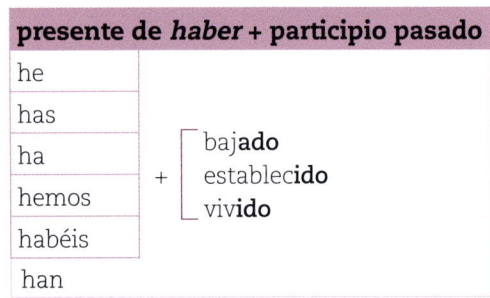

Pretérito pluscuamperfecto

presente de *haber* + participio pasado	
había	
habías	
había	+ cuid**ado** / ten**ido** / viv**ido**
habíamos	
habíais	
habían	

Participios irregulares			
morir	poner	volver	abrir
muerto	puesto	vuelto	abierto
hacer	romper	decir	escribir
hecho	roto	dicho	escrito

Futuro imperfecto

Verbos regulares en -AR / -ER / -IR

trabajar ver escribir +	-é
	-ás
	-á
	-emos
	-éis
	-arán

Futuro inmediato

Presente de *ir* + a + infinitivo

voy	
vas	
va	+ a + empezar aprender repetir
habíamos	
vais	
van	

Verbos irregulares									
decir	haber	hacer	poner	poder	querer	saber	salir	tener	venir
dir-é	**habr**-é	**har**-é	**pondr**-é	**podr**-é	**querr**-é	**sabr**-é	**saldr**-é	**tendr**-é	**vendr**-é

Condicional simple

Verbos regulares

-ar / -er / -ir	
llamar ver subir +	-ía
	-ías
	-ía
	-íamos
	-íais
	-ían

Verbos irregulares			
caber	decir	haber	hacer
cabr-ía	**dir**-ía	**habr**-ía	**har**-ía
poner	poder	querer	saber
pondr-ía	**podr**-ía	**querr**-ía	**sabr**-ía
salir	tener	valer	venir
saldr-ía	**tendr**-ía	**valdr**-ía	**vendr**-ía

MODO SUBJUNTIVO

Presente

Verbos regulares en -AR / -ER / -IR		
contamin**ar**	vend**er**	consum**ir**
contamin**e**	vend**a**	consum**a**
contamin**es**	vend**as**	consum**as**
contamin**e**	vend**a**	consum**a**
contamin**emos**	vend**amos**	consum**amos**
contamin**éis**	vend**áis**	consum**áis**
contamin**en**	vend**an**	consum**an**

Verbos irregulares con formas propias		
ser	ir	saber
sea	vaya	sepa
seas	vayas	sepas
sea	vaya	sepa
seamos	vayamos	sepamos
seáis	vayáis	sepáis
sean	vayan	sepan

Verbos irregulares también irregulares en 1.ª persona de singular en presente de indicativo								
hacer	tener	salir	poner	decir	venir	oír	conocer	producir
ha**g**a	ten**g**a	sal**g**a	pon**g**a	di**g**a	ven**g**a	oi**g**a	cono**zc**a	produ**zc**a
ha**g**as	ten**g**as	sal**g**as	pon**g**as	di**g**as	ven**g**as	oi**g**as	cono**zc**as	produ**zc**as
ha**g**a	ten**g**a	sal**g**a	pon**g**a	di**g**a	ven**g**a	oi**g**a	cono**zc**a	produ**zc**a
ha**g**amos	ten**g**amos	sal**g**amos	pon**g**amos	di**g**amos	ven**g**amos	oi**g**amos	cono**zc**amos	produ**zc**amos
ha**g**áis	ten**g**áis	sal**g**áis	pon**g**áis	di**g**áis	ven**g**áis	oi**g**áis	cono**zc**áis	produ**zc**áis
ha**g**an	ten**g**an	sal**g**an	pon**g**an	di**g**an	ven**g**an	oi**g**an	cono**zc**an	produ**zc**an

Pretérito imperfecto

Verbos regulares en -AR / -ER / -IR		
jug**ar**	com**er**	viv**ir**
jug**ara** / jug**ase**	com**iera** / com**iese**	viv**iera** / viv**iese**
jug**aras** / jug**ases**	com**ieras** / com**ieses**	viv**ieras** / viv**ieses**
jug**ara** / jug**ase**	com**iera** / com**iese**	viv**iera** / viv**iese**
jug**áramos** / jug**ásemos**	com**iéramos** / com**iésemos**	viv**iéramos** / viv**iésemos**
jug**arais** / jug**aseis**	com**ierais** / com**ieseis**	viv**ierais** / viv**ieseis**
jug**aran** / jug**asen**	com**ieran** / com**iesen**	viv**ieran** / viv**iesen**

Pretérito perfecto

presente de subjuntivo de *haber* + participio pasado	
haya	
hayas	
haya	+ separado
hayamos	comido
hayáis	venido
hayan	

MODO IMPERATIVO

Imperativo afirmativo

Verbos regulares en -AR / -ER / -IR			
	hab**lar**	le**er**	escrib**ir**
tú	habl**a**	le**e**	escrib**e**
vosotros/-as	habl**ad**	le**ed**	escrib**id**
usted	habl**e**	le**a**	escrib**a**
ustedes	habl**en**	le**an**	escrib**an**

Imperativo negativo

Verbos regulares en AR / ER / IR			
	hablar	leer	escribir
tú	no habl**es**	no le**as**	no escrib**as**
vosotros/as	no habl**éis**	no le**áis**	no escrib**áis**
usted	no habl**e**	no le**a**	no escrib**a**
ustedes	no habl**en**	no le**an**	no escrib**an**

Verbos irregulares								
hacer	tener	poner	ir	decir	salir	venir	ser	oír
haz	ten	pon	ve	di	sal	ven	sé	oye
haced	tened	poned	id	decid	salid	venid	sed	oíd
haga	tenga	ponga	vaya	diga	salga	venga	sea	oiga
hagan	tengan	pongan	vayan	digan	salgan	vengan	sean	oigan

FORMAS NO PERSONALES			
infinitivo	termin**ar**	beb**er**	viv**ir**
gerundio	termin**ando**	beb**iendo**	viv**iendo**
participio	termin**ado**	beb**ido**	viv**ido**

PERÍFRASIS VERBALES				
+ gerundio	+ infinitivo			
Transcurso	Inicio	Final	Obligación	Repetición
estar	ir a	dejar de	tener que	soler
seguir	ponerse a	parar de	deber	volver a
continuar	empezar a	terminar de	haber que	
llevar	comenzar a	acabar de		
	estar a punto de			

Transcripciones

01 ¿Empezamos?

HOLA, ¿QUÉ TAL? ME LLAMO…

1

1
Estudiante 1: Hola, ¿qué tal? Me llamo Wolfgang.
Estudiante 2: ¡Hola! Yo soy Claire.
2
Estudiante 1: ¿Cómo te llamas?
Estudiante 2: Bianca. ¿Y tú?
Estudiante 1: Li.
3
Recepcionista: ¿Cuál es tu nombre?
Estudiante: Mi nombre es David Scott.

EL ABECEDARIO ESPAÑOL

6

A de avión
Be de bolígrafo
Ce de casa
De de dedo
E de España
Efe de foto
Ge de gato
Hache de huevo
I de isla
Jota de jirafa
Ka de koala
Ele de libro
Eme de mano
Ene de nube
Eñe de niño
O de ojo
Pe de pie
Cu de queso
Erre de ratón
Ese de sol
Te de taza
U de uvas
Uve de vaca
Uve doble de waterpolo
Equis de taxi
I griega o ye de yogur
Zeta de zapato

7

1 ge-a-te-o
2 u-uve-a-ese
3 te-a-zeta-a
4 be-o-ele-i-ge-erre-a-efe-o

5 hache-u-e-uve-o
6 ene-i-eñe-o

9

1 zapato, cero, circo, zoo, zumo
2 casa, queso, quince, comida, cuchara
3 jamón, jefe, gente, jirafa, gimnasia, jota, jueves
4 gato, guerra, guitarra, gorro, guacamole, grapadora, globo

10

1 centro
2 café
3 ciudad
4 guepardo
5 zapatos
6 galaxia
7 curso
8 gente
9 cosa
10 zombi
11 jardín
12 queso
13 joya
14 esquí

LOS NÚMEROS (DEL 0 AL 20)

11

a nueve
b quince
c once
d cero
e uno
f dieciocho
g diez
h diecinueve
i cinco
j dos
k siete
l trece
m ocho
n catorce

EXPRESIONES PARA LA COMUNICACIÓN EN CLASE

12

1 Más despacio, por favor.
2 Más alto, por favor.
3 ¿Cómo se dice "pen" en español?
4 ¿Qué significa "deletrear"?
5 ¿Cómo se deletrea "huevo"?

6 ¿Se escribe con *be* o con *uve*?
7 ¿Puedes repetir, por favor?
8 ¿Cómo? Perdona, pero no te entiendo.

02 Yo soy estudiante, ¿y tú?

● EMPEZAMOS

4

1 ■ ¿Cómo te llamas?
   ● Me llamo Miguel Sánchez.
   ■ ¿De dónde eres?
   ● Soy español.
   ■ ¿Qué haces?
   ● Trabajo en un banco.
2 ■ ¿Cómo se llama?
   ● Me llamo María Laura Rinaldi.
   ■ ¿De dónde es?
   ● Soy argentina.
   ■ ¿Dónde trabaja?
   ● No, no trabajo; estudio inglés.
3 ■ ¿Cómo se llama?
   ● Me llamo Marta Costa.
   ■ ¿De dónde es?
   ● Soy brasileña.
   ■ Y, ¿qué estudia?
   ● Estudio español.

5

1
Michael: Buenos días. ¿Usted es el profesor de español?
Profesor: Sí. Buenos días. Me llamo Antonio. ¿Y tú, cómo te llamas?
Michael: Encantado. Soy Michael Taylor.
Profesor: Encantado. ¿De dónde eres, Michael?
Michael: Soy inglés, de Manchester.
Profesor: ¿Vives aquí en Barcelona?
Michael: Sí, estudio en la universidad.
Profesor: Muy bien. Pues bienvenido al curso de español, Michael.

2
Carla: Perdone, ¿es usted el señor Santos?
Jorge: Sí, me llamo Jorge.
Carla: Encantada. ¿Es el director de la escuela?
Jorge: Sí, así es. ¿Cómo se llama usted?
Carla: Soy Carla Conte, soy la nueva administrativa.
Jorge: Encantado. ¿De dónde es, Carla?
Carla: Soy italiana, de Milán.

3
Javier: Elena, esta es Amanda Pérez, la nueva profesora de español. Necesita un ordenador: ¿puedes ayudarla y enseñarle la escuela?
Elena: Sí, claro. Encantada, Amanda.
Amanda: Hola, Elena. ¿Tú a qué te dedicas en la escuela?
Elena: Soy administrativa; trabajo en la recepción. Amanda, ¿de dónde eres?
Amanda: Soy de Comares, un pueblo cerca de Málaga.
Elena: Málaga es una ciudad muy bonita. Mira, estas son las aulas de los estudiantes.
Amanda: Muy bien. ¿Y tenéis una biblioteca?
Elena: Sí. En la biblioteca tenéis unos ordenadores que puedes usar.

● AVANZAMOS

14

1 Hola, amigos, me llamo Jean y soy de París. Hablo francés y un poco de español.
2 Me llamo Rocío, soy española. Hablo español, inglés y alemán.
3 Hola, ¿qué tal? Me llamo Isabel y soy de Brasil, de Río de Janeiro. Hablo portugués y español.
4 Yo soy Isabella, soy italiana. Estudio en un colegio internacional y hablo italiano, inglés y español.

03 Busco un piso para compartir

● EMPEZAMOS

5

Busco piso para una amiga
Fernando: ¿Dígame?
Beatriz: Hola, buenas tardes. Llamo por el anuncio de la habitación de alquiler. Tengo una amiga extranjera que busca un piso para compartir en Madrid. Ahora vive en Londres y llega el próximo mes para estudiar español.
Fernando: Sí, sí, claro. Tengo una habitación libre.
Beatriz: ¿Dónde está la casa?
Fernando: En la calle Luisa Fernanda, muy cerca de la calle Princesa y del metro de Ventura Rodríguez.
Beatriz: ¿Y cuál es el precio?
Fernando: 400 euros al mes.

En casa de Fernando
Fernando: Mira, esta es la habitación.
Beatriz: No es muy grande, ¿verdad?
Fernando: No, pero es muy tranquila y tiene mucha luz porque da a la calle.
Beatriz: Sí, es verdad. ¿Vives tú solo en la casa?
Fernando: No, somos tres: una chica ecuatoriana, que es enfermera; un chico sevillano, que es dependiente en una tienda de ropa; y yo. ¿Y tu amiga qué hace?
Beatriz: Es arquitecta. Se llama Alice; es estadounidense.

• AVANZAMOS

13

Sra. Blanco: ¿Diga?
Tú: Buenas noches, llamo por el anuncio de la habitación.
Sra. Blanco: Sí, sí.
Tú: ¿Dónde está la casa?
Sra. Blanco: En la Cuesta de San Vicente, muy cerca de la estación del Norte.
Tú: ¿Está cerca del metro?
Sra. Blanco: Claro, al lado de la estación de Príncipe Pío. También hay tren de cercanías y autobuses.
Tú: ¿Cuál es el precio?
Sra. Blanco: 450 euros al mes.
Tú: ¿Viven otros estudiantes en la casa?
Sra. Blanco: Sí, una chica de Marruecos y un coreano.
Tú: Me gustaría ver el piso…

18

- ¿Y cómo es tu nuevo compañero de piso?
- ¿Mateo? Bueno, es muy guapo y muy alto: juega al baloncesto. Es moreno con el pelo rizado y tiene los ojos verdes.
- ¿Y es simpático?
- Muy simpático. Y tiene muchos amigos: es una persona muy sociable.
- ¡Qué bien! ¡Tienes el compañero de piso perfecto!
- Perfecto, perfecto, no es. Es un poco desordenado.

04 No vivo lejos de aquí

• EMPEZAMOS

4

1.
   - Perdona, ¿para ir al centro comercial Las Camelias?
   - Está cerca. Mira, tienes que coger la segunda calle a la izquierda, después tienes que continuar recto hasta una plaza y allí está el centro comercial.
   - ¡Muchas gracias!
2.
   - Oiga, ¿cómo puedo ir a la estación de tren?
   - Es fácil llegar. Mire, tiene que seguir todo recto hasta la plaza América, después tiene que cruzar la plaza, tiene que coger la primera a la derecha y allí está la estación.
   - ¡Muchas gracias!
3.
   - Oye, ¿hay un gimnasio cerca?
   - Sí, hay dos, uno al lado del otro, y los dos son muy buenos.
   - ¡Ah, muy bien!, y ¿dónde están?
   - Mira, tienes que coger la segunda calle a la derecha, después giras la primera a la izquierda y allí están los dos gimnasios, enfrente del cine Apolo.
   - ¡Muchas gracias!
4.
   - Perdone, ¿sabe dónde está la parada del metro de la línea 3?
   - Sí, mire, tiene que continuar todo recto hasta el parque, después tiene que cruzar el parque y allí está la parada de metro.
   - Gracias, muy amable.
5.
   - Oye, ¿hay una farmacia cerca de aquí?
   - Sí, mira, tienes que girar la primera calle a la derecha, hay un centro comercial y al lado del centro comercial está la farmacia.
   - ¡Muchas gracias!

7

En la estación de Goya
Rosa: Por favor, ¿para ir a Vicente Aleixandre?
Emilio: Mira, tienes que coger la línea 4, en dirección a Pinar de Chamartín, hasta Avenida de América. Allí cambias a la línea 6, la Circular, y creo que hay cuatro o cinco estaciones hasta Vicente Aleixandre.
Rosa: Vale, gracias.

• AVANZAMOS

10

A ver, a ver…: en la mesa que hay al lado del sofá está la lamparita, la lámpara pequeña que enciendo cuando veo la tele.
Bueno, ¿qué más? La planta, sí: la planta está a la derecha del mueble de la tele.
Entre el sofá y el mueble, delante del sofá, está la mesa de centro, en la que como normalmente y dejo las revistas, las gafas…
Hay una alfombra debajo de la mesa.
Y, por supuesto, mi sillón favorito, al otro lado del sofá y delante de una ventana, para tener luz suficiente y poder leer.

Repaso 01-04

7 y 8

Ismael: ¿Dígame?
Belén: Hola, buenos días. Llamo por el anuncio de una habitación en un piso de estudiantes. Me llamo Belén y soy estudiante de Ingeniería.
Ismael: Encantado, Belén. Yo soy Ismael. Tengo una habitación. Es un piso donde vivimos tres estudiantes: un chico argentino, una chica alemana y yo.
Belén: Y ¿es grande el piso?
Ismael: Sí, es muy grande. Tiene cuatro habitaciones, un salón, dos baños, una terraza y una cocina. Y la habitación que tengo libre es grande y tranquila, y tiene vistas a un parque.
Belén: ¡Ah, muy bien! ¿Dónde está el piso?
Ismael: Está en el centro, al lado del metro plaza Nueva y de la estación de tren.
Belén: Pues me interesa. ¿Cuánto cuesta?
Ismael: La habitación son 560 euros al mes e incluye los gastos de luz, gas y agua, y también la conexión wifi.

05 ¿Por qué no vamos los tres?

● EMPEZAMOS

1

Eva: ¿Sabéis? El sábado me dan el coche nuevo y quiero estrenarlo. ¿Por qué no vamos los tres a Toledo?
Mauro: ¡Qué bien, coche nuevo! Pero el sábado yo no puedo ir a Toledo: voy a ir a Segovia, con unos amigos.
Eva: ¡Qué pena! Y tú, Emma, ¿quieres venir?
Emma: Uy, no sé… El sábado por la mañana quiero descansar: no quiero levantarme pronto. ¿A qué hora quieres ir?
Eva: Bueno…, no quiero madrugar; podemos salir sobre las once.
Emma: Hmmm… Mejor a las doce, ¿vale?
Eva: ¡Vale! Te paso a buscar por tu casa.
Mauro: Oye, ¿vamos al cine esta noche?
Emma: Sí, genial. ¿Qué película quieres ver?
Mauro: No sé… Luego miro en el móvil qué películas hay.
Eva: Yo no puedo: esta noche voy a cenar a casa de mis padres.
Emma: Chicos, ¿qué hora es?
Mauro: Las diez y media.
Emma: ¡Uy! Es tarde, me voy.
Eva: Sí, yo también. A las once menos cuarto tengo una reunión.
Emma: Pues nos vamos juntas. ¿Tú te quedas, Mauro?
Mauro: Sí, voy a tomar otro café.

● AVANZAMOS

6

Tiene dos mensajes. Marque uno para escuchar sus mensajes.
- Rosana, soy Mauro. Mañana no puedo ir a clase de tenis porque voy a ayudar a preparar la fiesta de cumpleaños de mi padre. Lo siento. Creo que Emma y Eva sí pueden ir. Hablamos, ¿vale?
- Hola, Rosana, soy Emma. Mira, son las cinco y tengo entradas para el concierto de esta noche del auditorio, ¿vamos? Si puedes ir, llámame antes de las siete, ¿vale?

11

1 ■ ¿A qué hora es la reunión?
  ● A las doce y diez.
2 ■ Recuerda que la comida es a las dos y media.
  ● Sí, sí, no me olvido.
3 ■ ¿A qué hora empiezas la clase?
  ● A las once de la mañana.
4 ■ ¿A qué hora cierra el bar?
  ● A las dos de la mañana.
5 ■ El avión sale a las seis.
  ● ¿De la tarde?
  ■ No, no, de la mañana.
6 ■ Empiezo a trabajar a las ocho.
  ● ¿De la mañana?
  ■ No, de la noche.

14

Carmen: ¿Por qué no vamos a Bilbao un día de esta semana? Hay una exposición extraordinaria en el Guggenheim; yo puedo a finales de semana, el jueves o el viernes. Y tú, ¿cuándo puedes ir, Carlos?
Carlos: El lunes no puedo, porque tengo inglés a las tres y el martes voy al hospital a las cuatro menos cuarto. Si quieres, el jueves está bien. ¿Tú puedes, María?
María: ¿El jueves? No, lo siento. Voy a la biblioteca todo el día, el miércoles por la mañana, al banco, y el martes…, el martes voy también al hospital, a eso de las tres.
Carmen: Entonces, los tres podemos el viernes, ¿no?

16

1 ¡A mí el día de la semana que más me gusta es el viernes! Empieza el fin de semana, sé que tengo dos días para descansar y hacer lo que quiera… no sé… Además, los viernes, es el día de la *pizza*, 2x1, en una pizzería al lado de mi casa. A mi pareja y a mí nos encanta: así que los viernes, toca *pizza* y nuestra serie favorita.
2 A mí me encantan los domingos por la mañana. Es el único día que no madrugo. Mi marido y yo solemos ir a desayunar a un bar que está en el paseo marítimo, delante de la playa. Para nosotros es el día más tranquilo. Desayunamos viendo el mar, leemos el periódico y después damos un paseo por la playa.
3 ¿El mejor día de la semana? ¡El jueves! Porque los viernes no tengo clase en la universidad, así que los jueves por la noche siempre salgo con los amigos. Primero vamos a tomar unas tapas; y después, a veces, vamos a una disco, y otras, vamos a casa de alguno de nosotros a jugar con videojuegos.

06 Un día de mi vida

● EMPEZAMOS

7

Olga: ¡Hola, Irene! ¿Qué estás viendo?
Irene: Un partido amistoso entre España y Suecia. ¡Están jugando muy bien!
Olga: ¿Y Richard?
Irene: Está hablando por teléfono con su novia, en su habitación: ¡lleva tres cuartos de hora!
Olga: ¡Oh, Dios mío! Hoy no cenamos antes de las once.

● AVANZAMOS

10

Son las nueve menos cinco y Pablo está saliendo de su casa: no parece tener prisa. Son las nueve: Pablo se para en la calle: está saludando a un vecino. A las nueve y diez, Pablo está desayunando un café con leche y unos churros en un bar. El camarero le habla, se ríen, parece que se conocen. Las diez menos veinte y Pablo está caminando rápido, parece que tiene prisa. Ahora está entrando en el Museo de Arte Contemporáneo, son las diez menos diez. Son las once, Pablo va vestido con otra ropa, parece un uniforme: está moviéndose sin parar, andando y recorriendo las salas del museo.

07 Me gusta estar en familia

• EMPEZAMOS

2

¡Hola! Esta es una foto de mi familia, en nuestra casa de Segovia, durante las vacaciones de Semana Santa. Podéis ver a mis padres, a mi hermano y a su mujer, a mis sobrinos, a mi marido y a mis dos hijos.
Mirad, yo soy Raquel. Estoy de pie, a la izquierda, y a mi lado está mi marido: se llama Paco.
Delante de mi marido está mi hermano, que también se llama Paco. A su lado está Blanca María, su mujer.
En el centro de la foto están mis sobrinos, Irene y Raúl, que tienen, respectivamente, dieciocho y veintiún años.
A la derecha de la foto, sentados, están mis padres. Mi madre se llama Lina, y mi padre, Paco, como mi marido. Sí, es que en España es un nombre muy frecuente. En realidad, se llama Francisco, pero lo llamamos Paco. A la izquierda de mi padre, está Daniel, mi hijo, que tiene tres años.
Bueno, y ya estamos todos. ¡Ah, no! Mi madre tiene en brazos a Raúl, que solo tiene seis meses. Ahora sí estamos todos.

• AVANZAMOS

5

Entrevistador: ¡Hola, buenos días! Estamos haciendo una encuesta sobre los gustos de los jóvenes. ¿Tienes un momento?
Rubén: Sí, bueno..., cinco minutos: tengo un poco de prisa.
Entrevistador: Vale, muy rápido. Primero, ¿qué tipo de coche te gusta?
Rubén: Me gustan los carros pequeños: no gastan mucho y puedes estacionar bien. Vivo en la ciudad de Caracas.
Entrevistador: Y la música, ¿qué te gusta más?
Rubén: Me encanta Eric Clapton, el guitarrista. También me gustan los cantautores, como Erykah Badú o Jorge Drexler.
Entrevistador: Por último, ¿prefieres el campo o la ciudad para vivir?
Rubén: Me gusta pasar los fines de semana en el campo, pero prefiero vivir en la ciudad. Creo que, en el fondo, me gustan los atascos y la gente.
Entrevistador: Gracias por contestar.

08 Toda una vida

• AVANZAMOS

15

Toni es piloto de una compañía aérea italiana. Le encanta su trabajo. Ayer Toni voló a Roma desde Helsinki, Finlandia. Se levantó a las siete, se duchó y se afeitó. A las ocho menos cuarto desayunó y salió de casa. Llegó al aeropuerto y subió al avión. Se sentó a los mandos y observó el cielo limpio y claro desde la cabina. A mediodía llegó a Roma. Por la tarde, descansó un rato y, por la noche, cenó en una pizzería cerca de su casa, con unos amigos. A las once y cuarto se acostó, porque estaba muy muy cansado.

Repaso 05-08

1

Sí, bueno, nací en la ciudad de Rosario, en mi querida Argentina, en 1955. Mis padres me enseñaron el amor por el arte y la literatura, desde bien chica. Con diez años, en 1965, empecé a estudiar música con un profesor particular: el señor Arconada, no puedo olvidar su nombre. Dos años más tarde, mi padre encontró un trabajo mejor en Buenos Aires y todos nos cambiamos allá.
Con solo catorce años, gané el Concurso infantil de cuentos de mi escuela: fue una gran satisfacción para mí y para mi familia. En 1975, cuando estudiaba en la Facultad de Filosofía y Letras, en Buenos Aires, conocí al amor de mi vida, a Daniel. Recuerdo que fue un amor a primera vista: nos enamoramos rápidamente y durante siete años vivimos un noviazgo muy feliz. Entonces, en el verano de 1982, el treinta de julio, nos casamos en París, "la ciudad más romántica del mundo", sin duda. Nuestro primer hijo, Daniel, nació en Argentina cinco años después, en 1987. Yo tenía treinta y dos años.
Todavía tardé tres años más en conseguir mi primer gran éxito, que llegó con mi novela *La extraña realidad*. En 1994, nacieron mis gemelas, Paulina y Valeria. Cinco años más tarde, durante la primavera del 99, nos trasladamos a Estados Unidos. Vivimos allá seis años, en Nueva York, pero añorábamos Argentina y volvimos de nuevo en el año 2005. Dos años más tarde, en el año 2007 llegó el reconocimiento internacional, cuando Hollywood llevó al cine mi novela *La extraña realidad*. La vida de mi familia y la mía cambió por completo a partir de ese momento.

09 ¿Y qué tal fue el viaje?

• EMPEZAMOS

2 y 3

Armando: Lucía, ¿cuál fue tu mejor viaje?
Lucía: ¿Mi mejor viaje? Pues, para mí, el viaje que hice por Andalucía

Andalucía el año pasado. Fue en septiembre: estuve en Córdoba, Sevilla, Cádiz y Granada. ¡Un mes entero! ¡Me encantó!
Armando: ¡¿Un mes?! ¡Qué bien! Entonces tuviste tiempo de visitar bien las ciudades y de hacer un montón de cosas, ¿no?
Lucía: Sí, sí, ¡claro! Primero fui a Córdoba: visité la Mezquita, que es una maravilla. Tiene casi mil arcos de color rojo y blanco. Y comí la famosa tortilla de patatas en el bar Santos: ¡muy buena! Después, estuve en Sevilla: subí a la Giralda. ¿Sabes que durante muchos siglos fue la torre más alta de España? También paseé por el barrio de Santa Cruz… ¡Qué bonito! Me alojé en un hotel del barrio de Triana, que es un barrio fantástico. En Sevilla conocí a unas chicas gallegas muy simpáticas y decidimos alquilar un coche para visitar los pueblos blancos de Cádiz: Olvera, Arcos de la Frontera, Ubrique… ¡Son increíbles! Ellas se quedaron en Cádiz y yo cogí un autobús a Granada.
Armando: ¿Y qué es lo que más te gustó?
Lucía: ¡Todo! Pero si tengo que elegir…, creo que lo que más me impresionó fue Granada: la Alhambra y las puestas de sol desde el Albaicín, ¡increíbles! ¡Ah, y las tapas de los bares, que en Granada son gratis!

10 Ropa de invierno y ropa de verano
● **EMPEZAMOS**
1 🎧 30

- Vas muy rápido, Esther, ¿qué pasa?
- Voy al mostrador de "Reclamación de equipajes": mi maleta no aparece, no está en la cinta. Seguro que ya está en Nueva York o en Pekín…
- ¡Qué mala suerte!
- Sí…: toda mi ropa está dentro y mi abrigo…Y aquí hace mucho frío. Están en invierno, no como en Buenos Aires.
- Bueno, pues vamos a buscar la maleta.

2 🎧 31

- Mire, aquí solo tenemos estas maletas pequeñas verdes y ese bolso rojo.
- No, no…: mi maleta es muy grande, azul y llena de pegatinas.
- Lo siento, tiene que rellenar esta hoja de reclamación.
- Sí, y mientras aparece mi maleta, ¿qué ropa me pongo yo?

● **AVANZAMOS**
7 🎧 32

Ana: ¡Mira qué sol, Héctor! ¡Qué buen tiempo! No hay ni una nube en el cielo. Podemos bajar a la playa y tomar el sol.
Héctor: Sí, ¡tenemos mucha suerte con el tiempo! Muy cerca de aquí, en la República Dominicana, hay tormenta y, en cambio, aquí el cielo está muy despejado.
Ana: Bueno, en Centroamérica también está muy soleado, como aquí.

11 ¿A qué hora te has levantado hoy?
● **AVANZAMOS**
12 🎧 33

1 ■ ¡Qué raro! Son las siete y cuarto y María no ha llegado todavía.
● Siento llegar tarde, chicas: es que el metro se ha parado quince minutos en Ramblas. ¿Ya habéis comprado las entradas?
■ Sí, las tiene Mónica. Anda, vamos a tomar algo.
2 ■ Toni, ¿y tú has estado alguna vez en Japón?
● No, no he estado nunca. ¿Y tú?
■ Sí, tres veces, por motivos de trabajo. La primera vez fui hace cuatro años; y el año pasado estuve dos veces, en primavera y en otoño.
3 ■ ¡Qué cara de sueño tienes! ¿A qué hora te has levantado esta mañana, Alberto?
● A las cinco y media. Últimamente he dormido muy poco y estoy cansadísimo. Esta semana, en total, creo que he dormido solo unas treinta horas.
■ Ya veo, ya…

12 Tienes que cuidarte
● **EMPEZAMOS**
1 🎧 34

- Oye, no tienes buena cara. ¿Qué te pasa?
- No sé… Últimamente no me encuentro muy bien. Me duele todo el cuerpo, estoy siempre cansada…
- ¿Y por qué no vas al médico, Susana? Tienes que cuidarte…
- Es que no tengo tiempo, estoy muy ocupada.
- Sí, pero la salud es lo primero, tienes que ir al médico.

2 🎧 35

- Clínica del Mar, buenos días.
- Buenos días. Llamo para pedir cita con el doctor Zamorano. ¿Puede ser el lunes?
- Sí, el lunes a las cinco. ¿Cómo se llama?
- Susana Aguirre.

3 y 4 🎧 36

- Buenos días. ¿Qué le ocurre?
- No sé qué tengo…, pero siempre estoy agotada y a menudo tengo dolor de espalda, dolor de cabeza… Me duele todo.
- ¿Tiene usted mucho estrés?
- Bueno…, últimamente sí.
- Hay que tomarse las cosas con calma. El estrés es muy perjudicial para la salud. Tiene que trabajar menos y estar más tranquila.
- Sí, sí, lo sé…

- Le vamos a hacer un análisis de sangre. Puede tener un poco de anemia.
- De acuerdo. Muchas gracias, doctor.

AVANZAMOS

9

1
- Veamos, ¿qué le pasa?
- Pues verá, últimamente me duele mucho la cabeza, noto la nariz siempre congestionada y me acatarro con facilidad. Cuando salgo a la calle y me da el sol, siento un pinchazo muy fuerte, aquí, entre las cejas, sobre la nariz: ¿puede ser sinusitis?

2
- Cuénteme, ¿qué le pasa?
- Verá doctor, desde hace un par de meses me canso mucho y parece que el corazón va demasiado rápido. La verdad es que estoy un poco nervioso…

3
- A ver, ¿en qué puedo ayudarla?
- Es la rodilla. Creo que tengo algo. Siento que me falla, la noto sin fuerzas; a veces corro para coger el autobús y estoy a punto de caerme. No sé…

Repaso 09-12

1

Esteban: Clara, tú eres una de las personas que conozco que más ha viajado. ¿Te han gustado todos los viajes que has hecho?
Clara: No, no. Algunos viajes me han gustado más, y otros, menos. El peor fue mi primer viaje a México, hace unos años.
Esteban: ¿A México? Yo no lo conozco, pero quiero ir las próximas vacaciones. ¿Qué te pasó?
Clara: México te va a encantar: es un país increíble, la comida es buenísima y la gente es muy amable y acogedora. Yo he estado muchas veces: conozco Veracruz, Puebla, Guadalajara y Querétaro. Pero el primer viaje fue horrible. Compré un billete a Cancún, donde viven unos amigos míos. Tuve que hacer escala en la capital y cambiar de avión hasta Cancún. En el aeropuerto de Ciudad de México estuve tres horas en una cola para pasar el control de pasaportes y poder entrar en el país; y, claro, perdí el vuelo de conexión a Cancún, así que tuve que esperar seis horas al siguiente vuelo.
Esteban: ¡Madre mía! ¿Y pudiste llegar a Cancún?
Clara: Sí, sí. Yo llegué a Cancún, ¡pero mi maleta, no! Tuve que hacer una reclamación y la maleta apareció una semana después.
Esteban: ¡Qué desastre! Y tuviste que comprarte ropa y zapatos, ¿no?
Clara: Sí, claro. Pero eso no fue lo peor. Allí las playas son preciosas, con la arena blanca y el mar de color azul turquesa, pero el sol es muy fuerte, y el primer día que fui a la playa…

3

Clara: … y el primer día que fui a la playa me quemé, porque estuve todo el día en el agua y tomando el sol. Me puse protector solar, pero solo una vez. Por la tarde volví a casa, me duché y salí a cenar con mis amigos. En el restaurante empecé a sentirme mal, con nauseas. Volvimos a casa y mis amigos llamaron al médico, que vino y me diagnosticó una insolación. Estuve tres días en la cama, con fiebre, diarrea y dolor de cabeza. ¡Y no pude volver a ir a la playa durante todas las vacaciones!
Esteban: ¡Qué mala suerte!

13 Antes todo era diferente

AVANZAMOS

8

De pequeña tenía una habitación amarilla. Había dos camas. Yo dormía en la de la derecha y mi hermano, en la de la izquierda. Tenía muchas muñecas en una estantería y un oso muy grande.

11

Pepe: ¡Ay, mamá! Estoy preocupado por Mateo. El médico me ha dicho que tiene sobrepeso y que necesita hacer una dieta: pero ya sabes lo que le gustan el chocolate y los dulces…
Adela: A ver, Pepe… Tu hijo lo que necesita es salir a jugar con otros niños, moverse más. Está todo el día en su habitación jugando a la consola. Mira, cuando yo era pequeña, los niños comíamos lo que queríamos: bocadillos, chocolate, chucherías… Y no teníamos problemas de sobrepeso, porque no estábamos sentados ni un minuto: estábamos todo el día jugando en la calle o en el parque.
Pepe: Ya…, pero ahora es diferente. Yo estoy más tranquilo si mi hijo juega en casa…
Adela: Lo que pasa es que ahora los padres protegéis demasiado a los niños. Antes íbamos en bicicleta sin casco, jugábamos con piedras, palos, pelotas… y cuando nos aburríamos, inventábamos juegos. Cuando nos peleábamos con otros niños, no venían nuestros padres a defendernos: lo hacíamos nosotros.
Pepe: Sí, erais más creativos.
Adela: ¡Sí, mucho más! Es que no teníamos ordenadores, ni móviles, ni videoconsolas, ni tantos televisores… En la televisión solo había dos cadenas y durante unas horas del día no emitían nada en la tele.
Pepe: ¡Es verdad! Ahora parece increíble… También erais más traviesos.
Adela: Bueno…, pero cuando hacíamos algo mal, sabíamos que tenía consecuencias y las asumíamos sin traumas. Éramos más libres, estábamos menos controlados: volvíamos a casa del colegio solos, nadie podía localizarnos porque no teníamos móviles y nunca nos perdíamos.
Pepe: La abuela siempre decía que tú eras una buena estudiante cuando eras niña…

Adela: Sí… En cambio mi hermano, tu tío Andrés, era muy mal estudiante y a veces suspendía, pero mis padres nunca lo llevaron a un psicólogo. Algunos niños aprobábamos y otros suspendían o repetían curso, pero eso no era ningún trauma. Y a veces los profesores eran injustos, pero los padres siempre les daban la razón; no como ahora.
Pepe: Bueno…, los tiempos cambian, mamá.
Adela: Pues sí, Pepe…, pero no siempre para mejor.

14 Apaguen sus móviles, por favor

● EMPEZAMOS

5 🎧 42

(Sonido de dar señal)
- ■ Información telefónica, buenos días. ¿En qué puedo ayudarle?
- ● Buenos días. Quería el teléfono del restaurante San Marco, en la calle Betis, en Sevilla.
- ■ Un momento, por favor. Tome nota. El teléfono solicitado es: nueve, cinco, cuatro, dos, ocho, cero, tres, uno, cero.

● AVANZAMOS

10 🎧 43

1 ■ ¡Qué frío! ¿Puedo apagar el aire acondicionado?
  ● No, no lo apagues, que tengo mucho calor.
  ■ ¡Tú siempre tienes calor!
2 ■ Mateo y Tamara, vosotros no habéis entregado el trabajo que os pedí hace una semana.
  ● ¿Podemos entregar el trabajo mañana? Es que lo tenemos casi terminado, pero nos faltan un par de detalles.
  ■ Podéis entregarlo mañana, pero que sea la última vez.
3 ■ ¿Le importa si pongo la tele? Es que quiero ver las noticias.
  ● Sí, sí, póngala, póngala.
4 ■ Mamá, hemos recibido un paquete. ¿Puedo abrirlo?
  ● No, no lo abras. El paquete es para tu padre.

12 🎧 44

1 *(Sonido de recepción de un mensaje)*
  ¡Hombre!, un mensaje nuevo: debe de ser mi hermana.
2 Javier, oye… ¡Oye!, esto se va a cortar, me estoy quedando sin batería…
3 Seis, cinco, cinco, cuatro, tres, siete, cuatro, tres, nueve. No está disponible. Deje su mensaje.
4 ORANGE información gratuita. Ha sido imposible establecer la conexión. El teléfono móvil solicitado está apagado o fuera de cobertura.
5 ■ ¡Oye!, ¿puedo usar tu móvil un momento?
  ● Verás…, es que no tengo saldo.
  ■ Pues a ver si recargas pronto, ¿no?

15 Y entonces le conté mis recuerdos

● AVANZAMOS

7 🎧 45

1 María trabajaba de camarera en un bar del centro. Klaus estudiaba español en una academia de español para extranjeros; todas las mañanas desayunaba en ese bar y hablaba con María. Hasta que un día, por fin, Klaus…
2 Raquel y Paco se conocían desde hacía muchos años. Se veían de vez en cuando, en fiestas y cumpleaños de amigos comunes; solo eran amigos. Pero un día, de repente, como en una película de amor…
3 Jaime trabajaba en una compañía de importación de coches y Sayako también: era la traductora de japonés. A Jaime le interesaba mucho Japón y su cultura y, por eso, un día…

8 🎧 46

1 María trabajaba de camarera en un bar del centro. Klaus estudiaba español en una academia de español para extranjeros; todas las mañanas desayunaba en ese bar y hablaba con María. Hasta que un día, por fin, Klaus la invitó al cine.
2 Raquel y Paco se conocían desde hacía muchos años. Se veían de vez en cuando, en fiestas y cumpleaños de amigos comunes; solo eran amigos. Pero un día, de repente, como en una película de amor, sintieron que eran más que amigos.
3 Jaime trabajaba en una compañía de importación de coches y Sayako también: era la traductora de japonés. A Jaime le interesaba mucho Japón y su cultura y, por eso, un día decidió hablar con ella sobre su país.

16 ¿Qué nos traerá el futuro?

● AVANZAMOS

5 🎧 47

A – Terminarás tus estudios universitarios y te graduarás con muy buenas notas.
  – Llegarás a ser directora de Recursos Humanos de una importante empresa de importación y exportación.
  – Viajarás mucho a Hispanoamérica, donde tu empresa tendrá muchas inversiones.
B – Dejarás tu trabajo como jefa de Pediatría en un hospital de tu ciudad.
  – Entrarás en una organización de las que ayuden en países pobres.
  – Viajarás al continente africano, donde trabajarás como voluntaria en un centro de salud para niños enfermos.
C – Estudiarás español y aprobarás el examen oficial con muy buena nota.

- Después de unos años, te casarás con tu profesora de español y vivirás en Madrid.
- Tendrás tres niños muy guapos que hablarán perfectamente inglés y español.

Repaso 13-16

4

¿Cuántos móviles he tenido? ¡Uy!… muchos. El primero fue una Blackberry, que me compré con mi primer sueldo. Entonces era increíble todo lo que se podía hacer con ella. Recuerdo que era el primer móvil que tenía un teclado completo; en aquel momento era toda una novedad, y podías escribir correos y, además, tenía una agenda. Después, tuve otra Blackberry y, después, un Nokia: no recuerdo el modelo, pero llevaba una tapa para cerrarlo. Después, llegó la época de los iPhone; la mayoría de mis amigos tenían uno y yo me cambié también: mi primer iPhone fue el 5. El siguiente que tuve fue el iPhone 6, que podía desbloquearlo con la huella digital; recuerdo que me lo regalaron mis padres una navidad: me encantaban las fotos que hacía. Y así estuve con iPhone hasta el iPhone X, que fue el primer modelo con reconocimiento facial. Después, cuando tuve que cambiar de móvil, descubrí los Huawei y me compré uno porque era más barato. Ahora tengo que cambiar otra vez de móvil y creo que mi próximo teléfono móvil será un Samsung.

17 Nos vamos de fiesta

● **EMPEZAMOS**

1 y 2

Laura: ¡Cuánto tiempo sin veros!, ¿no?
Sonia: Sí, sí: hace bastante que no venimos por aquí…
Manuel: Es que hemos estado fuera. Este fin de semana hemos ido a Valencia, a las Fallas.
Laura: ¿Ah, sí? ¿Y qué tal?
Sonia: Muy bien. Fenomenal.
Manuel: Nos quedamos en casa de Luis y nos llevó a ver la "cremá" de las Fallas. Impresiona mucho ver cómo arden esas figuras tan grandes.
Sonia: Para mí, hay demasiado ruido. Lo mejor es que también se puede ir a la playa, comer paella…; eso sí me gusta.
Laura: Pues a mí me encantan las Fallas y siempre que puedo voy. Por cierto, ¿sabes que en febrero estuve en Cádiz?
Sonia: ¿En Carnaval?
Laura: Sí, y me lo pasé fenomenal. Todo el mundo se disfraza: es divertidísimo. Hay un montón de gente, y también se puede ir a la playa, pero nosotros no nos bañamos.
Manuel: Oye, ¿por qué no os venís a Sevilla? Estamos pensando en ir a la Feria de Abril.
Laura: Mmmm… Es que… el flamenco no me va mucho…, ni sé bailar sevillanas… No sé…: podemos pensar algo para este verano… Yo todos los años voy a Buñol, en Valencia también. Es genial: lanzar tomates relaja muchísimo.
Manuel: Sí, sí… Yo quiero probar.
Sonia: ¡Yo también, yo también!
Laura: Pues nada: ¡este año todos a Buñol!

● **AVANZAMOS**

5

Las fiestas de San Fermín se celebran del 6 al 14 de julio en Pamplona, desde hace más de cuatrocientos años. A pesar del trasfondo religioso que tiene la fiesta, reflejado en procesiones y misas, el acto con más personalidad es el encierro, es decir, la carrera de los jóvenes o mozos pamploneses delante de los toros, a lo largo de unos ochocientos metros, por las calles de la ciudad, y que dura dos o tres minutos, si todo va bien. Para participar no hay que inscribirse en ningún sitio: solo vestirse de blanco, con un pañuelo rojo en el cuello, y ser muy muy valiente. Si no quieres jugarte la vida y poner tu vida en peligro, el mejor sitio para ver el encierro es la televisión, sentado en el sillón de tu casa: puedes ver todo el recorrido y, además, ¡es en directo!

18 Vamos a recordar el pasado

● **EMPEZAMOS**

4

Su nombre completo es Alejandro Sánchez Pizarro y nació en Madrid el 18 de diciembre de 1968. Su primer juguete fue uno de piezas pequeñas para construir castillos. A los siete años, sus padres le regalaron una guitarra.
Cuando Alejandro empezó a ganar dinero, compró un coche de lujo a su padre y montó una peluquería para su madre.
Siente pasión por la lectura: entre sus autores favoritos están Gustavo Adolfo Bécquer, Pablo Neruda y Gabriel García Márquez. Y sus ciudades españolas favoritas son Madrid y Sevilla.
Alejandro se casó en el año 2000 con la modelo mexicana Jaydy Mitchel y al año siguiente nació su hija Manuela. La pareja se separó en 2005. Actualmente, Alejandro Sanz es padre de dos hijos más: Alexander y Dylan.
Alejandro Sanz ha conseguido vender más de veinticinco millones de discos a lo largo de su carrera y ha superado la marca de "Número 1" en ventas de discos, en manos de Julio Iglesias. Sin duda, Alejandro Sanz es el cantante español no solo de los 90, sino también del siglo XXI.

19 Recordar el pasado: los viajes

- **AVANZAMOS**

6 y 7

1 Ya me habían dicho que Suiza era un país muy caro. ¡Un café me costó casi cinco euros!
2 ¡Menos mal que cuando regresé a Barcelona ya había terminado la huelga en los aeropuertos!
3 En nuestro último viaje a Grecia, todavía no habían terminado las obras del nuevo aeropuerto de Atenas, así que tuvimos que despegar desde el antiguo.

10

Paco: Bueno, la verdad es que nuestras vacaciones han cambiado mucho en los últimos años. Ahora tenemos dos niños pequeños: Daniel, de cinco años, y Raúl, de tres. Creo que eso lo explica todo, ¿no?
Raquel: Antes viajábamos a menudo al extranjero, sobre todo en verano. Podíamos organizar viajes largos fuera de España, como el de Florida, que duró tres semanas; o el de Australia, en el verano de 2015, que duró un mes entero.
Paco: No teníamos compromisos familiares, así que la duración del viaje no resultaba un problema para nosotros.
Raquel: Ahora, en cambio, si queremos salir, tenemos que contar con la ayuda de mi madre y de Pura: las dos nos ayudan un montón con los niños.
Paco: Pero mira, las Navidades, por ejemplo: ahora son más especiales, más emotivas. Con niños pequeños las vives de una manera más familiar, no sé, con más ilusión. A mí antes no me gustaban y ahora, en cambio…
Raquel: Sí, antes eran solo vacaciones. Los niños les dan un sentido más humano, ¿verdad?
Paco: Piensa también en los fines de semana. ¿Cómo han cambiado?
Raquel: Pues ahora son mucho más activos, sí. Normalmente antes nos quedábamos en casa: leíamos, escuchábamos música y dormíamos unas siestas… ¿Te acuerdas de las siestas, Paco?
Paco: Claro que me acuerdo, ya, ya… Pero olvídate de las siestas, que los peques no duermen. Mira la parte positiva: ahora tenemos más actividad que el resto de la semana (cines, cumpleaños, parques, museos…).
Raquel: Sí, sí, más actividad, desde luego: ¡eso está clarísimo!

20 ¡Ojalá cuidemos nuestro planeta!

- **AVANZAMOS**

11

Entrevistadora: Buenas tardes y bienvenidos a nuestro espacio diario sobre ecología. Hoy nos acompaña Juan Álvarez, representante del partido ecologista "Por una tierra verde". Señor Álvarez, bienvenido. ¿Cree usted que los ciudadanos somos conscientes de que los recursos naturales pueden llegar a agotarse en un futuro no muy lejano?
Juan: Hola, buenas tardes. Gracias por invitarme a su programa. Para responder a su pregunta, le voy a poner el ejemplo del petróleo. Durante siglos, el hombre ha explotado este recurso natural y ha llegado casi a agotarlo. ¿Nos preguntamos alguna vez si dentro de quinientos años nos quedará petróleo con el actual ritmo de consumo? Yo creo que no somos muy conscientes…
Entrevistadora: Y del problema de la contaminación que provocan estas energías, ¿qué tiene que decir?
Juan: Verá, esa es otra cuestión fundamental. El humo procedente de la quema de carburantes es un buen ejemplo de peligro real para nuestro medioambiente. Sería deseable potenciar el desarrollo de las energías renovables, y esto es algo por lo que todos, ciudadanos y políticos, tenemos que preocuparnos.
Entrevistadora: Sí, todos compartimos, además, que uno de los principales problemas ambientales de muchos países, hoy en día, es la energía.
Juan: Por supuesto: por eso es tan importante invertir en el desarrollo de esas energías renovables, tomar medidas concretas. Fíjese: una de las urgencias medioambientales es el cambio climático. Greenpeace, por ejemplo, propone aprovechar el calor del sol para combatir esta realidad que es el cambio climático. La energía solar térmica puede proporcionar grandes cantidades de electricidad en países soleados como España y alcanzar el 5 % de toda la demanda eléctrica mundial en menos de cuarenta años. Estas cuestiones sí son importantes de verdad: todos debemos ser conscientes de ello.

Repaso 17-20

4 y 5

Entrevistador: ¿Es la primera vez que visitas Argentina?
Sonia: Sí, y la primera vez que estoy en el hemisferio sur… Ha sido realmente impactante.
Entrevistador: ¿Por qué? ¿Qué es lo que más te ha llamado la atención?
Sonia: En primer lugar, el cambio de estación. Aquí es primavera. Y, aparte de eso, lo grande que es Argentina. Nosotros estuvimos diez días: cogimos varios aviones para movernos por el país, y aun así, tengo la sensación de que no vimos casi nada… Espero volver pronto para visitar más sitios.
Entrevistador: ¿Fuiste con un viaje organizado o por tu cuenta?
Sonia: Las dos cosas. Estuvimos diez días, como te he dicho antes. Llegamos a Buenos Aires y al día siguiente empezamos un circuito, de norte a sur del país, con un grupo de veinte personas. Primero fuimos a Iguazú y después, al sur, a la Patagonia. Y terminamos en Buenos Aires, donde estuvimos cuatro días, ya por nuestra cuenta. Nos quedamos en un hotel céntrico, muy cerca de la Plaza de Mayo.

Entrevistador: ¿Qué tal en Iguazú?

Sonia: Las cataratas son espectaculares: tienen hasta setenta u ochenta metros de altura y hay más de doscientos saltos a lo largo de casi tres kilómetros. Luego está la vegetación, exuberante es la palabra: dos mil especies de plantas, árboles gigantes, helechos, lianas, orquídeas…; y cuatrocientos tipos de aves: loros, colibríes, tucanes… Nosotros hicimos un recorrido por el parque: vimos la Garganta del Diablo, que es el salto más importante…

Entrevistador: ¿Es verdad que se pueden ver muchos arcoíris al mismo tiempo?

Sonia: ¡Sí, sí, totalmente! La fuerza del agua es tal que al caer provoca una densa nube de vapor y ahí se forman los arcoíris.

Entrevistador: ¿Y Buenos Aires?

Sonia: Buenos Aires es una ciudad muy activa, con mucha vida, y muy elegante. Heterogénea; con zonas muy europeas y con una gran oferta cultural y comercial. Una noche fuimos al Teatro Colón, a la ópera, y fue maravilloso. ¿Y cómo no? También nos apuntamos a un espectáculo de tango en El Viejo Almacén, que es un local muy famoso.

Entrevistador: ¿Se ve claramente la influencia de la inmigración europea?

Sonia: ¡Sí! Hay muchos apellidos italianos y alemanes… La gente es muy amable en todas partes. Y la forma de hablar es muy especial: todo el mundo utiliza la forma *vos* en vez de *tú*, y dice, por ejemplo: *Vos tenés un acento que no es de acá*. También hay muchas palabras que son diferentes… ¿Sabes qué es un colectivo?

Entrevistador: Mmmm…

Sonia: ¿No?, pues un autobús. La piscina es la pileta; la falda… no me acuerdo, pero también había otra palabra.

Entrevistador: ¿También fuisteis a Córdoba…?

21 Aprender lenguas

● **AVANZAMOS**

7

En nuestros días, es fundamental dominar el arte de la comunicación. Debemos saber lo que se puede y no se puede hacer para intervenir con éxito en una conversación. En el programa de hoy te enseñaremos cómo no descubrir tus sentimientos y emociones ante tu interlocutor. Tus movimientos hablan por ti: no lo olvides.

- No sonrías exageradamente: puede parecer fingido y poco natural. Es mejor sonreír sin exagerar: una sonrisa que no parezca forzada.
- No cambies constantemente de postura: puede parecer que estás cansado, nervioso o aburrido. Es importante dar la sensación de que estás cómodo y a gusto con esa persona.
- No mires constantemente el reloj: es síntoma de aburrimiento. Si quieres saber la hora, mira otro reloj disimuladamente, no el tuyo.
- No hables con las manos metidas en los bolsillos: esto demuestra mala educación o indiferencia. Si no sabes qué hacer con las manos, intenta sujetar algo con ellas: puede ser, por ejemplo, un bolígrafo.
- No toques o des golpecitos en la espalda o en el hombro a personas que te acaban de presentar: hay algunas personas que se sienten molestas si las tocan. Bueno, eso depende de la cultura de la persona con la que hablas, claro.

22 Yo, en tu lugar, estudiaría Turismo

● **AVANZAMOS**

9

Entrevistadora: Buenas tardes y bienvenidos a nuestro espacio semanal sobre el mundo del trabajo. En la entrevista de hoy, dedicada a las profesiones con futuro, contaremos con Enrique Díaz, sociólogo y director de Recursos Humanos de la empresa de trabajo temporal "Ahora sí". Don Enrique, para empezar, señale a nuestros oyentes las dos profesiones que, en su opinión, tienen más futuro hoy en día.

Sociólogo: Buenas tardes. Si solo puedo decir dos, creo que el medioambiente y el turismo son dos sectores profesionales que tienen mucho futuro.

Entrevistadora: Medioambiente y turismo…: me sorprende su respuesta. ¿Por qué son profesiones con mucho futuro?

Sociólogo: Es evidente que la preocupación por la conservación de la naturaleza, provocada por los efectos adversos del cambio climático, ha disparado la demanda de profesionales del sector medioambiental. Por otro lado, la gestión del tiempo libre y del ocio y, en concreto, del sector turístico, es una puerta siempre abierta para la incorporación de profesionales de diferentes sectores laborales. El turismo ha evolucionado mucho y sigue creciendo. Cada vez hay más formas de hacer turismo. Hoy en día, por ejemplo, ya existen varias empresas que organizan viajes al espacio.

Entrevistadora: Bueno, lo del espacio aún no está al alcance de todos… Estos últimos días, en los medios de comunicación, han aparecido diversas noticias relacionadas con las graves consecuencias del estrés y la presión laboral sobre los trabajadores. En este sentido, ¿hay alguna profesión con buenas salidas laborales?

Sociólogo: La verdad es que sí. La psicología es otra salida profesional con futuro: no solo por el estrés y la presión laboral, también por las patologías relacionadas con las nuevas tecnologías. Un psicólogo tiene muchas opciones de especialización: en el ámbito laboral, en el educativo, en el deportivo…

23 ¿Dónde estarán ahora?

● EMPEZAMOS

3 🎧 58

- ¿Dónde crees que están?
- Está claro: están en París, porque se ve la torre Eiffel justo detrás. ¿Qué crees que hacen en París?
- Tal vez estén de vacaciones y sean turistas.
- No sé…: es que es invierno, porque las tres llevan gorros de lana. Probablemente son estudiantes.
- Y si son estudiantes, ¿qué crees que estudian?
- Pues…, no sé…: estarán estudiando francés. O quizá estén haciendo algún curso en la Sorbona: es una universidad muy famosa…
- ¿Y qué van a hacer los próximos días?
- ¡Uy! En París hay muchísimas cosas que hacer. A ver…, unas chicas jóvenes, estudiantes, en París…, ¿qué pueden hacer? Probablemente visitarán Notre Dame… Tal vez vayan al Louvre… Es posible que den el típico paseo en barco por el Sena… Seguro que comprarán una *baguette* en una panadería. ¡Ah!, y casi seguro que irán a comer o a cenar a uno de los restaurantes del barrio Latino: no puedes estar en París sin ir al barrio Latino. Bueno, eso es lo que yo recomendaría… Puede que tengan otros planes…
- Veo que conoces bien París…
- Sí, sí: fui con mi hermana el verano pasado.

● AVANZAMOS

8 🎧 59

- Estoy deseando llegar a París, ¿vosotras no?
- Pues claro: dicen que París es la ciudad del amor.
- Y también es la ciudad de la cultura, de la ciencia, del arte…
- Sí, pero yo sé que en París encontraré el amor de mi vida.
- ¿Pretendes encontrar el amor de tu vida en París? ¡No sé en qué mundo vives!
- Bueno, bueno…, vosotras visitaréis todos los museos de París y yo conoceré al amor de mi vida.
- Pues al amor de tu vida lo puedes encontrar también en un museo… Yo estoy segura de que pasearemos un montón e iremos de compras a muchas tiendas.
- No sé, no sé… Seguro que las tiendas que más nos gustan son las más caras.
- Bueno, tal vez tengamos dinero para comprar algo interesante… ¡A lo mejor vamos al mercado de las Pulgas!
- Yo no pienso ir al mercado de las Pulgas…
- Pues si vamos a ese mercado, seguro que compraremos algo: una antigüedad, por ejemplo.
- También podemos hacer otras cosas, ¿no?
- Sí, es posible que subamos a la Torre Eiffel.
- ¡Y allí conoceré al hombre de mi vida!
- ¡Claro!

24 Noticias sorprendentes

● AVANZAMOS

7 y 8 🎧 60

1. Los países integrantes de la Unión Europea se han puesto de acuerdo para poner en marcha un plan estratégico para apoyar el desarrollo en África, tanto al norte como al sur del Sáhara. La estrategia se centra en la paz y la seguridad, el buen gobierno, el crecimiento económico y la inversión en las personas. En los próximos años, los países de la orilla sur del Mediterráneo obtendrán grandes beneficios gracias a este acuerdo.

2. Como cada año, la literatura científica ha continuado aportando pruebas del cambio climático y predicciones sobre sus consecuencias. Y sí, casi todas estas son aterradoras. Ahora se ha descubierto que existe la posibilidad de que la desaparición de los hielos permanentes libere microorganismos potencialmente patogénicos que se han conservado frescos en los suelos helados durante millones de años y que pueden provocar enfermedades. En marzo, un equipo de científicos rescató de Siberia un virus hasta ahora desconocido y que ha resultado ser el de mayor tamaño jamás hallado. Después de treinta mil años bajo el hielo, este virus llamado *Pithovirus sibericum* volvió a la vida. Ha sido solo una advertencia, ya que el virus no es peligroso para los humanos. Pero otros podrían serlo.

3. Según un estudio reciente, la visión de hombres y mujeres no es igual. Las mujeres son mejores diferenciando los colores, mientras que los hombres tienen una mayor percepción de los movimientos rápidos y las distancias (algo que posiblemente provenga de las funciones primitivas de cada género). El estudio, dirigido por el profesor de psicología del Brooklyn College, Israel Abramov, ha investigado a adultos jóvenes con visión normal a través de una serie de pruebas.

Repaso 21-24

1 y 2 🎧 61

- ¿Cómo es la bandera de tu país?
- Pues es verde, blanca y roja. Tres franjas y, en la central, hay dibujada un águila.
- La bandera de mi país tiene también tres franjas: en la primera hay un escudo y en la segunda, siete estrellas formando un semicírculo. ¡Ah!, los colores son amarillo, azul y rojo.
- La del mío es azul, blanca y roja, con una estrella a la izquierda.
- En tu opinión, ¿quién es un buen representante de tu país?
- Un ensayista, novelista y poeta, que además fue diplomático durante veinte años. Una de sus obras más famosas es el ensayo *El laberinto de la soledad*, donde reflexiona sobre aspectos de la cultura del país.
- Aquí nació el autor de la *Gramática de la lengua castellana* destinada al uso de los americanos, publicada en 1847. Uno

de los textos más importantes en la historia científica de la lengua española. Además de filólogo, era poeta, humanista y político.
* El primer Premio Nobel de Literatura en Latinoamérica lo recibió una escritora nacida en este país. Fue en 1945 y era poeta.

25 ¿Buscas algo?
● EMPEZAMOS
1 y 3 🎧62

1. Me llamo Laura, tengo treinta y cinco años y un hijo de siete. Acabo de mudarme a Madrid y estoy buscando piso. Necesito que tenga dos habitaciones y un estudio, porque mi marido es abogado y trabaja en casa. ¡Ah! Busco algo que esté céntrico y bien comunicado.
2. Me llamo Rafa y quiero alquilar un estudio o apartamento que no sea muy grande, es para mí solo. Es imprescindible que tenga garaje.
3. Soy Manuel y estoy buscando un local en una zona tranquila para poner una clínica dental.
4. Me llamo Ana y estoy a punto de sacarme el carné de conducir. Busco un coche que sea pequeño y no muy caro.
5. Mi amiga Paz es arquitecta y está buscando trabajo. Quiere volver a trabajar después de un año sabático. Es una persona muy competente y que lleva trabajando muchos años.
6. Mi hermano Pablo necesita mejorar su nivel de inglés. Está estudiando Educación Infantil y le gustan mucho los niños.
7. Me llamo Luis. Estoy terminando de decorar mi casa y busco muebles que estén en buen estado.
8. Soy Sara. Tengo un sobrino de siete años y quiero hacerle un regalo.

26 ¡Qué arte tienes!
● AVANZAMOS
7 y 8 🎧63

Antes del año 1000 todo el mundo piensa que el fin del mundo está cerca, pero después de este año hay un gran impulso en Europa. Hay un arte, el románico, que es el primer arte de la unidad europea. Se pueden estudiar las manifestaciones culturales y sociales del románico a través de sus ciudades, la defensa, los castillos y monasterios, la vida espiritual, etcétera.
Los estudiosos del siglo XIX dan el nombre de románico al arte unitario que ven por toda Europa, es un arte que se ha producido en los siglos XII y XIII en los reinos cristianos de entonces, y le dan el nombre de románico precisamente porque piensan que se parece mucho a la arquitectura que había en Roma. Ven, por ejemplo, que utilizan el arco y la bóveda con gran facilidad. El románico es un arte de integración. No solamente recoge lo que viene del río abundante de Roma, sino que es permeable a los distintos pueblos que rodean el Imperio, los pueblos bárbaros por el norte –como los visigodos–, Bizancio, y también las influencias árabes, que son notables.
Roma trajo a la Península Ibérica la forma más perfecta de organización humana que se conocía: el Estado, el estado romano con sus instituciones. La principal de todas era el ejército, que era el que garantizaba la ocupación de los distintos pueblos. Pero trajo también el latín, como lengua unificadora, muy moderna. Trajo el Derecho romano y, sobre todo, la obra pública. La obra pública en las ciudades, bien equipadas para sus habitantes; y en las carreteras, puentes y acueductos para dar calidad de vida a los habitantes del Imperio.
Tras la caída de Roma desaparece el Estado, desaparecen las ciudades y la vida se traslada al campo. Las vías de comunicación se debilitan y la gente queda aislada en un ambiente más rural.
Como contrapunto al lujo del Imperio romano, la religión católica defiende el sufrimiento y el sacrificio.
Los cristianos están preparados para toda clase de sacrificios porque piensan que ya está próximo el fin del mundo con la llegada del año 1000.
Los visigodos se implantan en España tras la caída del Imperio romano. Es un pueblo que procede de la Bretaña francesa…

27 ¿A qué dedica el tiempo libre?
● EMPEZAMOS
3 🎧64

Marisa: Perdona, ¿tienes hora?
Raquel: Sí, son la seis y diez.
Marisa: ¡Qué tarde! Siempre igual… A mí me gusta mucho venir al cine, pero siempre que quedo con mi novio llega tarde… ¡Ahí viene!
Javi: ¡Perdona, perdona! ¡Es que el metro ha tardado siglos! Si tuviera coche, llegaría antes a los sitios… Estoy seguro.
Marisa: Vale, vale, me lo imaginaba… Sabes que me molesta que llegues tarde; no me gusta nada tener que esperar… Venga, ¿cuál vemos?
Javi: Pues, no sé… La de Ernesto Contreras tiene que estar bien, ¿no? Tiene muy buenas críticas.
Marisa: ¿Cuál? ¿*Cosas imposibles*? Pues, qué quieres que te diga, a mí no me apetece ver un drama.
Javi: Venga, vale. Entonces, ¿vemos *Competencia oficial*?
Marisa: ¿*Competencia oficial*? ¿De qué va?
Javi: Pues es una comedia, dicen que es muy divertida. Salen Penélope Cruz y Antonio Banderas…
Marisa: Es que a mí Antonio Banderas no me gusta mucho… A mí me gustaría ver *Lobo Feroz*. Me han dicho que está muy bien: va de un asesino en serie. ¡Me encantan las películas de suspense!
Javi: No sé si me apetece ver una película de suspense…

Taquillero: ¡Hola! ¡Buenas tardes!
Marisa: Dos para… no sé…, ¿para el documental sobre el colegio de Buenos Aires? Seguro que en un par de semanas lo quitan de cartelera.
Javi: Venga, vale… Dos entradas para *El Nacional*, para la sesión de las seis y media.

28 Dijo que la llamaras

● EMPEZAMOS

1

1
Daniel: ¿Hola?
Bea: ¡Hola! ¡Buenos días! ¿Eres Daniel?
Daniel: Sí, soy yo.
Bea: ¡Hola! Soy Bea. ¿Está Sebastián por ahí?
Daniel: No, ya se ha ido, hoy tenía prisa.
Bea: Vaya… Es que mañana tenemos una reunión a las nueve y media en la oficina y me he olvidado de decirle que tengo visita en el médico a primera hora, y llegaré sobre las diez. Por favor, mañana cuando lo veas, ¿puedes decírselo? Dile también que si tiene algo urgente, que llame a Patricia, de Recursos Humanos.
Daniel: Sí, claro, no te preocupes. Mañana en cuanto llegue, se lo digo. ¡Hasta luego!

2 *(Al día siguiente)*
Sebastián: ¿Sí?
Daniel: Sebastián, ayer por la tarde llamó Bea, pero le dije que ya te habías ido. Me comentó que hoy teníais una reunión a las nueve y media, y que se había olvidado de decirte que tenía una visita con el médico hoy, y que llegaría sobre las diez.
Sebastián: Vale, gracias, Daniel.
Daniel: ¡Ah! Y también me pidió que te dijera que si tenías algo urgente, que llamaras a Patricia, de Recursos Humanos.
Sebastián: Muy bien, muchas gracias.

3
Mario: Sí, dígame.
Bea: Mario, ¿vienes esta noche a cenar a casa?
Mario: Vale, no tengo planes…
Bea: Tenemos setas… Tú, que eres tan buen cocinero, ¿sabes alguna receta fácil? Me ha preguntado Óscar si yo sabía alguna, pero no tengo ni idea… Soy un desastre en la cocina…
Mario: A ver, déjame pensar… ¡Ah, sí! Hice el otro día una que vi en el periódico… Vamos a ver si me acuerdo… Necesitas un vaso de…
Bea: Espera, espera, que lo voy a apuntar…
Mario: Yo puedo hacerla, si quieres… Voy un poco antes y ya está. Tú compra vino de Oporto, queso de Cabrales y… nata líquida. Supongo que ajo, sal y pimienta tienes, ¿no?
Bea: Sí, sí. Vale, genial. Llamo ahora mismo a Óscar y se lo digo.

4
El teléfono al que llama no está disponible. Deje su mensaje después de la señal.

Bea: Óscar, soy Beatriz. Ya tengo la receta de las setas. Al final, Mario viene a cenar… y la hace él. Me ha pedido que compres vino de Oporto, nata líquida y queso de Cabrales. El resto, lo tenemos. ¡Hasta luego!

5
Diego: ¿Hola?
Julia: ¿Está Mario?
Diego: No, ha salido un momento.
Julia: ¿Sabes si han aprobado el presupuesto?
Diego: Pues, no lo sé… Puedo buscar entre sus carpetas. Sí, aquí está la documentación…, pero no, el presupuesto no está firmado… Si quieres, puedes venir y llevarte la documentación a tu despacho. Si no, hablo con Mario cuando vuelva.

7

Diego: ¿Hola?
Julia: ¿Está Mario?
Diego: No, ha salido un momento.
Julia: ¿Sabes si han aprobado el presupuesto?
Diego: Pues, no lo sé… Puedo buscar entre sus carpetas. Sí, aquí está la documentación…, pero no, el presupuesto no está firmado… Si quieres, puedes venir y llevarte la documentación a tu despacho. Si no, hablo con Mario cuando vuelva.

● AVANZAMOS

11

1
Lucía: ¡Hola, Juan! ¿Qué tal?
Juan: Bien, muy bien, ¿y tú?
Lucía: Bien, también. Oye, el día 14 es el cumpleaños de Carlos y vamos a cenar todos en su casa. Podrás venir, ¿no?
Juan: El día 14 es un sábado, ¿verdad?
Lucía: Sí, sí, es un sábado. Tenéis que venir tú y Clara.
Juan: Sí, claro. Bueno, yo sí. Clara, no sé… Ahora está de viaje y vuelve el día 12.
Lucía: Pues si hablas con ella, dile que venga también, ¿vale?

2
Juan: ¿Dígame?
Todo Reformas: Buenas tardes, soy Joaquín de la empresa Todo Reformas. Les llamo porque teníamos programado ir el día 12 a pintarles el techo del cuarto de baño, pero ese día no podremos… Tendrá que ser el día 14 a las nueve de la mañana.
Juan: ¿El día 14? Pero si es sábado…
Todo Reformas: Sí, lo sé… Tiene que ser el sábado día 14 por la mañana. ¿Les va bien?
Juan: Y… ¿no puede ser otro día?
Todo Reformas: Tiene que ser ese día porque estamos con mucho trabajo y es el único día que podemos.
Juan: Bueno… Si no puede ser otro día…

3
Juan: ¿Dígame?
Roberto: ¡Hola, Juan! Soy Roberto, ¡cuánto tiempo!
Juan: ¡Hola! Sí, hacía mucho que no hablábamos.

Roberto: Mira, te llamo porque en la empresa estamos buscando a alguien para el Departamento de Ventas. ¿Tú conoces a alguien que pueda estar interesado?
Juan: Pues… sí… Mi compañera de piso, Clara: tiene mucha experiencia en ventas y ahora mismo está buscando trabajo.
Roberto: Es para llevar la dirección del Departamento de Ventas. Se ha ido la persona que lo llevaba y necesitamos a alguien con experiencia que sea capaz de dirigir un equipo. Por cierto, el sueldo y las condiciones son muy interesantes.
Juan: Pues… la verdad…, a lo mejor a Clara le interesa. Ahora está fuera, pero vuelve el día 14.
Roberto: Oye, pues dile que nos envíe su currículum. Luego te paso la dirección de correo del departamento de Recursos Humanos.
Juan: Perfecto.

Repaso 25-28

3

Entrevistadora: ¿Quién es para usted Mario Vargas Llosa?
Esther Muñoz: En mi opinión, y aunque casi sea un tópico, es uno de los escritores hispanoamericanos más importantes de la segunda mitad del siglo xx, junto a Julio Cortázar, Carlos Fuentes y Gabriel García Márquez.
Entrevistadora: ¿Cuál es el reflejo del reconocimiento internacional?
Esther Muñoz: En primer lugar, sus obras han sido traducidas a muchísimas lenguas y ha ganado los mayores premios literarios internacionales, entre ellos el Premio Biblioteca Breve y el Premio Cervantes en 1994. Y un año después fue elegido académico de la Real Academia Española. Ah, se me olvidaba lo más importante: recibió el premio Nobel en 2010.
Entrevistadora: Desde el punto de vista técnico, ¿cuáles son las características de sus obras?
Esther Muñoz: Vargas Llosa es un innovador vanguardista. Utiliza recursos originales y las técnicas más novedosas de la novela contemporánea: por ejemplo, introduce varios narradores, mezcla varias historias o líneas argumentales, superpone planos espacio-temporales, incorpora el monólogo interior…
Entrevistadora: ¿Qué temas trata en sus novelas?
Esther Muñoz: En general, sus obras reflejan la sociedad peruana; con todos sus conflictos, de tipo racial, sexual, moral y político. Por ejemplo, la acción de su primera novela, *La ciudad y los perros*, transcurre en un colegio militar en Lima: un ambiente cerrado que resume la corrupción y la violencia del mundo actual. En dos de sus novelas posteriores, la objetividad con que refleja la sociedad peruana deja paso a una línea argumental más lúdica y humorística. Estas novelas son: *Pantaleón y las visitadoras*, en la que un capitán del ejército debe organizar un servicio de prostitutas para los militares que están en la selva; y la otra, *La tía Julia y el escribidor*, donde narra episodios de su primer matrimonio y sus comienzos literarios.
Entrevistadora: ¿El estilo de estas novelas está menos cuidado que el de las novelas más serias?
Esther Muñoz: Sin lugar a dudas, no. Técnicamente son igual de complejas que el resto, solo que los temas son más… más ligeros.
Entrevistadora: Personalmente, ¿qué prefiere: las novelas más serias o estas más divertidas?
Esther Muñoz: Tengo que reconocer que, cuando empecé a leer *Pantaleón*, no me gustó mucho el argumento, me pareció de mal gusto. Me molestó que mezclara el tema de la prostitución con los militares. Después de veinte páginas, cambié de opinión. Me gustaría que la gente leyera esta novela…: ¡es tan divertida!

Primera edición, 2023
Reimpresión, 2025

Produce: SGEL Libros
Avda. Castilla La Mancha, 2
19171 Cabanillas del Campo (Guadalajara))

© Raquel Pinilla, Alicia San Mateo
© SGEL Libros, S. L., 2023
Avda. Castilla La Mancha, 2, 19171 Cabanillas del Campo (Guadalajara)

Director editorial: Javier Lahuerta
Coordinación editorial: Jaime Corpas
Edición: Yolanda Prieto
Redacción editorial y asesoría pedagógica: Anna Méndez
Corrección: Belén Cabal
Diseño de cubierta e interior: Leticia Delgado
Fotografía de cubierta: Shutterstock

Ilustraciones: MIGUEL CAN: pág. 14 (actividad 12), pág. 19 (actividad 12), pág. 31 (actividad 10), pág. 60 (actividad 14), pág. 62 (actividad 1), pág. 69 (cuadro de comunicación), pág. 72 (actividades 1 y 2), pág. 59 (actividad 7), pág. 94 (actividad 1), pág. 96 (actividad 7), pág. 102 (actividad 9), pág. 108 (actividad 6), pág. 109 (actividad 11), pág. 112 (actividad 1), pág. 113 (actividad 5), pág. 124 (actividad 7), pág. 138 (actividad 6), pág. 116 (mapa actividad 1), pág. 174 (mapa actividad 1), pág. 196 (actividad 1), pág. 168. MILÁN RUBIO: pág. 30 (actividad 8), pág. 32 (actividad 12), pág. 36 (actividad 6), pág. 54 (actividad 14). SHUTTERSTOCK: resto de ilustraciones.

Fotografías: CORDON PRESS: pág. 56 foto de Frida Kahlo; pág. 57 foto de Frida Kahlo y Diego Rivera; pág. 174: fotos D (Octavio Paz), E (Andrés Bello) y F (Gabriela Mistral. GTRESONLINE: pág. 26 foto de Rozalén (Sergio Rodriguez Moreno); pág. 59 foto de Celia Cruz. GTRESONLINE / BRIDGEMAN IMAGES: pág. 166 foto de Julio Llamazares. GTRESONLINE / REUTERS: págs. 63 y 82 foto de Gabriel García Márquez (Edgard Garrido). GTRESONLINE / EFFIGIE: pág. 82 foto de Frida Kahlo (Giovanni Giovannetti); pág. 131 foto de Jorge Luis Borges (Giovanni Giovannetti). GTRESONLINE / SHUTTERSTOCK: pág. 26 foto de José Andrés (Andrew H. Walker). RAQUEL PINILLA: pág. 50 (actividad 2). SUTTERSTOCK: resto de fotografías, de las cuales, solo para uso de contenido editorial: pág. 12 foto waterpolo (PROMA1 / Shutterstock.com); pág. 16 foto 1 (Joan Bautista / Shutterstock.com), foto 2 (Quintanilla/ Shutterstock.com), foto 3 (Aleksandar Todorovic / Shutterstock.com) y foto 4 (Ale Grutta foto/ Shutterstock.com); pág. 19 foto de Machu Picchu (Judyta Jastrzebska / Shutterstock.com) y foto de Torre de Pisa (Fedor Selivanov / Shutterstock.com); pág. 26 fotos de Leo Messi (Alizada Studios / Shutterstock.com), Yulimar Rojas (Christian Bertrand / Shutterstock.com), Gael García Bernanl (Andrea Raffin / Shutterstock.com) e Isabel Coixet (Denis Makarenko / Shutterstock.com); pág47 iconos redes sociales (tanuha2001 / Shutterstock.com); pág.51 fotos 1b (Vadi Fuoco / Shutterstock.com) y 2b (J Stone / Shutterstock.com); pág. 55 foto de Roma (Ana del Castillo / Shutterstock.com); pág. 58 fotos de Rosa Parks (catwalker / Shutterstock.com) y Picasso (Charlesimage / Shutterstock.com); pág. 59 fotos de Nelson Mandela (Alessia Pierdomenico / Shutterstock.com), Penélope Cruz (Featureflash / Shutterstocik.com) y Leo Messi (Alizada Studios / Shutterstock.com); pág. 66 foto D (SCStock / Shutterstock.com); pág. 68 foto de coche (Mickes Photos / Shutterstock.com); pág. 70 foto de aeropuerto de Madrid (Anton_Ivanov / Shutterstock.com), foto de Camp Nou (Route 77 / Shutterstock.com), foto de catedral de Barcelona (Pavel Kirichenko / Shutterstock.com), foto inferior primera (marketa1982 / Shutterstock.com) y foto inferior segunda (Victor SG / Shutterstock.com); pág. 79 foto de fútbol (Paolo Bona / Shutterstock.com); pág. 82 fotos de Rosalía (Ted Alexander Somerville / Shutterstock.com) y Rafael Nadal (Leonard Zhukovsky / Shutterstock.com); pág. 94 foto de árbol de Navidad (José Angel Astor Rocha / Shutterstock.com); pág. 98 foto de los Reyes Magos (Iakov Filimonov / Shutterstock.com); pág. 114 foto de coche (Whitevector / Shutterstock.com); pág. 122 fotos de las Fallas (Pabkov / Shutterstock.com), el Carnaval (Megapixeles.es / Shutterstock.com), la Tomatina (BearFotos / Shutterstock.com) y la Feria de Abril (Caron Badkin / Shutterstock.com); pág. 124 foto las Fallas (nito / Shutterstock.com); pág. 125 foto del Día de los Muertos (betto rodrigues / Shutterstock.com); pág. 128 foto de Alejandro Sanz (Francesc Juan / Shutterstock.com); pág. 131 fotos de Jorge Drexler (A.PAES / Shutterstock.com), Picasso (AJSTUDIO PHOTOGRAPHY / Shutterstock.com), Enrique Iglesias (s_bukley / Shutterstock.com) y Montserrat Caballé (ToskanaINC / Shutterstock.com); pág. 132 foto de Shakira (D Free / Shutterstock.com); pág. 140 foto C (Rich Carey / Shuttertock.com); pág. 146 foto 1 (Meunierd / Shutterstock.com) y foto 2 (Meunierd / Shutterstock.com); pág. 165 fotos superior izquierda (Diego Grandi / Shutterstock.com) y superior derecha (Jess Kraft / Shutterstock.com); pág. 166 foto de Antonio Muñoz Molina (Carlos Sanchez Benayas / Ahutterstock.com); pág. 172 foto superior (Maly Designer / Shutterstock.com) y foto inferior (Catwalker / Shutterstock.com); pág. 184 foto D (Maurizio Biso / Shutterstock.com) y foto F (Iván Abramkin / Shutterstock.com); pág. 186 foto C (ICloud Mine Amsterdam / Shutterstock.com) y foto D (José Ignacio Soto / Shutterstock.com).

Para cumplir con la función educativa del libro, se han utilizado algunas imágenes procedentes de internet: pág. 29 plano de Metro de Madrid; pág. 57 cuadro "El camión"; pág. 179 fotos 2, 3, 4, 5 y 6; pág. 182 foto Mon Laferte; pág.184 foto B *(El triunfo de Baco)*; pág. 190 carteles de películas.

Audio: CARGO MUSIC
ISBN: 978-84-19065-37-7
Depósito legal: M -16273 -2023
Printed in Spain – Impreso en España
Impresión: Gómez Aparicio Grupo Gráfico

Este libro puede incluir enlaces a páginas web de interés con fines pedagógicos. Estas páginas no pertenecen a la editorial, por tanto, SGEL Libros no puede garantizar la permanencia de sus contenidos y tampoco se responsabiliza de los cambios que puedan haber sufrido tras la inclusión del enlace, de la adecuación de otros contenidos alojados en ella ni de los posibles daños derivados del acceso a esas páginas.

Cualquier forma de reproducción, distribución, comunicación pública o transformación de esta obra solo puede ser realizada con la autorización de sus titulares, salvo excepción prevista por la ley. Diríjase a CEDRO (Centro Español de Derechos Reprográficos) si necesita fotocopiar o escanear algún fragmento de esta obra (www.conlicencia.com; 91 702 19 70 / 93 272 04 47).